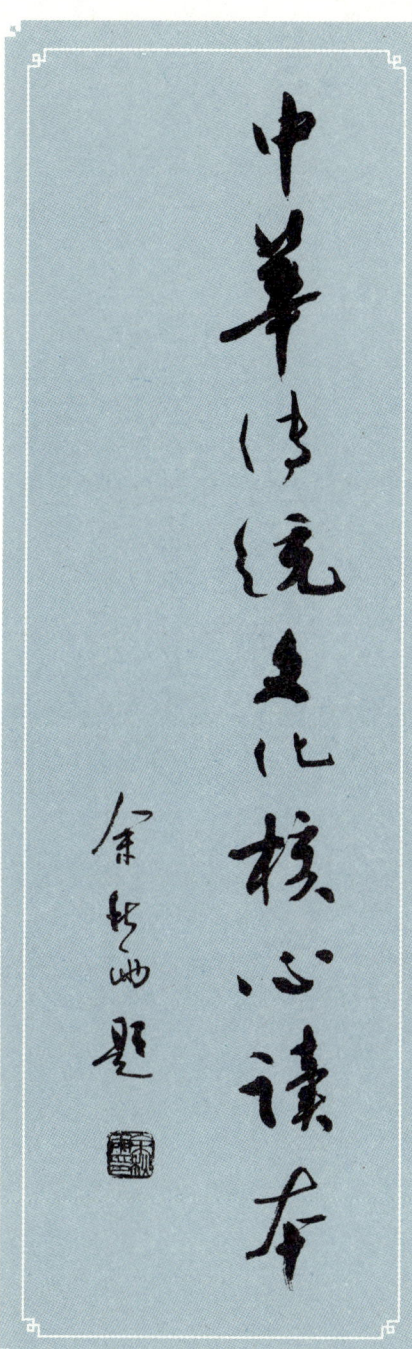

传承中华文化精髓

建构国人精神家园

左传

全集

原著 【春秋】左丘明
注译 安中玉 刘兆祥
主编 唐品

天地出版社 TIANDI PRESS

图书在版编目（CIP）数据

左传全集/唐品主编.—成都：天地出版社，2017.4

（中华传统文化核心读本）

ISBN 978-7-5455-2407-9

Ⅰ．①左… Ⅱ．①唐… Ⅲ．①中国历史—春秋时代—编年体—通俗读物 Ⅳ．①K225.04-49

中国版本图书馆CIP数据核字（2016）第283133号

左传全集

出品人	杨　政
主　编	唐　品
责任编辑	陈文龙　沈海霞
封面设计	思想工社
电脑制作	思想工社
责任印制	葛红梅

出版发行	天地出版社
	（成都市槐树街2号　邮政编码：610014）
网　　址	http://www.tiandiph.com
	http://www.天地出版社.com
电子邮箱	tiandicbs@vip.163.com
经　　销	新华文轩出版传媒股份有限公司

印　　刷	河北鹏润印刷有限公司
版　　次	2017年4月第1版
印　　次	2017年4月第1次印刷
成品尺寸	170mm×230mm　1/16
印　　张	20
字　　数	338千字
定　　价	39.80元
书　　号	ISBN 978-7-5455-2407-9

版权所有◆违者必究

咨询电话：（028）87734639（总编室）
购书热线：（010）67693207（市场部）

本版图书凡印刷、装订错误，可及时向我社发行部调换

序言

  上下五千年悠久而漫长的历史，积淀了中华民族独具魅力且博大精深的文化。中华传统文化是中华民族无数古圣先贤、风流人物、仁人志士对自然、人生、社会的思索、探求与总结，而且一路下来，薪火相传，因时损益。它不仅是中华民族智慧的凝结，更是我们道德规范、价值取向、行为准则的集中再现。千百年来，中华传统文化融入每一个炎黄子孙的血液，铸成了我们民族的品格，书写了辉煌灿烂的历史。

  中华传统文化与西方世界的文明并峙鼎立，成为人类文明的一个不可或缺的组成部分。中华民族之所以历经磨难而不衰，其重要一点是，源于由中华传统文化而产生的民族向心力和人文精神。可以说，中华民族之所以是中华民族，主要原因之一乃是因为其有异于其他民族的传统文化！

  概而言之，中华传统文化包括经史子集、十家九流。它以先秦经典及诸子之学为根基，涵盖两汉经学、魏晋玄学、隋唐佛学、宋明理学和同时期的汉赋、六朝骈文、唐诗宋词、元曲与明清小说并历代史学等一套特有而完整的文化、学术体系。观其构成，足见中华传统文化之广博与深厚。可以这么说，中华传统文化是华夏文明之根，炎黄儿女之魂。

  从大的方面来讲，一个没有自己文化的国家，可能会成为一个大国甚至富国，但绝对不会成为一个强国；也许它会强盛一时，但绝不能永远屹立于世界强国之林！而一个国家若想健康持续地发展，则必然有其凝聚民众的国民精神，且这种国民精神也必然是在自身漫长的历史发展中由本国人民创造形成的。中华民族的伟大复兴，中华巨龙的跃起腾飞，离不开中华传统文化的滋养。从小处而言，继承与发扬中华传统文化对每一个炎黄子孙来说同样举足轻重，迫在眉睫。中华传统文化之用，在于"无用"之"大用"。一个人的成败很大程度上取决于他的思维方式，而一个人的思维能力的成熟亦绝非先天注定，它是在一定的文化氛围中形成的。中华传统文化作为涵盖经史子集的庞大思想知识体系，恰好能为我们提供一种氛围、一个平台。潜心于中华传统文化的学习，人们就会发现其蕴含的无穷尽的智慧，并从中领略到恒久的治世之道与管理之智，也可以体悟到超脱的人生哲学与立身之术。在现今社会，崇尚中华传统文化，学习中华传统文化，更是提高个人道德水准和构建正确价值观念的重要途径。

近年来，学习中华传统文化的热潮正在我们身边悄然兴起，令人欣慰。欣喜之余，我们同时也对中国现今的文化断层现象充满了担忧。我们注意到，现今的青少年对好莱坞大片趋之若鹜时却不知道屈原、司马迁为何许人；新世纪的大学生能考出令人咋舌的托福高分，但却看不懂简单的文言文……这些现象一再折射出一个信号：我们现代人的中华传统文化知识十分匮乏。在西方大搞强势文化和学术壁垒的同时，国人偏离自己的民族文化越来越远。弘扬中华传统文化教育，重拾中华传统文化经典，已迫在眉睫。

本套"中华传统文化核心读本"的问世，也正是为弘扬中华传统文化而添砖加瓦并略尽绵薄之力。为了完成此丛书，我们从搜集整理到评点注译，历时数载，花费了一定的心血。这套丛书涵盖了读者应知必知的中华传统文化经典，尽量把艰难晦涩的传统文化予以通俗化、现实化的解读和点评，并以大量精彩案例解析深刻的文化内核，力图使中华传统文化的现实意义更易彰显，使读者阅读起来能轻松愉悦并饶有趣味，能古今结合并学以致用。虽然整套书尚存瑕疵，但仍可以负责任地说，我们是怀着对中华传统文化的深情厚谊和治学者应有的严谨态度来完成该丛书的。希望读者能感受到我们的良苦用心。

前言

　　《春秋》是我国现存最早的一部编年体史书，同时也是儒家经典之一。

　　在上古时期，春季和秋季是诸侯朝觐王室的时节。另外，春秋在古代也代表一年四季。而史书记载的都是一年四季中发生的大事，因此"春秋"是史书的统称，那时不少诸侯国都有自己按年代记录下来的国史。到战国末年，各国史书先后失传，只有鲁国的《春秋》流传了下来。它虽然使用的是鲁国的纪年，却记录了各国的史事，可以说是一部通史。

　　为了更好地表现《春秋》经文的内容大义，很多学者的诠释之作相继出现，对书中的记载进行解释和说明，称之为"传"。根据《汉书·艺文志》记载，汉代传注《春秋》的有五家。后来《邹氏传》十一卷，《夹氏传》十一卷亡佚，只有左丘明的《春秋左氏传》，公羊高的《春秋公羊传》，穀梁赤的《春秋穀梁传》流传至今，被合称为《春秋》"三传"，列入儒家经典。

　　在"《春秋》三传"中，影响最大的要数《左传》。尽管《左传》是因《春秋》而作，但在编年的体例上却要比《春秋》完备，在史料和文学的价值上也远远超过了《春秋》，以至于有很多学者认为，《左传》本是独立的编年体史书，虽然其内容与《春秋》有某种程度上的联系，但却不

05

是解经之作。

《左传》原名为《左氏春秋》，汉代的时候改称为《春秋左氏传》，简称《左传》。全书约十八万字，记载了从鲁隐公元年（前722）到鲁哀公二十七年（前468），共12代国君、254年间的历史，补充并丰富了《春秋》的内容，不但记鲁国的史实，还兼记各国历史；不但记政治大事，还广泛涉及社会各个领域的"小事"；一改《春秋》流水账式的记史方法，代之以有系统、有组织的史书编纂方法；不但记春秋史实，而且还引征了许多古代史实。这就大大提高了《左传》的史料价值。

关于《左传》的作者，至今仍然没有一致的看法。相传这部书的作者是与孔子同时代的左丘明，但是，书中已经涉及战国初年的史实，它应该成书于战国早期，不是出自一人之手。现在，普遍的观点认为，此书非成于一人之手，大概是儒家一派学者杂采各国史料及传闻编纂而成。其成书约在战国初年。

《左传》记事年代大体与《春秋》相当，只是后面多17年。与《春秋》的大纲形式不同，它相当系统而具体地记述了这一时期各国的政治、军事、外交等方面的重大事件。

作为一部历史著作，《左传》的政治与道德倾向是比较鲜明的。其观念与儒家的很相似，强调等级秩序与宗法伦理，重视长幼尊卑之别，同时也表现出"民本"思想。尽管书中仍有不少讲天道鬼神的地方，然而其重要性却已在"民"之下。例如桓公六年文引季梁语："夫民神之主也。是以圣王先成民而后致力于神。"庄公三十二年文引史嚚语："国将兴，听于民；将亡，听于神。"像这一类的议论，作者都是持赞同态度的。诸子散文（尤其《孟子》）也有类似的议论，可以看出这是春秋战国时代一种重要的思想进步。

《左传》是一部历史著作，因此，它的叙事必然要从大处着眼，把最能代表历史发展趋向的重大事件写入史书。其所选择的重大题材主要有以下几个方面：一是王朝衰落史，二是诸侯称霸史，三是诸侯宫廷内乱史，四是卿大夫家族兴衰史。比较以前任何一种著作，它的叙事能力表现出惊人的提高。许多头绪纷杂、变化多端的历史大事件，都能处理得有条不紊，繁而不乱，如春秋时代著名的五大战役。

《左传》中记载的外交辞令也是精彩纷呈。按说这一类文字应该有原始的官方记录作为依据，但肯定也经过作者的重新处理，才能显得如此精炼、严密而有力。与《尚书》乃至《国语》所记言辞相比，差别是显而易见的。最典型的例子，要数"烛之武退秦师"一节。整篇说辞不足二百字，但是却抓住了秦国企图向东发展而受到晋国阻遏的处境，剖析在秦、晋、郑三国关系中，秦只有保全郑国作为在中原的基地，才能获得最大利益，于是秦晋两大国的联盟就轻而易举地被瓦解了，挽救了已经必亡无疑的郑国，至今读来，仍是让人心潮澎湃。

《左传》是一部史学名著和文学名著，是我国现存的第一部叙事详细的编年体史书，被评论为继《尚书》《春秋》之后，开《史记》《汉书》之先河的重要典籍，有"情韵开美，文采照耀"的美誉。它是对纷乱的春秋时代的记录，以生动的笔触描绘了春秋时期诸侯们的金戈铁马和雄心壮志，同时也反映了这个大时代的社会文化。

为使今天的读者对这部名著有所了解，本书精选了《左传》里的一些经典篇目,加以简明的注释。此外,编者还给每篇作品都写了个题解及评析,或介绍事件的来龙去脉、相关背景,间或也作一些文学评点。

在写作本书的过程中,我们参考了一些近年来出版的有关《左传》的编著资料,谨向原作者表示衷心感谢!限于笔者水平,书中难免有疏漏之处,敬请广大读者批评指正。

目录

一 隐公

郑伯克段于鄢……………001

周郑交质……………007

石碏大义灭亲……………009

二 桓公

鲁桓公取郜大鼎于宋………016

王以诸侯伐郑……………019

季梁谏追楚师……………022

三 庄公

曹刿论战……………026

宋南宫万之勇……………028

陈公子完奔齐……………031

四 闵公

不去庆父，鲁难未已………034

卫懿公好鹤……………038

晋侯使太子申生伐皋落氏……040

五 僖公

齐桓公伐楚……………045

宫之奇谏假道……………048

晋国骊姬之乱……………053

葵丘之盟……………057

秦晋韩之战……………060

子鱼论战……………067

晋公子重耳的流亡…………070

晋文公围原……………081

展喜犒师……………082

晋楚城濮之战 …………… 084
烛之武退秦师 …………… 098
秦晋殽之战 ……………… 101

六　文公

楚商臣弑君 ……………… 108
狼瞫之死 ………………… 110
宋公子鲍礼于国人 ……… 112
郑子家告赵宣子 ………… 115

七　宣公

宋国的败将华元 ………… 119
晋灵公不君 ……………… 122
王孙满对楚子 …………… 126
郑灵公之死 ……………… 128
申叔时说楚王复封陈 …… 130
楚许郑平 ………………… 133
晋楚邲之战 ……………… 135
宋及楚平 ………………… 153

八　成公

齐晋鞌之战 ……………… 158
楚归知罃 ………………… 161

巫臣教吴叛楚 …………… 163
晋归钟仪 ………………… 166
吕相绝秦 ………………… 168
晋楚鄢陵之战 …………… 173

九　襄公

祁奚请老 ………………… 183
晋灭偪阳 ………………… 185
师旷论卫人出其君 ……… 188
齐晋平阴之战 …………… 190
祁奚请免叔向 …………… 194
叔孙豹论三不朽 ………… 197
子产告范宣子轻币 ……… 199
张骼、辅跞挑战楚军 …… 202
晏子不死君难 …………… 204
伯州犁问囚 ……………… 208
蔡声子论晋用楚才 ……… 210
季札观乐 ………………… 216
子产坏晋馆垣 …………… 220
子产不毁乡校 …………… 225

十　昭公

子产却楚逆女以兵 ……… 228

郑子产与子皙争聘……………230
晏婴叔向论晋季世……………233
晏婴辞更宅……………………237
伍员奔吴………………………240
子革对灵王……………………244
晏婴论和与同…………………249
子产论政之宽猛………………251
齐鲁炊鼻之战…………………254
鱄设诸刺吴王…………………257

十一　定公

申包胥乞师…………………260

鲁国侵齐………………………267
齐鲁夹谷之会…………………269

十二　哀公

伍员谏许越平…………………273
楚昭王不禜……………………275
齐鲁清之战……………………277
楚国白公之乱…………………281
卫庄公之死……………………288
勾践灭吴………………………290

一 隐公

郑伯克段于鄢　　（隐公元年）

【题解】

作品通过对郑庄公的狡诈以及阴险，其母姜氏的偏袒、蛇蝎心肠和其弟共叔段的贪得无厌、愚钝蛮横进行淋漓尽致的刻画，生动地展现了郑国统治者母与子、兄与弟之间尔虞我诈、互相倾轧的激烈斗争。本文语言简短精炼，情节生动曲折，引人入胜，很具有文学色彩。

【原文】

初，郑武公娶于申①，曰武姜②，生庄公及共叔段③。庄公寤生④，惊姜氏，故名曰"寤生"，遂恶之。爱共叔段，欲立之，亟请于武公⑤，公弗许⑥。

【注释】

①郑武公：名掘突，郑桓公的儿子，前770年—前744年在位。申：春秋时国名，姜姓，在现在河南南阳一带。②武姜：郑武公之妻，"武"是她丈夫武公的谥号，"姜"是她娘家的姓。③共（gōng）叔段：郑庄公的弟弟，名段。共，春秋时国名，在现在河南省辉县。段后来逃到共。叔为长幼次序，次于伯。④寤生：倒生，出生时足先出，是难产的一种。寤，通牾，逆，倒着。⑤亟（qì）：屡次。⑥公弗许：武公不答应她。弗，不。

【译文】

很久以前，郑武公在申国娶了一个名叫武姜的妻子。武姜给武公生了两个儿子，他们就是庄公和共叔段。因为庄公出生的时候难产，武姜受到了惊吓，所以给他取名叫"寤生"，并因此而讨厌他。武姜从小就喜爱共叔段，故而一心想立共叔段为太子，她多次向武公请求，武公都没同意。

【原文】

及庄公即位，为之请制①。公曰："制，岩邑也②，虢叔死焉③，佗邑唯命④。"请京，使居之，谓之"京城大叔"⑤。祭仲曰："都城过百雉⑥，国之害也。先王之制：大都，不过参国之一⑦；中，五之一；小，九之一。今京不度⑧，非制也，君将不堪⑨。"公曰："姜氏欲之，焉辟害⑩？"对曰："姜氏何厌之有⑪？不如早为之所⑫，无使滋蔓⑬。蔓，难图也"。蔓草犹不可除，况君之宠弟乎？"公曰："多行不义，必自毙，子姑待之⑭。"

【注释】

①请制：请求以制邑作封地。制，地名，即虎牢，在现在河南省荥阳县西北。②岩邑：地势险要的城邑。岩，险要。邑，人所聚居的地方。③虢（guó）叔死焉：东虢国的国君死在那里。虢，指东虢，古国名，为郑国所灭。焉，相当于"于是""于此"。④佗：同他，指示代词，别的，另外的。唯命：只听从您的命令。⑤京：地名，在现在河南省荥阳县东南。大（tài）：后来写作"太"。⑥都城：都邑的城墙。雉（zhì）：古代城墙长三丈、高一丈为"一雉"。⑦参国之一：国都的三分之一。参，同叁。国，国都。⑧不度：不合制度规定。⑨不堪：有所不利，受到危害。⑩辟：同避。⑪厌：满足。⑫早为之所：及早做好打算。⑬滋蔓：滋生蔓延。⑭姑：姑且。

【译文】

等到庄公当上君主之后，武姜又请求庄公把制邑分给共叔段作为属地。庄公回答道："制邑是个地势险要的地方，从前东虢国的国君就死在那里，如果封给他其他城邑，我都没有意见。"于是武姜就请求改封京邑，庄公答应了，接着共叔段就住在了那里，人们都称他为京城太叔。大夫祭仲进谏说："假如分封的都城城墙超过三百丈，那么它将会成为国家的祸根。先王的制度中有明确规定，大的城邑不能超过国都的三分之一，中等的不得超过它的五分之一，小的不能超过它的九分之一。可是现如今，京邑的城墙违反了先王的规定，这样的事情本是不允许发生的，因为这样您的利益会受到损失的。"庄公说："姜氏一心想要这样，这哪里是想避免就能避免的祸害呢？"祭仲回答说："姜氏的贪心是没有止境的！不如早点给他安排个地方，别让祸根滋长蔓延。等它长到枝叶茂盛的时候再想对付就晚了。蔓延开来的野草尚且很难铲除干净，更不用说是您那受到宠爱的弟弟了。"庄公说："多做不义的事情，必定会自寻死路，你暂且等着看吧。"

【原文】

既而大叔命西鄙、北鄙贰于己①。公子吕曰："国不堪贰，君将若之何②？欲与大叔，臣请事之③；若弗与，则请除之，无生民心。"公曰："无庸④，将自及⑤。"大叔又收贰以为己邑，至于廪延⑥。子封曰："可矣。厚将得众⑦。"公曰："不义不暱⑧，厚将崩⑨。"

【注释】

①鄙：边境。贰于己：此指背叛国君，听从自己的管辖。贰，两属，属二主。②若之何：怎么办？若，如。之，指"大叔命西鄙北鄙贰于己"这件事。③事：动词，事奉，听他的命令。④无庸：用不着（这样）。⑤将自及：将要自己走到毁灭的地步。及，至。⑥廪延：地名，在现在河南省延津县北。⑦厚：指所占的土地扩大。众：指百姓。⑧不义不暱（nì）：指上不尊国君是不义，下不亲兄长是不暱。⑨崩：山塌，这里指垮台、崩溃。

【译文】

没过多长时间，太叔段命令原来属于郑国西边和北边的边邑同时听命于自己。公子吕说："国家是不能有这种两属的情况出现的，如今您准备怎么办？假如您想把郑国送给太叔，那么就请您答应让我去侍奉他；假如不给的话，那么就请除掉他，不要使百姓们产生二心。"庄公说："不用管他，他会自取灭亡的。"没过多长时间，太叔又把两处地方改为自己统辖的地方，并扩展到廪延。公子吕说："现在可以采取行动了！若是一味地让他扩大土地，他将会得到民心。"庄公说："对君主不义，对兄长不亲，即使是土地扩大了，最终还是会垮台的。"

【原文】

大叔完聚①，缮甲兵②，具卒乘③，将袭郑。夫人将启之④。公闻其期⑤，曰："可矣！"命子封帅车二百乘以伐京。京叛大叔段。段入于鄢。公伐诸鄢⑦。五

一 隐公

月辛丑,大叔出奔共⑧。

【注释】

①完聚:修治城郭,囤积粮食。②缮甲兵:整修铠甲和兵器。③具:准备。卒乘(shèng):步兵和兵车。④夫人将启之:武姜将要为共叔段作内应。夫人,指武姜。启之,给段开城门,即作内应。启,开门、引导方向,此指做内应。⑤期:指段袭郑的日期。⑥帅车二百乘:率领二百辆战车。帅,率领。乘,古代军队组织的单位。古代每辆战车配备甲士三人,步卒七十二人。⑦诸:"之于"的合音字。⑧出奔共:出逃到共国(避难)。奔,逃亡。

【译文】

太叔修整城郭,囤积粮食,修缮盔甲以及兵器,同时也准备好了步兵和战车,准备偷袭郑国的国都。武姜则准备为太叔打开城门做内应。庄公听说了太叔起兵攻打郑都的日期后,说:"现在可以出兵攻打他了!"于是命令子封率领二百辆战车攻打京邑。京邑的人民背叛太叔,太叔于是逃到鄢城。庄公接着又追到鄢城讨伐他。五月二十三日,太叔又逃到共国。

【原文】

书曰①:"郑伯克段于鄢。"段不弟②,故不言弟;如二君③,故曰克;称郑伯,讥失教也;谓之郑志④。不言出奔,难之也⑤。

【注释】

①书:这里指《春秋》经文的记述。②不弟:没有恪守做弟弟的本分。③如二君:如同两个国家的国君打仗。④郑志:郑庄公的本意。⑤难之:谓史官下笔有为难的地方。

【译文】

《春秋》上说:"郑伯克段于鄢。"大意是说太叔没有恪守做弟弟的本分,所以不说他是弟弟;兄弟俩就像两个国君一样争斗,所以称之为"克";把庄公称为"郑伯"(意为大哥),是讥讽他对弟弟有失教诲;赶走共叔段是出于郑庄公的内心想法,不写共叔段被动出奔,是史官下笔有为难之处。

【原文】

遂寘姜氏于城颍①，而誓之曰②："不及黄泉③，无相见也。"既而悔之。

【注释】

①寘（zhì）：同置，安置，这里有"放逐"的意思。城颍，地名，在现在河南省临颍县西北。②誓之：向她发誓。之，代武姜。③黄泉：地下的泉水，这里指墓穴。

【译文】

于是庄公就把武姜安置在城颍，并且向她发誓说："不到黄泉（不到死后埋在地下），永不再见面！"可是没过多久庄公就后悔了。

【原文】

颍考叔为颍谷封人①，闻之，有献于公。公赐之食。食舍肉②。公问之，对曰："小人有母③，皆尝小人之食矣，未尝君之羹④，请以遗之⑤。"公曰："尔有母遗，繄我独无⑥！"颍考叔曰："敢问何谓也？"公语之故，且告之悔。对曰："君何患焉？若阙地及泉⑦，隧而相见⑧，其谁曰不然？"公从之。公入而赋："大隧之中，其乐也融融⑨！"姜出而赋："大隧之外，其乐也洩洩！"遂为母子如初。

【注释】

①封人：管理边界的小吏。封，疆界。②食舍肉：吃的时候把肉放在一旁。舍，放。③小人：谦称自己。④尝：品尝，这里是"吃"的意思。⑤遗（wèi）：赠，送给。⑥繄（yī）：语气助词，用在句首。⑦阙：同掘。⑧隧而相见：挖个地道，在那里见面。隧，隧道，这里用作动词，指挖隧道。⑨融融：同下文的"洩洩"都是形容和乐自得的心情。

【译文】

有个名叫颍考叔的人，是颍谷管理疆界的官吏，他知道了这件事之后，就找机会向庄公敬献了一些东西。庄公赐给他饭食，他在吃饭的时候，把肉挑出来单独放在一边不吃。于是庄公就问他为什么要这么做。颍考叔回答道：

"小人的母亲还健在，我吃的东西她都吃过，但是她却从未吃过君王的肉羹，请允许我带回去孝敬我的母亲。"庄公说："你有母亲可以孝敬，唉，可我却偏偏没有！"颍考叔说："请恕我冒昧地问一句，您为什么这么说呢？"庄公就对他说明原因，并且告诉颍考叔他现在已经后悔了。颍考叔答道："在这件事情上您没什么好忧虑的。只要您掘地挖出泉水，然后挖个隧道，在那里与你母亲见面，谁敢说不可以这样呢？"庄公接受了他的意见。庄公走进隧道去见武姜，赋诗道："身在大隧之中，多么和乐相得啊！"武姜走出地道，赋诗道："身在大隧外，多么舒畅快乐啊！"于是姜氏和庄公就恢复了以往的母子关系。

【原文】

君子曰：颍考叔，纯孝也①，爱其母，施及庄公②。诗曰："孝子不匮，永锡尔类③。"其是之谓乎④？

【注释】

①纯：真纯，笃厚。②施：推广，扩展。③锡：通赐，给予。④其是之谓：说的就是这个情况。

【译文】

君子说：颍考叔是个真正的孝子，他不仅孝顺自己的母亲，而且还把这种孝心影响推广到郑伯身上。《诗经·大雅·既醉》篇说："孝子不断地推行孝道，可以永远地感化你的同类。"大概就是针对颍考叔这类孝子而说的吧。

【评析】

本文以武姜厌恶他的儿子郑庄公开始，以武姜、郑庄公"母子如初"结尾，从而把两个主要人物贯穿其中。武姜是郑武公的夫人，是申侯的女儿。尽管她对两个儿子爱憎态度让人一看就明了，然而实际上两个儿子都是她偏心行为的受害者。作品的结尾写道武姜和郑庄公在隧道中相见，这对于武姜来说是相当难堪的，她所说的乐也只能是勉强装出来的。郑庄公在公元前743年继位为郑国国君，作为一名政治家他是合格的，但是作为儿子和兄长则是有缺失的，所以他的形象不能一言以蔽之。共叔段是武姜的宠儿，他在开始阶段依仗母亲的偏爱骄横跋扈，政治野心迅速膨胀。和郑庄公相比，他在政治上的稚嫩、简单轻率，表现得很是充分。他是政治上的失败者，是母亲不成气候的宠儿，同时作为幼弟的他也是兄长的手下败将，集多种角色于一身。

文章结尾，郑庄公母子之所以能采纳颍考叔设计的见面方式，就在于当时的大局已经确定下来了，郑庄公的江山固若金汤，武姜废长立幼的企图也无从谈起。在这种境况下，大隧相见对于双方来说都是唯一且体面的选择。文中把郑庄公的家庭矛盾和政治纠葛放在一起进行叙述，最终家庭矛盾服从于政治利益。郑庄公可以选择放弃弟弟，然而对君主之位却割舍不下。武姜的宠儿已经成为明日黄花，尽管她对身边的郑庄公非常厌恶，然而最后却不得不依靠他。只有在政治纷争偃旗息鼓的前提下，武姜、郑庄公这对"慈母孝子"才能出现在世人的眼前。

周郑交质

（隐公三年）

【题解】

周王朝从平王东迁开始，一步步走向衰败，所导致的最直接的结果就是再也无法控制各诸侯国了，以至于发生了郑庄公与周平王交换人质的事情。周、郑双方以交质开始，以交恶结束，这使得秉持礼乐文化理念的君子感慨万千，发了一通议论。议论紧紧围绕礼和忠心展开，一再强调忠信的可贵，以呼唤人们要忠信相处。

【原文】

郑武公、庄公为平王卿士。王贰于虢[1]，郑伯怨王[2]，王曰"无之"。故周、郑交质。王子狐为质于郑[3]，郑公子忽为质于周[4]。王崩，周人将畀虢公政[5]。四月，郑祭足帅师取温之麦。秋，又取成周之禾[6]。周、郑交恶[7]。

【注释】

[1]贰于虢（guó）：指偏信虢公，想把权力分一部分给他。虢，指西虢公，周王室卿士。[2]郑伯：指郑庄公。[3]王子狐：周平王的儿子。[4]公子忽：郑庄公太子，后即位为昭公。[5]畀（bì）：给予，交给。[6]成周：周地，今在河南洛阳市东。[7]交恶：互相憎恨。

【译文】

郑武公、郑庄公都是周平王手下的卿士。周平王同时又对虢公比较信任,并且想分一部分权力给他,这样郑庄公就开始怨恨周平王。周平王说:"从没发生过这样的事情。"于是周和郑交换人质(证明互信)。周平王的儿子狐在郑国做人质,郑庄公的儿子忽在周王室做人质。周平王驾崩后,周王室想把权力移交给虢公掌握。四月,郑国的祭足率军队强收了周王室温邑的麦子。秋季,又割走了成周的稻谷。从此以后,周朝和郑国就结下了仇恨。

【原文】

君子曰:"信不由中①,质无益也。明恕而行,要之以礼②,虽无有质,谁能间之?苟有明信,涧溪沼沚之毛③,蘋蘩蕰藻之菜④,筐筥锜釜之器⑤,潢污行潦之水⑥,可荐于鬼神⑦,可羞于王公⑧,而况君子结二国之信。行之以礼,又焉用质?《风》有《采蘩》《采蘋》⑨,《雅》有《行苇》《泂酌》⑩,昭忠信也。"

【注释】

①中:同衷,内心。②要:约。③涧溪:都是山间小沟。沼沚:均为小池塘。毛:野草。④菜:野菜。⑤筐筥(jǔ):竹制容器,方为筐,圆为筥。锜(qí)釜:饮具,有角为锜,无角为釜。⑥潢(huáng)污:低洼处的积水。行潦(lǎo):道路上的积水。⑦荐:进献,祭祀。⑧羞:进奉。⑨《采蘩》《采蘋》:均为《诗经·召南》篇名,写妇女采集野菜以供祭祀。⑩《行苇》《泂(jiǒng)酌》:均为《诗经·大雅》篇名,前者写周祖先晏享先人仁德,歌颂忠厚。后者写汲取行潦之水供宴享。

【译文】

君子说:"如果诚意不是发自内心的,即使交换人质也是没用的。开诚布公互相谅解地行事,同时用礼来约束,就算是没有人质,又有谁能离间他们呢?如果有信用,那么,山涧溪流中的浮萍,蕨类水藻这样的野菜,方筐、圆筥、锜、釜等器皿,低洼处和道路上的积水,都可以用来供奉鬼神,也可以献给王公为食。更不用说君子建立两国的信任,按礼去做,又哪里用得着人质呢?《国风》中有《采蘩》《采蘋》,《大雅》中有《行苇》《泂酌》诗,这四首诗都是用来歌颂忠厚诚信的。"

【评析】

这篇文章以及《郑庄公克段于鄢》，反应的都是春秋初期出现的道德危机与政治危机。从郑庄公本人的角度来看，他的诸侯国君主地位遭到共叔段的挑战，同时他又去争夺东周王朝的大权，在权力网络中他扮演的是双重角色。

郑庄公是周平王的下属卿士。因为郑庄公连打胜仗，势力逐渐强大起来，所以慢慢地他也就不把周平王放在眼里。周平王看到郑国太骄横了，就不想把处理朝政的大权都交给郑庄公，想把一半的权力交给另一个卿士虢公，郑庄公对此非常不满。周平王不敢得罪郑庄公，于是就把王子狐作为人质让他住到郑国去；而郑国公子忽也作为人质住到都城洛邑。发生的"周郑交质"这个事件，使得周天子的地位一落千丈。

本文从"信""礼"的角度来叙事论事；周、郑靠人质来期冀关系的和平与长久，谈不上"信"，上下之间的"礼"也无从谈起。在文中，作者把周、郑称为"二国"，就暗含讥讽之意。作品中描写了周平王的虚辞掩饰与郑国的蛮横强势，反映了那个时代诸侯之间互相提防戒备和弱肉强食的政治面貌。

石碏大义灭亲　　（隐公三年、四年）

【题解】

对于很多人来说，亲情都是难以割舍的，很难逃脱天性这条纽带的束缚。故而人们时常会做出一些让社会、道德、理性法则屈从于天性和亲情的选择。正是由于这个原因，大义灭亲就成为一种特别值得表扬的高尚品德。于是，像石碏一样的人，就显示出了伟大和高尚，让人叹为观止。

【原文】

卫庄公娶于齐东宫得臣之妹①，曰庄姜，美而无子，卫人所为赋《硕人》也②。又娶于陈③，曰厉妫，生孝伯，早死。其娣戴妫生桓公④，庄姜以为己子。

【注释】

①卫庄公：名扬，武公之子，在位二十三年（前757—前735）。东宫：太子居住的地方。得臣：齐庄公的太子。②赋：创作。《硕人》：《诗经·卫风》中赞美庄姜的诗。③陈：诸侯国名，妫（guī）姓，在今河南开封以东，安徽亳县以北。④娣（dì）：妹妹。戴妫：随厉妫出嫁的妹妹。

【译文】

卫庄公娶了齐国太子得臣的妹妹为妻，她的名字叫庄姜。庄姜长得很漂亮，令人遗憾的是她却没有生孩子，于是卫国人为她创作了一首诗叫《硕人》。后来卫庄公又娶了一位名叫厉妫的陈国女子，生了孝伯，孝伯很小的时候就夭折了。厉妫随嫁的妹妹戴妫生了卫桓公，庄姜就把桓公当作自己的亲生儿子一样对待。

【原文】

公子州吁，嬖人之子也①，有宠而好兵，公弗禁，庄姜恶之。石碏谏曰②："臣闻爱子，教之以义方，弗纳于邪③。骄、奢、淫、泆④，所自邪也。四者之来，宠禄过也。将立州吁，乃定之矣，若犹未也，阶之为祸⑤。夫宠而不骄，骄而能降，降而不憾⑥，憾而能眕者鲜矣⑦。且夫贱妨贵，少陵长，远间亲，新间旧，小加大，淫破义，所谓六逆也。君义，臣行，父慈，子孝，兄爱，弟敬，所谓六顺也。去顺效逆，所以速祸也⑧。君人者将祸是务去⑨，而速之，无乃不可乎⑩？"弗听，其子厚与州吁游，禁之，不可。桓公立，乃老⑪。

【注释】

①嬖（bì）人：低贱而受宠的人。这里指宠妾。②石碏（què）：卫国大夫。③纳：入。邪：邪道。④泆（yì）：放纵。⑤阶之为祸：成为酿成祸乱的阶梯。⑥降而不憾：地位下降而能无所怨恨。⑦眕（zhěn）：克制。鲜：稀少。⑧速祸：使灾祸很快到来。⑨务：勉力从事。去：消除。⑩无乃：恐怕，大概。⑪老：告老退休。

【译文】

公子州吁，是庄公宠妾的儿子，因此也受到庄公的宠爱，他喜好武事，庄公也没禁止。庄姜则特别讨厌州吁。大夫石碏劝谏庄公说:"我听说疼爱孩子的正确做法是用道德礼法去教导他,使他不要走上邪路。骄傲、无礼、违法、放纵都能导致邪恶的产生。这四种恶习之所以产生,究其原因是给他的宠爱和俸禄过了头。假如准备立州吁为太子,就确定下来;假如还没有定下来,将会酿成祸乱。那种受宠而不骄横,骄横而能安于下位,地位在下而不怨恨,怨恨而能克制的人,是很少的。更何况低贱妨害高贵,年轻欺凌年长,疏远离间亲近,新人离间旧人,弱小欺侮强大,淫乱破坏道义,这是六件背离道理的事。国君行事遵礼守法,臣下受命恭行,为父慈爱,为子孝顺,兄长宽和,兄弟恭敬,这是六件顺理的事。背离顺理的事而效法违理的事,就会很快导致祸害的产生。作为一国之君,应当想尽办法除掉祸害,而现在您却在加速祸害的到来,这恐怕是不行的吧?"卫庄公没有采纳石碏的劝告。石碏的儿子石厚与州吁交往,石碏加以制止,但却没有制止住。到卫桓公当国君时,石碏就告老退休了。

【原文】

四年春,卫州吁弑桓公而立。公与宋公为会①,将寻宿之盟②。未及期,卫人来告乱。夏,公及宋公遇于清③。

【注释】

①公:指鲁隐公。宋公:指宋殇公。②寻:重温。宿之盟:鲁隐公元年,鲁国和宋国曾在宿这个地方会盟。③遇:指诸侯非正式的会面。

【译文】

鲁隐公四年的春天,卫国的州吁杀了卫桓公,自己登上了王位。鲁隐公和宋殇公会面,准备重温以前宿地会盟所建立的友好关系,还没达到预定的日子,卫国就传来了国内发生叛乱的消息。夏天的时候,鲁隐公和宋殇公改在清这个地方进行非正式的会面。

【原文】

宋殇公之即位也,公子冯出奔郑,郑人欲纳之①。及卫州吁立,将修先君之怨于郑②,而求宠于诸侯以和其民③,使告于宋曰:"君若伐郑以除君害,君为主，敝邑以赋与陈、蔡从④，则卫国之愿也。"宋人许之。于是⑤，陈、蔡方睦于卫，故宋公、陈侯、蔡人、卫人伐郑，围其东门，五日而还。

【注释】

①纳之：送公子冯回国为君。②修：治。这里可以理解为报复。③求宠：讨好。和其民：使其民众安定和睦。④赋：兵赋，指作战所需的人力财物。⑤于是：在这时候。

【译文】

宋殇公即位的时候，公子冯逃到郑国避难，郑国人原本打算送他回国。等到州吁自立为卫国国君时，他就准备向郑国报复前代国君结下的仇怨，以此来讨好诸侯，安定国内人心。于是他派人告诉宋国说："假如您打算进攻郑国，以除去君王的祸害，您作为主将，我们将提供人力物力，和陈、蔡两国一道随您出兵，这就是卫国现在最大的愿望。"宋国答应了。这个时候，陈国、蔡国正和卫国友好，所以宋殇公、陈桓公、蔡国人、卫国人联合起来攻打郑国，包围了郑国都城的东门，五天以后才返回。

【原文】

公问于众仲曰："卫州吁其成乎？"对曰："臣闻以德和民，不闻以乱。以乱，犹治丝而棼之也①。夫州吁，阻兵而安忍②。阻兵无众，安忍无亲，众叛亲离，难以济矣③。夫兵犹火也，弗戢④，将自焚也。夫州吁弑其君而虐用其民，于是乎不务令德⑤，而欲以乱成，必不免矣。"

【注释】

①治丝：把丝理清。棼：纷乱。②阻兵：依仗武力。阻，依仗。安忍：安于残忍。③济：成功。④戢：停止，此指控制、收敛。⑤务：致力。

【译文】

鲁隐公向众仲询问道："卫国的州吁会取得胜利吗？"众仲回答说："我只听说用德行来安定百姓的，从没听说过用祸乱来安定百姓的。用祸乱来安定百姓，就如同理出乱丝的头绪，反而弄得更加糟糕。州吁这个人，依仗着武力而安于残忍。仗恃武力就会失去民心,安于残忍就不会有亲附的人。百姓背叛,亲属离开,这是不可能成功的。武事,就像火一样,若不加以制止的话,自己也会被焚烧掉。州吁杀了自己的国君,又残暴地使用百姓,他不仅不致力于建立美德,反而想通过祸乱来取得成功,那祸患就在所难免了。"

【原文】

秋,诸侯复伐郑。宋公使来乞师,公辞之。羽父请以师会之①,公弗许,故请而行②。故书曰"翚帅师",疾之也③。诸侯之师败郑徒兵④,取其禾而还。

【注释】

①羽父:即公子翚(huī)。②故:通固,坚决。③疾:憎恶。④败郑徒兵:打败了郑国的步兵。

【译文】

秋天的时候,诸侯再次进攻郑国。宋殇公派人向鲁国请求支援,隐公不同意。羽父请求出兵与之会合,隐公还是没答应。羽父坚决请求以后便自己前去了。所以《春秋》记载说:"翚帅师",这是表示对他不听命令的憎恶。诸侯的军队打败了郑国的步兵,割取了那里的谷子以后才班师回朝。

【原文】

州吁未能和其民,厚问定君于石子①。石子曰:"王觐为可。"曰:"何以得觐②?"曰:"陈桓公方有宠于王,陈、卫方睦,若朝陈使请③,必可得也。"厚从州吁如陈。石碏使告于陈曰:"卫国褊小④,老夫耄矣⑤,无能为也。此二人者,实弑寡君,敢即图之。"陈人执之而请莅于卫。九月,卫人使右宰丑莅杀州吁于濮⑦,石碏使其宰獳羊肩莅杀石厚于陈⑧。

【注释】

①定君:安定君位。石子:石碏,石厚的父亲。②觐(jìn):诸侯朝见天子。③朝:当时诸侯相会亦可称朝。使请:求陈桓公向周王请求。④褊(biǎn)小:狭小。⑤耄(mào):年老。八九十岁叫耄。⑥莅:临,到。⑦右宰:官名。

丑：人名。濮：陈国地名。⑧宰：家臣。

【译文】

州吁没能让卫国的民心平定下来，于是石厚就去向他父亲石碏请教安定君位的方法。石碏说："能去拜见周天子，君位就可以安定了。"石厚问："要怎么做才能朝见周天子呢？"石碏答道："现在最受周天子宠信的是陈桓公，而陈国和卫国的关系又相得很好，假如去朝见陈桓公，让他向周天子引荐，就一定能办到。"于是石厚跟随州吁来到陈国。石碏派人告诉陈桓公说："卫国只是弹丸之地，我也年纪老迈，不能再有什么大的作为了。来的那两个人正是杀害我们国君的凶手，希望你们借此机会设法处置他们。"陈国人就将州吁和石厚抓住，并到卫国请人来处置。同年九月，卫国派遣右宰丑到陈国的濮地杀了州吁。石碏又派自己的家臣獳羊肩到陈国杀了自己的儿子石厚。

【原文】

君子曰："石碏，纯臣也，恶州吁而厚与焉。'大义灭亲'，其是之谓乎！"

【译文】

君子说："石碏真是一位正直无私的臣子。他痛恨州吁，同时也痛恨和州吁交好的石厚。'大义灭亲'，大概就是说的这种事情吧！"

【评析】

在古人的思想意识中，臣弑君、子杀父、妻害夫，都是大逆不道的"大不义"。君主是皇天后土的宠儿，他是上天和神明意志的体现，是小民百姓最初的父母，怎么可以想冒犯就冒犯甚至是杀害呢？这罪过就是比杀害自己的亲生父母也是有过之而无不及的，可以称得上是"滔天大罪"。在这种情况下，灭亲便被视为正义之举。

古人说得好："虎毒不食子。"这句话是说，尽管猛虎性情凶残，然而它依然要恪守亲情的界限，凶残只是对外而言，而对自己的亲生骨肉，却以大慈大爱之心相待，绝不可能为了充饥而吃掉自己的孩子。老虎这样做，是动物的本能，没什么好议论的。对人而言，人做事也要按天性，亲情是人之天性，父母儿女之间的亲情，是自然的法则。世上没有不爱惜自己亲生骨肉的父母。如果说人性这东西也存在的话，那么父母儿女间的亲情就应当属于人性之列；如果说人性是永恒的话，那么这种亲情也是永恒的，否则的话，便是丧失了人性，丧失了天良，就不应当再冠之以"人"这个称呼了。

二 桓公

鲁桓公取郜大鼎于宋

（桓公二年）

【题解】

靠贿赂就能把罪恶洗刷清吗？当然不能。当鲁桓公非常高兴地把郜的大鼎运回鲁国，放置进太庙时，臧哀伯义正词严的进谏，就表明了公道自在人心。

【原文】

二年春，宋督攻孔氏①，杀孔父而取其妻。公怒②，督惧，遂弑殇公。

【注释】

①宋督：宋国第11个国君戴公的曾孙，名督，字华父。孔氏：指孔父嘉，宋国第5个国君闵公的玄孙（4世孙），名嘉，字孔父。②公：指宋殇公，名与夷。

【译文】

二年春季，宋卿华父督攻打孔氏，杀死了孔父还占有了他的妻子。宋殇公发怒，华父督恐惧，就把殇公也杀了。

【原文】

君子以督为有无君之心而后动于恶，故先书弑其君。会于稷，以成宋乱①，为赂故②，立华氏也③。

【注释】

①会于稷：指当年三月，鲁桓公、齐僖公、陈桓公、郑庄公在宋国稷邑集会。成宋乱：使宋国动乱的局面平稳下来。成，平定。②赂：本指赠送财物，引

申指贿赂。③立：使成立，有承认的意思。华氏：指华父督。

【译文】

君子认为华父督心里早已没有国君，才产生这种罪恶行动，所以《春秋》先记载"弑其君"。鲁桓公和齐僖公、陈桓公、郑庄公在稷地会见，商讨平定宋国的内乱。由于接受了贿赂的缘故，便承认了华氏政权。

【原文】

宋殇公立，十年十一战，民不堪命①。孔父嘉为司马②，督为大宰③，故因民之不堪命，先宣言曰④："司马则然⑤。"已杀孔父而弑殇公，召庄公于郑而立之⑥，以亲郑。以郜大鼎赂公⑦，齐、陈、郑皆有赂，故遂相宋公。

【注释】

①不堪：不能忍受。命：指出军赋和服兵役的命令。②司马：掌管军政和军赋的官。③大宰：也作太宰，掌管国内外事务的官。④宣言：这里指散布流言。⑤则：乃是，才是。然：如此，指造成连续的战争。⑥庄公：指公子冯，穆公之子。⑦郜：古国名，姬姓，始封之君为周文王之子，春秋初年或以前为宋国所灭，其大鼎遂为宋所有。公：指鲁桓公。

【译文】

宋殇公即位以后，十年之中发生了十一次战争，百姓不能忍受。孔父嘉做司马，华父督做太宰。华父督知道百姓不能忍受，所以散布流言说："这都是司马造成的。"不久他就杀了孔父和殇公，把庄公从郑国召回并立他为国君，以此亲近郑国。同时又把郜国的大鼎送给鲁桓公，对齐、陈、郑诸国也都馈送财礼，所以华父督就当了宋庄公的宰相。

【原文】

夏四月，取郜大鼎于宋。戊申①，纳于大庙②。非礼也。臧哀伯谏曰："君人者将昭德塞违③，以临照百官，犹惧或失之。故昭令德以示子孙。是以清庙茅屋，大路越席，大羹不致，粢食不凿，昭其俭也。衮、冕、黻、珽、带、裳、幅、舄、衡、紞、纮、綖，昭其度也。藻、率、鞞、鞛、鞶、厉、游、缨，昭其数也。火、龙、黼、黻，昭其文也。五色比象，昭其物也。钖、鸾、和、铃，昭其声也。三辰旂旗，昭其明也。夫德，俭而有度，登降有数。文、物以纪之，声、明以发之，以临照百官，百官于是乎戒惧，而不敢易纪律④。今灭德立违⑤，而置其赂器于大庙，以明示百官，百官象之⑥，其又何诛焉⑦？国家之败，由官邪也⑧。官之失德，宠赂章也⑨。郜鼎在庙，章孰甚焉？武王克商，迁九鼎于雒邑⑩，义士犹或非之⑪，而况将昭违乱之赂器于大庙⑫，其若之何？"

【注释】

①戊申：据《春秋长历》，为四月九日。②大（tài）庙：也作太庙，鲁国始祖周公之庙。③君：统治。昭德：显扬道德。塞违：阻塞邪恶。④易：变易，引申为违反。⑤灭德：与"昭德"对。立违：与"塞违"对。⑥象：效仿。⑦其：那。诛：指责。⑧邪：作风不正，腐败。⑨宠赂：贪爱贿赂。宠，爱。章：同彰，公开化。⑩九鼎：相传为夏禹所造，以象九州。三代时认为得九鼎即有天下（九州）。⑪义士：指伯夷、叔齐。犹或：尚且有。⑫昭违乱：宣扬邪恶悖乱。

【译文】

夏季四月，鲁桓公从宋国取来了郜国的大鼎。初九，他把大鼎安放在太庙里。这件事不符合礼制。臧哀伯劝阻说："作为百姓的君主，要发扬道德而阻塞邪恶，以为百官的表率，即使这样，仍然担心有所失误，所以更应该显扬美德以示范于子孙。因此太庙用茅草盖屋顶，祭天之车用蒲草席铺垫，肉汁不加调料，主食不吃舂过两次的米，这是为了表示节俭。礼服、礼帽、蔽膝、大圭、腰带、裙子、绑腿、鞋子、横簪、瑱绳、冠系、冠布，都各有规定，用来表示衣冠制度。玉垫、佩巾、刀鞘、鞘饰、革带、带饰、飘带、马鞦，各级多少不同，用来表示各个等级规定的数量。画火、画龙、绣黼、绣黻，这都是为了表示文饰。五种颜色绘出各种形象，这都是为了表示色彩。钖铃、鸾铃、衡铃、旗铃，这都是为了表示声音。画有日、月、星的旌旗，这是为了表示明亮。行为的准则应当节俭而有制度，增减也有一定的数量，用文饰、色彩来记录它，用声音、旗帜来发扬它，以此向文武百官做明显的表示，百官才会警戒和畏惧，不敢违反纪律。现在废除道德而树立邪恶，把人家贿赂来的器物放在太庙里，公然展示给百官看，百官也模仿这种行为，那还能惩罚谁呢？国家的衰败，由于官吏的邪恶；官吏的失德，由于受宠又公开贿赂。郜鼎放在太庙里，等于公开地受纳贿赂，还有更甚的吗？周武王打败商朝，把九鼎运到洛邑，当时的义士还认为他不对，更何况把明显违法叛乱的贿赂器物放在太庙里，这又该如何是好？"

【评析】

华父督看上了美而艳的孔父妻后，就一直处心积虑地想该用什么办法才能不遇阻力地除掉孔父。恰在那时宋国民众正对连年战争怨声载道，华父督就制造舆论把民众积怨引导到司马孔父嘉一个人身上。实际上，华父督也逃不了干系，然而他却蒙蔽民众，推卸责任，自己装成没参与过似的，然后利用民众的积怨，公然杀了孔父，实现了霸占其妻的阴谋诡计。其阴险、毒辣、凶残真是让人胆战心惊。

然而事情并没有到此就结束。民众不明就里，容易受到蛊惑，宋殇公再无能，大臣相残，哪个是正确的哪个是错误的，他总是清楚的。而华父督擅杀一国之重臣司马，事先竟没与国君打声招呼，其骄横跋扈，也太不把国君放在眼里了。宋殇公怎能不发怒？华父督知道殇公看自己不顺眼，也害怕自己的罪行受到惩处，于是一不做，二不休，把宋殇公也杀了。

华父督杀了殇公以后，马上把公子冯从郑国迎回来，立他为君，是为庄公。如此一来的话，郑国对华父督就有了好感。在国内，人们对华父督杀君的指责也随着时间的流逝而慢慢淡忘。趁着鲁、齐、陈、郑四国国君在稷邑商讨如何平定宋国局势，他认准了国君们都是"寡人好货"的，大肆贿赂这些国君们，不惜献出宋国国宝，把四国国君一一打点周全。于是，本应主持正义的国君们立刻统一了口径，对华父督的所作所为给予一致肯定，不加任何谴责。然而，事实就是事实，不是想抹掉就能抹掉的，鲁国的臧哀伯就是最好的证明。臧哀伯两千余年前的谏言，至今读来，仍有史鉴的作用。

王以诸侯伐郑　　（桓公五年）

【题解】

前720年周平王离开人世，郑庄公本人则直到周桓王即位后的第三年（前

717）方去"朝王"。然而周桓王也是个有性格的人，庄公来拜见的时候，他竟"不礼"，甚至两年以后，他还把卿士制度特意改进了一下，由一个增至两个，想以此过渡，最后剥夺郑庄公卿士之职，周郑矛盾由此愈演愈烈。终于在8年之后（前707）因桓王削去庄公卿士之职，庄公以"不朝"作为回应，于是发生了繻葛之战。

【原文】

夏，齐侯、郑伯朝于纪①，欲以袭之。纪人知之。王夺郑伯政②，郑伯不朝。秋，王以诸侯伐郑③，郑伯御之④。王为中军⑤；虢公林父将右军⑥，蔡人、卫人属焉⑦；周公黑肩将左军，陈人属焉。

【注释】

①齐侯、郑伯：指齐僖公、郑庄公。②王：周桓王，名林，前719—前697在位。夺……政：指罢卿士之职。③诸侯：指蔡国、卫国、陈国的军队。④御：迎战。⑤中军：此处引申为统帅之意。⑥将：率领。⑦蔡人：指蔡国的军队，下"卫人""陈人"同。

【译文】

夏季，齐僖公、郑庄公去纪国访问，想要乘机袭击纪国。纪国人发觉了。周桓王便罢去了郑庄公的卿士之职，郑庄公不再朝觐。秋季，周桓王带领诸侯讨伐郑国，郑庄公出兵抵御。周桓王率领中军；虢公林父率领右军，蔡军、卫军隶属于右军；周公黑肩率左军，陈军隶属于左军。

【原文】

郑子元请为左拒以当蔡人①、卫人，为右拒以当陈人，曰："陈乱②，民莫有斗心，若先犯之③，必奔④。王卒顾之⑤，必乱。蔡、卫不枝⑥，固将先奔⑦，既而萃于王卒⑧，可以集事⑨。"从之。曼伯为右拒，祭仲足为左拒，原繁、高渠弥以中军奉公，为鱼丽之陈⑩，先偏后伍⑪，伍承弥缝。战于繻葛，命二拒曰："旝动而鼓⑫。"蔡、卫、陈皆奔，王卒乱，郑师合以攻之，王卒大败。祝聃射王中肩，王亦能军。祝聃请从之。公曰："君子不欲多上人，况敢陵天子乎⑬！苟自救也，社稷无陨，多矣⑭。"

【注释】

①拒：同矩，方阵。②陈乱：指陈桓公死后其子弟因争夺君位而引起的相互残杀。③犯：冲击。④奔：逃散。⑤王卒：指周王的军队。⑥不枝：支持不了。枝，同支。⑦固：必定。⑧萃于王卒：谓集中力量对付周王的中军。⑨集：成。⑩鱼丽：古代车战的一种布阵方法。陈：同阵。⑪偏：古代战车25辆为一偏。伍：古代士兵5人为一伍。⑫旆：古代旗的一种，这里指中军的旗。⑬陵：欺侮。⑭多：足够有余。

【译文】

郑国的子元建议用左方阵来对付蔡军和卫军，用右方阵来对付陈军，说："陈国动乱，百姓都缺乏战斗意志，如果先攻击陈军，他们必定奔逃。周天子的军队看到这种情形，又一定会发生混乱。蔡国和卫国的军队支撑不住，也一定会争先奔逃。这时可集中兵力对付周天子的中军，我们就可以获得成功。"郑庄公听从了。曼伯担任右方阵的指挥，祭仲足担任左方阵的指挥，原繁、高渠弥带领中军护卫郑庄公，摆开了叫作鱼丽的阵势，前有偏，后有伍，伍弥补偏的空隙。在繻葛双方交战。郑庄公命令左右两边方阵说："大旗一挥，就击鼓进军。"郑国的军队发起进攻，蔡军、卫军、陈军一起奔逃，周军因此混乱。郑国的军队从两边合拢来进攻，周军终于大败。祝聃射中周桓王的肩膀，桓王还能指挥军队。祝聃请求前去追赶。郑庄公说："君子不希望欺人太甚，哪里敢欺凌天子呢？只要能挽救自己，国家免于危亡，这就足够了。"

【原文】

夜，郑伯使祭足劳王①，且问左右②。

【注释】

①劳：慰问。②左右：指虢公林父、周公黑肩等人。

【译文】

夜间，郑庄公派遣祭仲足去慰问周桓王和他的左右随从。

【评析】

平王东迁，是周王室开始衰微的标志，等到发生"繻葛之战"，周王几乎是没有什么威严可谈了。周平王在位51年，可称得上是既无文治可见，又无武功可言，确实只是碌碌无为平庸而过。他的孙子周桓王想以"天子"之尊，用王师与卫、蔡、陈三国之师组成联军，讨伐郑国，以此来惩戒庄公对周王大不敬之罪，但却由于他既不知己，又不知彼，其智商明显低于郑庄公的二公子子元，结果不但兵败如山倒，而且被一箭穿肩，狼狈而逃。

假如不是郑庄公做事有点分寸，他极有可能成为祝聃手下的俘虏。虽然我们说周桓王是个有性格的人，然而人光有性格是不行的，至少还得有智慧、有能耐，否则的话就要吃大亏。

季梁谏追楚师

（桓公六年）

【题解】

这篇文章彰显的是春秋时期对于民和神的关系的一种具有进步性的主张，即以民为主，以神为辅。故而称职的君主必须首先做好对民有利的事，然后再去做一些祭祀神祇之类的事，即"圣王先成民而后致力于神"。文中季梁先是忠民信神相提并论，接着深入论述应该以民为主，神为辅。在谈到神的地方都是以民的利益为着眼点，故而说服力很强，所以能使"随侯惧而修政"。

【原文】

楚武王侵随①，使薳章求成焉②。军于瑕以待之③。随人使少师董成④。斗伯比言于楚子⑤曰："吾不得志于汉东也⑥，我则使然⑦。我张吾三军而被吾甲兵⑧，以武临之，彼则惧而协以谋我，故难间也。汉东之国，随为大，随张，必弃小国，小国离，楚之利也。少师侈⑨，请羸师以张之⑩。"熊率且比曰："季梁在，何益？"斗伯比曰："以为后图，少师得其君。"王毁军而纳少师⑪。

【注释】

①楚武王：名熊通，楚国第十七代国君。楚也称荆。随：诸侯国名，姬姓，其地在今湖北随县。②薳（wěi）章：楚大夫。成：和议。③瑕：随地，今湖北

随县境内。④少师：官名。董：主持。⑤楚子：指楚武王。因楚为子爵，故称楚子。⑥汉东：指汉水以东的小国。⑦我则使然：指由于自己失策而导致如此。⑧张：扩大，扩展。被吾甲兵：整顿武器装备。⑨侈：狂妄自大。⑩赢师：故意使军队装作衰弱。赢，使……瘦弱。⑪毁军：毁损军容，故意让军容不整。

【译文】

楚武王准备攻打随国，先派薳章去和议，并且把军队驻在瑕地等待结果。随国人派少师来主持这次和谈。斗伯比向楚武王进谏道："我国在汉水东边不能达到目的，是由于我们自己的失误造成的。我们扩大军队，整顿装备，用武力来胁迫其他国家，他们因害怕而合谋一起来对付我们，所以就难于离间了。在汉水东边的国家中，随国是最强大的。随国要是骄傲自大，就必然会抛弃小国。小国离心，对楚国也是很有利的。少师这个人非常骄傲，请君王隐藏我军的精锐，而让他看到我们疲弱的士卒，以此来助长他的骄傲。"熊率且比说："有季梁在，这样做能得到什么好处？"斗伯比说："这是为以后打算，因为少师能得到他们国君的信任。"楚武王故意把军容弄得散漫来接待少师。

【原文】

少师归，请追楚师，随侯将许之。季梁止之曰："天方授楚①，楚之赢，其诱我也，君何急焉？臣闻小之能敌大也，小道大淫②。所谓道，忠于民而信于神也。上思利民，忠也；祝史正辞③，信也。今民馁而君逞欲，祝史矫举以祭④，臣不知其可也。"公曰："吾牲牷肥腯⑤，粢盛丰备⑥，何则不信？"对曰："夫民，神之主也。是以圣王先成民而后致力于神⑦。故奉牲以告曰'博硕肥腯'，谓民力之普存也，谓其畜之硕大蕃滋也，谓其不疾瘯蠡也，谓其备腯咸有也。奉盛以告曰'洁粢丰盛'，谓其三时不害而民和年丰也⑧。奉酒醴以告曰'嘉栗旨酒'，谓其上下皆有嘉德而无违心也。所谓馨香，无谗慝也⑨。故务其三时，修其五教⑩，亲其九族，以致其禋祀⑪。于是乎民和而神降之福，故动则有成。今民各有心，而鬼神乏主，君虽独丰，其何福之有！君姑修政而亲兄弟之国，庶免于难。"随侯惧而修政，楚不敢伐。

【注释】

①授：赋予好运，照顾。②道：得道，有道义。淫：淫虐乱政。③祝史：主

持祭祀的官。正辞：讲实话，无虚言诡语。④矫举：诈称功德以欺骗鬼神。⑤牲：牛、羊、猪。牷（quán）：毛色纯一的牲畜。腯（tú）：肥壮。⑥粢：粮食。⑦成民：养民而使之有成就。⑧三时不害：即农时不受扰害。三时，指春、夏、秋农忙时季。⑨慝（tè）：邪恶。⑩五教：指父义、母慈、兄友、弟恭、子孝。⑪禋（yīn）祀：祭祀鬼神。

【译文】

少师回到本国后，立刻请求追逐楚军。眼看随侯就要答应了，季梁劝谏道："上天在偏袒楚国，楚国军队之所以呈现出散漫的样子，是想引诱我们。君王有什么着急的呢？下臣听说小国之所以能够抵抗大国，是因为小国有道即站在正义的一边，而大国君主则沉溺于私欲。所谓道，就是忠于百姓而取信于神明。上边的人想到对百姓有利，这是忠；祝史真实不欺地祝祷，这是信。现在百姓饥肠辘辘而国君却放纵个人享乐，祝史夸大功德进行祭祀，臣认为此事是不可以的。"随侯说："我祭祀用的牲口既无杂色，又很肥大，黍稷也都丰盛完备，为什么得不到神明的信任呢？"季梁回答说："百姓，是神明的主人。因此圣王先团结百姓，而后才致力于神明，所以在奉献牲口的时候祝告说：'牲口又大又肥。'这是说百姓的财力普遍富足，牲畜肥大而繁殖生长，并没有因为生病而瘦弱，况且还有各种优良品种。在奉献黍稷的时候祷告说：'干净的粮食盛得满满的。'这是说春、夏、秋三季没有天灾，百姓和睦而收成很好。在奉献甜酒的时候祝告说：'又好又清的美酒。'这是说上上下下都有美德而不搞什么歪门邪道。所谓的祭品芳香，就是人心没有私心邪念。因为春、夏、秋三季都努力于农耕，修明五教，敦睦九族，用这些行为来致祭神明，百姓便和睦，神灵也降福，所以做任何事情都能获得成功。现在百姓各有各的想法，鬼神没有依靠，即使是君王一个人祭祀丰富，又能求得什么福气呢？君王姑且修明政治，亲近兄弟国家，看能否免于祸难。"随侯害怕了，于是从此以后修明政治，楚国也就没敢再来进犯。

【评析】

楚武王貌似随时会率兵攻打随国，然而同时却又派人去随国议和，究其原因是当时的局势所导致的。汉水之东有许多姬姓的小国，而在这些小国中又以随国的势力最为强盛。汉水之东的诸多姬姓小国是楚国向北扩展的拦路虎，而在楚武王时期，楚国还不具备将汉东诸国一举消灭的实力。双方不仅要在武力上进行较量，而且还要斗智，在策略上见高低。季梁就是在这场斗智斗勇的战斗中涌现出的智慧贤才。

楚国为了麻痹随国前来的少师，特意让军队表现出散漫无纪律的样子，以便使随国君主头脑发热，狂妄自大，小瞧汉东的其他姬姓小国。这样一来，楚国就可以对汉东的姬姓小国逐一进行击破，从而达到自己的目的。

前去楚国议和的随国少师果然被楚国故意表现出来的假象所蒙蔽，返回随国后建议马上追击楚军，随国的君主想要接受他的提议。然而季梁却识破了楚国不可告人的秘密，坚决阻止出兵追击。季梁在说服随君的过程中，首先提出随国必须有道才能打败楚国，"所谓道，忠于民而信于神也"，他所说的道又与民以及神联系起来。紧接着，他又进一步指出："夫民，神之主也。是以圣王先成民而后致力于神。"民为主，神为辅，也就是以民为本，把民看得比神还重要，从而体现出春秋时期的人们已能够以清醒的理性和立足现实的态度来看待利民和敬神的关系。

二 桓公

三　庄公

曹刿论战

（庄公十年）

【题解】

无疑，曹刿是本文的主角，鲁庄公只是作为配角出现在文中。和鲁庄公相比，曹刿的谋略处处技高一筹。最难能可贵的是鲁庄公能采纳曹刿的计谋，而且还虚心请教。如果没有贤明的鲁庄公的配合，曹刿的计谋只能是纸上谈兵，这样的话鲁国也就不可能在长勺之战中以胜利者的身份出现在读者的面前。

【原文】

十年春，齐师伐我。公将战，曹刿请见①。其乡人曰："肉食者谋之②，又何间焉③。"刿曰："肉食者鄙，未能远谋。"乃入见。问何以战。公曰："衣食所安，弗敢专也，必以分人。"对曰："小惠未遍，民弗从也。"公曰："牺牲玉帛④，弗敢加也，必以信。"对曰："小信未孚⑤，神弗福也。"公曰："小大之狱，虽不能察，必以情。"对曰："忠之属也，可以一战⑥，战则请从。"

【注释】

①曹刿（guì）：鲁国人，一作曹沫。②肉食者：食肉者，指做官有俸禄的人。③间：参与。④牺牲玉帛：指祭神用的牛、羊、猪及宝玉、绸帛。⑤孚：信服。⑥以：凭借。

【译文】

鲁庄公十年的春天，齐国军队攻打鲁国。鲁庄公准备出兵应战，这个时候曹刿请求拜见庄公。他的老乡对他说："当大官拿俸禄的人会为这件事情出谋划策的，你又何必参与呢？"曹刿说："做大官的人目光短浅，不能作长远的考虑。"于是他入朝拜见庄公。曹刿问庄公："您同齐国作战凭借的是什么？"庄公回答说："衣食一类用来安身的物品，我不敢独自享用，必定要分一部分给其他人。"曹刿说："这种小恩小惠没有遍及所有的民众，他们不会追随您去作战的。"庄公说；"祭祀用的牲畜、宝玉和丝绸，我不敢虚报，对神灵一定会做到忠实诚信。"曹刿答道："这种小信不足以使鬼神信任，鬼神是不会给您赐福的。"庄公说；"大大小小的诉讼案件，尽管不可能一一明察，但也一定要处理得合乎情理。"曹刿说；"这是尽心尽力为民办事的表现，可以凭这个同齐国打仗。打仗的时候，请让我跟您一道去。"

【原文】

公与之乘①。战于长勺。公将鼓之。刿曰："未可。"齐人三鼓，刿曰："可矣。"齐师败绩。公将驰之②。刿曰："未可。"下视其辙③，登轼而望之，曰："可矣。"遂逐齐师。

【注释】

①乘：乘战车。②驰：驱车追赶。③辙：车轮行过的痕迹。

【译文】

庄公和曹刿同乘一辆兵车，与齐军在长勺展开战斗，庄公准备击鼓进军。曹刿说："还不是时候。"齐国人已经打了三通鼓。曹刿说："现在可以了。"齐军大败，庄公准备驱车追赶齐军。曹刿说："还不行。"他下了车，细看齐军的车辙，然后登上车前横木远望，说："可以追击了。"于是开始追击齐军。

【原文】

既克①，公问其故。对曰："夫战，勇气也，一鼓作气，再而衰②，三而竭。彼竭我盈，故克之。夫大国难测也，惧有伏焉。吾视其辙乱，望其旗靡③，故逐之。"

【注释】

①既克：已胜。②再：第二次。③靡：倒下。

【译文】

战胜以后，庄公问曹刿为什么会取得胜利。曹刿回答说："作战全凭勇气。第一次击鼓时士兵们鼓足了勇气，第二次击鼓时勇气就衰退了，第三次击鼓时勇气便耗尽了。他们的勇气没有了，而我们的勇气刚刚振奋，所以能够战胜他们。大国用兵作战难于捉摸，恐怕会中他们的埋伏。我细看他们的车辙已经乱了，远望他们的旗子已经倒下，知道他们是真的溃败，所以才追逐他们。"

【评析】

这篇文章重在表现曹刿的"远谋"，故此文章的材料都是紧紧围绕"论战"来选取的。第一段通过曹刿与鲁庄公的一问一答，来凸显决定战争胜负的主要条件是人心的向背，刻画了曹刿"取信于民"的战略思想。第二段简述曹刿指挥鲁军进行反攻、追击和最后取得胜利的过程，将曹刿杰出的军事指挥才能刻画得淋漓尽致，并为下文分析取胜的原因埋下了伏笔。第三段描写了为什么会取得胜利，突出曹刿善于把握战机，谨慎而又果断的战术战略思想。

文中对曹刿这位奇人的描写，曾给读者留下好多个悬念，然而这些悬念随着故事的发展逐一被解开。他一而再地否定鲁庄公的小惠、小信，是因为他把国君爱民如子看成是战胜敌人的最根本原因。他在战斗中后发制人，为的是"彼竭我盈"。他不轻率地下达追击齐军的命令，是因为担心中了敌人的埋伏。上述悬念的破解，都是通过曹刿本人来述说的。至于文章一开始设置的悬念，也就是曹刿为什么要以平民身份主动求见鲁庄公，并且还说"肉食者鄙"，全文结束以后读者才有恍然大悟的感觉。原来曹刿心怀宏图壮志，有其超人的智慧，因此才毛遂自荐，并且俯视朝廷群臣。

宋南宫万之勇 （庄公十一年、十二年）

【题解】

《左传》一书记载了不少大力士的事迹，本篇的主人公南宫万就是很有代表性的一位。通过对一系列事件的叙述，南宫万有勇无谋的形象，栩栩如生地表现在了读者面前。

【原文】

乘丘之役，公之金仆姑射南宫长万①，公右歂孙生搏之②。宋人请之，宋公靳之③，曰："始吾敬子，今子，鲁囚也。吾弗敬子矣。"病之④。

【注释】

①金仆姑：箭名。南宫长万：宋勇士，一作南宫万，又称宋万。②右：车右。搏：活捉。③靳：取笑，羞辱。④病：怀恨，不满。

【译文】

在乘丘之战中，鲁庄公用一把名叫金仆姑的弓箭射中了南宫长万，于是鲁庄公的车右歂孙就活捉了长万。后来宋国人请求把南宫长万赎回来。长万是个大力士，宋闵公开玩笑说："之前我非常尊敬你，但如今你已成了鲁国的囚犯，所以我便不敬重你了。"南宫长万从此以后就对他心怀不满。

【原文】

十二年秋，宋万弑闵公于蒙泽。遇仇牧于门，批而杀之①。遇大宰督于东宫之西，又杀之。立子游②。群公子奔萧。公子御说奔亳③。南宫牛、猛获帅师围亳。

【注释】

①批：用手打击。②子游：宋公子。③亳（bó）：宋邑，在今河南商丘市北。

【译文】

鲁庄公十二年的秋季，宋国的南宫长万在蒙泽杀死了宋闵公。在城门口遇到仇牧，反手便打死了他。在东宫的西面遇到太宰华督，也把他杀了。接着拥立子游为国君。其他的公子们都逃亡到萧邑，而公子御说逃亡到了亳地。于是南宫牛、猛获率领军队包围了亳地。

三 庄公

【原文】

冬十月，萧叔大心及戴、武、宣、穆、庄之族以曹师伐之①。杀南宫牛于师②，杀子游于宋③，立桓公。猛获奔卫。南宫万奔陈，以乘车辇其母，一日而至。

【注释】

①萧叔大心：萧邑大夫，叔为长幼顺序，大心为名。戴、武、宣、穆、庄：均为宋国以前的国君。②于师：即于亳，因为军队就驻扎在亳。③宋：宋国的都城。

【译文】

这年的冬季十月，萧叔大心和宋戴公、武公、宣公、穆公、庄公的族人借助曹国的军队讨伐南宫牛和猛获，并在亳邑杀死了南宫牛，在宋国的都城杀死了子游，拥立宋桓公为国君。猛获逃亡到卫国，南宫长万逃亡到陈国，长万自己驾车载着他的母亲，一天就到达了。

【原文】

宋人请猛获于卫，卫人欲勿与，石祁子曰："不可。天下之恶一也，恶于宋而保于我，保之何补？得一夫而失一国，与恶而弃好，非谋也①。"卫人归之。亦请南宫万于陈，以赂。陈人使妇人饮之酒，而以犀革裹之。比及宋手足皆见②。宋人皆醢之③。

【注释】

①非谋：不是好的计谋。②手足皆见：是说南宫长万力气大，一路挣扎得犀牛皮破裂，露出手脚。③醢（hǎi）：剁为肉酱。

【译文】

宋国人到卫国请求归还猛获。卫国国君不想给他们。石祁子进谏道："不能这样做。普天之下的邪恶都是一样可恶，在宋国作恶而在我国受到保护，保护他会给我们带来什么好处？得到一个人而失去一个国家，结交邪恶的人而丢掉友好的国家，这不是一个好的谋略。"于是卫人就把猛获归还给了宋国。接着宋国又到陈国请求归还南宫长万，并且施以贿赂。陈国人让女人劝南宫长万饮酒，灌醉之后就用犀牛皮把他包了起来。等南宫长万被送到宋国时，他的手脚都从犀牛皮里露出来了。宋国人见此，便把猛获和南宫长万剁成了肉酱。

【评析】

本篇文字最引人入胜的地方，就是实事求是地描述了一个有着超人般强壮体魄的勇士。假如南宫长万的形象出自后代小说家之手，那么他的相貌、体格等等一定会被大肆渲染。然而，在《左传》当中却没有对他的外貌进行细致的描写，而是选择用事实说话，选取他徒手杀人、辇车载母、撑裂犀牛皮三件事，以极其简省的笔墨，把一个弑君莽夫的形象入木三分地刻画了出来。《水浒传》中施耐庵只用几百字来描写武松打虎，固然让人回味无穷，然而《左传》中对于南宫长万撑破犀牛皮之事几字代过，也取得了异曲同工的效果。

陈公子完奔齐 （庄公二十二年）

【题解】

本文具有很高的文化品位，同时也具有丰富的文化含量。陈完没接受卿位时所引的逸诗，实际上反映的是礼的规定。即使是文中出现的卜辞，也是辞藻华丽，读起来朗朗上口的四言诗。

【原文】

二十二年春，陈人杀其大子御寇，陈公子完①与颛孙奔齐。颛孙自齐来奔。

【注释】

①公子完：名完，为陈厉公的儿子，谥号敬仲。

【译文】

二十二年的春天，陈国人把他们的太子御寇给杀死了。陈公子完和颛孙逃亡到齐国。接着颛孙又从齐国逃亡到鲁国。

【原文】

齐侯使敬仲为卿。辞曰："羁旅之臣①，幸若获宥②，及于宽政，赦其不闲于教训而免于罪戾③，弛于负担④，君之惠也，所获多矣。敢辱高位，以速官谤？请以死告。《诗》云⑤：'翘翘车乘⑥，招我以弓，岂不欲往，畏我友朋。'"使为工正⑦。

【注释】

①羁旅：客居在外。②宥：宽恕，赦免。③不闲：不习，不熟练。④弛：宽免，放下。⑤《诗》：不见于《诗经》，逸诗。⑥翘翘：高高的样子。⑦工正：掌百工之官。

【译文】

齐桓公想任命敬仲做朝廷的卿大夫，敬仲辞谢说："假如寄居在外的小臣有幸获得宽恕，能在宽大的政令之下，赦免我的缺乏教训，而得以免除罪过，放下恐惧，这已经是君王对我的大恩大德了。我所得的现在已经够多了，哪里还敢接受这样的高位，招来其他官员的指责呢？谨昧死上告。《诗》说：'高高的车子，招呼我用的是弓。难道我不想前去？怕的是我的友朋。'"于是齐桓公就让他担任了工正官。

【原文】

饮桓公酒，乐。公曰："以火继之。"辞曰："臣卜其昼①，未卜其夜，不敢。"君子曰："酒以成礼②，不继以淫，义也。以君成礼，弗纳于淫③，仁也。"

【注释】

①卜：占卜，用以预测，卜其吉凶，以表示谨慎重视。②成礼：完成礼，指按照礼仪规定行事。③淫：过分，过度。

【译文】

敬仲设宴招待齐桓公，桓公很高兴。天马上就要黑了，桓公说："点上灯继续喝酒。"敬仲辞谢说："微臣只知道白天设宴招待君主，不知道晚上陪饮，所以不能执行您的命令。"君子说："酒是用来完成礼仪的，所以不能没有节制，这就是义；由于和国君饮酒完成了礼仪，同时不使他过度，这就是仁。"

【原文】

初，懿氏卜妻敬仲，其妻占之，曰："吉，是谓'凤皇于飞①，和鸣锵锵②，有妫之后，将育于姜。五世其昌，并于正卿。八世之后，莫之与京③。'"

【注释】

①于飞：飞。于为语气助词。②和鸣锵锵：形容鸣声相和嘹亮。③莫之与京：显赫的地位无人与之相比。京，大。此指相抗。

【译文】

起初，懿氏因要把女儿嫁给敬仲而占卜以询吉凶。他的妻子占卜之后说道："很吉利。这叫作'凤凰飞翔，唱和的声音嘹亮。妫氏的后代，养育于齐姜。第五代就要昌盛，官位和正卿一样。第八代以后，显赫的地位就没有人可以与之相抗了。'"

【评析】

春秋末年，当时齐桓公还在位，陈国公族发生了内乱，太子御寇被杀，公子完为了远离祸端奔逃到齐国。对于公子完的到来齐桓公是打心眼里感到高兴的，于是想任命他为卿，属于高官，陈完坚决不接受这个职位，甚至以死相拒。在这种情况下，齐桓公就任命他为工正，掌管百工，这是朝廷部门的一个长官。陈完没接受做卿的命令，陈述的理由还很充分：首先是说自己没有被赶出齐国，且免于获罪，已经是感激涕零了；其次是说自己不想再因为居高位而招致困扰。陈完既谦虚恭谨又非常明智，从中我们也可以看出，他有一种很强的忧患意识。

陈完担任工正这个职位后，也就成为了齐桓公的属臣，这个时候他又一丝不苟地执行为臣之道，处处以礼仪来规范自己做事。他能在家里设宴招待齐桓公，说明他们君臣之间相处得很愉快。然而，当齐桓公提出夜饮的建议时，他又加以否决，因此而受到君子的认同与赞扬。

四 闵公

不去庆父，鲁难未已 （庄公三十二年、闵公二年）

【题解】

鲁庄公45岁时因病不治身亡。身后出现了"鲁难未已"的动乱局面，他立为太子的储君和后来实际即位的小儿子闵公在不到两年的时间里先后遭到暗杀，而背后的主谋就是他的大弟庆父，与庆父串通作案的不是别人，正是庄公的夫人哀姜。

【原文】

初，公筑台临党氏①，见孟任②，从之③。閟④，而以夫人言许之⑤。割臂盟公⑥，生子般焉。雩⑦，讲于梁氏⑧，女公子观之⑨。圉人荦自墙外与之戏⑩。子般怒，使鞭之。公曰："不如杀之，是不可鞭。荦有力焉，能投盖于稷门⑪。"

【注释】

①公：鲁庄公。党（zhǎng）氏：任姓之一支，在鲁国为大夫者。②孟任：党氏长女的称呼。孟表示排行第一。③从之：盯上了她。④閟：闭上了门。主语孟任省略。⑤而以夫人言：庄公用夫人的名分为诺言。许之：孟任答应了庄公。⑥割臂：割破手臂，歃血为盟。⑦雩：古代初夏四月为求雨而举行的祭天仪式。⑧讲：事先演习。⑨女公子：庄公之女，子般之妹。⑩圉（yǔ）人：管理养马杂事的小吏。戏：调笑。⑪盖（hé）：同阖，门扇。稷门：鲁国都城正南之门。城的正南门为城的主门，其门扇较一般的门高大、沉重。

【译文】

当初,鲁庄公在党氏家附近建造高台,在台上望见党氏的女儿孟任就跟着她走。孟任闭门拒绝,庄公许诺要立她为夫人。她答应了,割破手臂和庄公盟誓,后来就生了子般。一次正当雩祭,事先在梁家演习,庄公的女儿观看演习,圉人荦从墙外对她调戏。子般发怒,让人鞭打荦。庄公说:"不如杀掉他,这个人不能鞭打。他很有力气,可以将稷门的门扇远远地扔出去。"

【原文】

公疾,问后于叔牙①。对曰:"庆父材②。"问于季友,对曰:"臣以死奉般。"公曰:"乡者牙曰庆父材③。"成季使以君命命僖叔待于鍼巫氏,使鍼季鸩之④,曰:"饮此则有后于鲁国⑤,不然,死且无后。"饮之,归及逵泉而卒,立叔孙氏。

【注释】

①后:接位的人。②材:有才能。③乡(xiàng):同向。向者,刚才。④鸩:毒酒。这里用作动词,用毒酒害人。⑤后:后代子孙。

【译文】

庄公得了重病,向叔牙询问继承人的事。叔牙回答说:"庆父有才能。"向季友询问,季友回答说:"臣以死来事奉子般。"庄公说:"刚才叔牙说'庆父有才能'。"季友就派人用国君的名义让僖叔(叔牙)等待在鍼巫家里,让鍼巫家的小弟用毒酒毒死叔牙,说:"喝了这个,你的后代在鲁国还可以享有禄位;不这样,你死了后代也没有禄位。"叔牙喝了毒酒回去,走到逵泉就死了。鲁国立他的后人为叔孙氏。

【原文】

八月癸亥,公薨于路寝①。子般即位,次于党氏②。冬十月己未,共仲③使圉人荦贼子般于党氏④。成季奔陈。立闵公。

四 闵公

【注释】

①路寝：古代君主处理政事的宫室。②次：留宿。③共仲：庆父。④贼：杀害。

【译文】

八月初五日，鲁庄公死在宫室里。子般即位，住在党氏家里。冬季十月初二日，共仲（即庆父）派圉人荦在党家刺死了子般。成季逃亡到陈国。立闵公为国君。

【原文】

初，公傅夺卜齮田①，公不禁。秋八月辛丑，共仲使卜齮贼公于武闱②。成季以僖公适邾。共仲奔莒，乃入③，立之④。以赂求共仲于莒⑤，莒人归之。及密，使公子鱼请⑥，不许。哭而往⑦，共仲曰："奚斯之声也。"乃缢⑧。

【注释】

①公：鲁闵公。傅：教导、辅佐闵公的官。②武闱：鲁国宫中之小门名。③乃入：主语成季省略。④立之：立僖公为君。⑤赂：财物。⑥请：指请求恕庆父之罪。⑦往：往庆父藏身之所。⑧缢：上吊自杀。

【译文】

当初，闵公的师傅夺取卜齮的田地，闵公不加禁止。秋季，八月二十四日，共仲（庆父）指使卜齮在武闱杀害了闵公。成季带着僖公跑到邾国。共仲逃亡到莒国，季友和僖公就回到鲁国，拥立僖公为国君。用财货到莒国换取共仲，莒国人把他送了回来。共仲到达密地，让公子鱼请求赦免。没有得到同意，公子鱼哭着回去，共仲说："这是公子鱼的哭声啊！"于是上吊死了。

【原文】

闵公，哀姜之娣叔姜之子也，故齐人立之①。共仲通于哀姜，哀姜欲立之②。闵公之死也，哀姜与知之③，故孙于邾④。齐人取而杀之于夷，以其尸归⑤，僖公请而葬之⑥。

【注释】

①齐人：实际上指的是齐桓公。②哀姜欲立之：哀姜想要立庆父为国君。③与知之：参与、知道这件事。④孙（xùn）：同逊。出奔，逃遁。⑤以其尸归：把哀姜的尸体送回鲁国。⑥请：请齐人同意。

【译文】

闵公是哀姜的妹妹叔姜的儿子，所以齐人立他为国君。共仲和哀姜私通，哀姜想立他为国君。闵公的被害，哀姜事先知道内情，所以逃到邾国。齐人向邾人索取哀姜，在夷地杀了她，把她的尸首带回国，僖公请求归还她的尸首，把她安葬。

【评析】

庆父指使杀手谋害子般，目的是想自己当国君，他之所以立闵公，在国内是想蒙蔽众人，不使自己的野心过于暴露，以年龄幼小的、在他看来可以随意摆布的闵公暂时做一个过渡；在诸侯各国当中他首先是想取得当时国力日益强大、初露霸业端倪的齐桓公的支持，这是因为他的情妇哀姜、闵公的生母叔姜，都是齐桓公的女儿。庆父很想利用这层亲属关系，跟齐桓公套上近乎。

齐桓公对于鲁国立闵公为君，当然是持赞同态度的。这从闵公元年八月，他与闵公在齐国境内的落姑会见结盟，就不难看出。这既是两国之君的相见，也是外祖父与小外孙的会面。齐桓公看出了小外孙的担忧，会盟结束之后，他就派仲孙湫到鲁国考察内乱情况。仲孙湫回国后，向齐桓公一针见血地指出："不去庆父，鲁难未已。"并且实事求是地汇报了鲁国尽管有内乱，但国家的根本还在，所以齐国若想乘人之危而取之，是下下之举。他建议齐桓公"宁鲁难而亲之"，以成"霸王之器"。齐桓公采纳了他的意见。

一年以后，当庆父勾结了哀姜，故伎重演，再次借刀杀人，暗杀了闵公以后，鲁国人愤怒了，齐桓公也大不以为然。庆父不仅当不了国君，即使是在国内立足都是不可能的事了。两个人最后的下场也是合乎逻辑、罪有应得的。

卫懿公好鹤

（闵公二年）

【题解】

俗语说得好：玩物丧志。卫懿公不仅因玩物而丧志，同时也因玩物而丧国，以至于最后因玩物而葬送了自己的性命。

【原文】

冬十二月，狄人伐卫。卫懿公好鹤，鹤有乘轩者①。将战，国人受甲者皆曰②："使鹤，鹤实有禄位，余焉能战！"公与石祁子玦，与宁庄子矢，使守，曰："以此赞国③，择利而为之。"与夫人绣衣，曰："听于二子。"渠孔御戎④，子伯为右，黄夷前驱，孔婴齐殿。

【注释】

①轩：大夫所乘的车。②受甲：这里泛指接受铠甲和兵器。甲，指铠甲。③赞国：辅助国家。④御戎：指驾驭兵车。

【译文】

闵公二年冬季的十二月，狄人进攻卫国。卫懿公喜欢鹤，所以鹤也有乘坐的车子。马上就要开战了，接受甲胄的人们都说："应该让鹤去，鹤实际上享有官禄官位，我们能打什么仗！"懿公把玉佩给了石祁子，把箭给了宁庄子，让他们守卫国都，说："用这个来辅助国家，选择有利的事去做。"把绣衣给了夫人，并说："你听他们二人的！"渠孔为卫懿公驾御战车，子伯作为车右；黄夷打前锋，孔婴齐指挥后军。

【原文】

及狄人战于荥泽，卫师败绩，遂灭卫。卫侯不去其旗，是以甚败①。狄人因史华龙滑与礼孔以逐卫人。二人曰："我，大史也，实掌其祭。不先，国不可得也。"乃先之。至则告守曰："不可待也②。"夜与国人出。狄入卫，遂从之③，又败诸河。

【注释】

①甚败：大败。②待：抵御。③从：追击。

【译文】

和狄人在荧泽交战，结果卫军大败，接着狄人就消灭了卫国。卫侯不肯去掉自己的旗帜，所以败得惨不忍睹。狄人囚禁了史官华龙滑和礼孔以追赶卫国人。这两个人对狄人说："我们作为太史官，只是担任祭祀的职责。假如我们不先回去，你们是不能得到国都的。"于是狄人就让他们先回去。他们到达国都后，就对守卫的人说："我们抵御不了了。"夜里就和国都的人一起撤离了。狄人顺利进入卫国国都，跟着追上去，又在黄河边上打败了卫国人。

【评析】

卫懿公把鹤看作自己的宠物，更是让它享受和卿大夫一样的待遇，这种做法简直是荒唐透顶。他把精力放在养鹤而不是礼贤下士上，这也就难怪国难临头的时候，甲士为什么不肯为他卖命了。甲士拒绝卫懿公的话语合情合理，卫懿公对此也只能是"望士兴叹"。他感到危险就在身边了，于是在出战之前就宫廷之事做了一些安排，让石祁子、宁庄子负责处理此间的一切事物。玦通常是随身佩戴之物，他把玦交给石祁子，表示对他完全信任。矢指箭，用于作战的武器。卫懿公把矢交给宁庄子，是赋予他兵权，是希望他担当起保卫国家的使命。

接下来，他又把绣衣送给夫人，让他听命于两位留守大臣。这也可以说是安排后事，因为他已预感到后果会非常糟糕。他把自己的绣衣送给夫人，带有诀别之意，是希望对方在看到衣物的时候还能想到自己。

这篇文章对于卫懿公临战前的具体举措作了详细明确的记载，为他后来身亡埋下了伏笔。卫懿公在战场上败得一塌糊涂，而且还由于不收藏自己的旗帜，被敌方识别出身份，惨遭杀戮。卫懿公之所以不愿意把车上的旗帜收藏起来，很大的一个原因就是他宁肯死在战场上。

四 闵公

晋侯使太子申生伐皋落氏

（闵公二年）

【题解】

晋献公在当时最宠幸骊姬了，所以想废掉以前所立的太子申生，而立骊姬所生的奚齐为国君的继承人，于是他就命令太子申生率领军队去攻打皋落氏。这是晋献公设置的一个圈套，他想使申生处于进退两难、骑虎难下的境地。接着就引出了晋国几位大臣的谈话，通过谈话内容，我们可以大致了解他们各自不同的性格特征。

【原文】

晋侯使大子申生伐东山皋落氏。里克谏曰："大子奉冢祀①，社稷之粢盛，以朝夕视君膳者也，故曰冢子。君行则守，有守则从。从曰抚军，守曰监国，古之制也。夫帅师，专行谋②，誓军旅③，君与国政之所图也，非大子之事也。师在制命而已④。禀命则不威，专命则不孝。故君之嗣适不可以帅师。君失其官，帅师不威，将焉用之。且臣闻皋落氏将战，君其舍之。"公曰："寡人有子，未知其谁立焉。"不对而退。

【注释】

①冢祀：宗庙的祭祀。②专行谋：独自决断行动和谋略。③誓军旅：号令三军。④制命：掌握指挥权。

【译文】

晋献公准备派遣太子申生进攻东山的皋落氏。里克进谏道："太子，是奉事宗庙祭祀、社稷大祭和早晚照看国君饮食的人，所以叫作冢子。国君外出的时候就守护国家，假如有别人守护就跟随国君一道外出。跟随在外叫作抚军，守护在内叫作监国，这是古代的制度。说到带兵一事，是对各种策略作出决断，对军队发号施令，这是国君和正卿所应该策划的，不是太子的职责。率领大军在于控制命令，假如是太子统兵的话，若遇事都要请示就会失去威严，专横独断而不请示就是不孝，所以国君的大儿子不能带领军队。国君失去了任命职官的准则，太子统率军队也没有威严，为什么非要这样做呢？而且下臣听说皋落氏准备出兵迎战，君王还是别让太子去为好。"晋献公说："我有好几个儿子，太子选谁还没有定下来呢！"里克没有回答，退了下去。

【原文】

见大子，大子曰："吾其废乎？"对曰："告之以临民①，教之以军旅②，不共是惧③，何故废乎？且子惧不孝，无惧弗得立，修己而不责人，则免于难。"

【注释】

①告之以临民：指命令太子居曲沃，是以治理百姓之道训太子。②教之以军旅：是说让太子将下军，是以统兵之事教太子。③不共：即临事不谨慎恭敬。共通恭。

【译文】

里克去拜见太子。太子对他说道："我可能要被废了吧！"里克回答说："命令您在曲沃治理百姓，教导您熟悉军事，所以您担心的应该是不能完成任务，为什么会担心废立呢？而且做儿子担心的应该是能不能尽孝，不应该害怕不能立为嗣君。修养自己而不要去责备别人，这样的话就可以免于祸难。"

【原文】

大子帅师，公衣之偏衣①，佩之金玦②。狐突御戎，先友为右，梁余子养御罕夷，先丹木为右。羊舌大夫为尉③。光友曰："衣身之偏，握兵之要，在此行也，子其勉之。偏躬无慝④，兵要远灾⑤，亲以无灾，又何患焉！"狐突叹曰："时，事之征也；衣，身之章也⑥；佩，衷之旗也⑦。故敬其事则命以始，服其身则衣之纯，用期衷则佩之度。今命以时卒，阂其事也⑧；衣之尨服⑨，远其躬也；佩以金玦，弃其衷也。服以远之，时以阂之，尨凉冬杀，金寒玦离，胡可恃也？虽欲勉之，狄可尽乎？"梁余子养曰：帅师者受命于庙，受脤于社，有常服矣。不获而尨⑩，命可知也。死而不孝，不如逃之。"罕夷曰："尨奇无常，金玦不复，虽复何为，君有心矣。"先丹木曰："是服也。狂夫阻之⑪。曰'尽敌而反',敌可尽乎!虽尽敌,犹有内谗,不如违之⑫。"狐突欲行。羊舌大夫曰:"不可。违命不孝,弃事不忠。虽知其寒,恶不可取,子其死之。"

【注释】

①偏衣:衣服左右颜色不一样。②金玦:即青铜玦。玦似环形而有缺口,多以玉为之。③尉:军尉,军中执法官。④偏躬:分自己一半衣服。慝(tè):恶意。⑤兵要远灾:威权在己,可以远离祸患。⑥章:标志。⑦衷:内心。旗:表现。⑧阕其事:指不敬其事,使之不通达。阕,闭塞。⑨尨(máng)服:杂色服。⑩不获而尨:没得到按规定的衣服而得到杂色衣服。⑪阻之:对之有疑。⑫违:去,别离。

【译文】

太子申生带领军队,晋献公让他穿左右两色的衣服,佩戴有缺口的青铜环形佩器。狐突驾御战车,先友作为车右。梁余子养为罕夷驾御战车,先丹木作为车右。羊舌大夫作为军尉。先友说:"穿着国君衣服的一半,掌握着军事的机要,成败全在这一回了,您要自己勉励啊!分出一半衣服没有恶意,兵权在手可以远离灾祸,与国君亲近就能远离灾祸,又有什么好担心的呢?"狐突叹息说:"时令,是事情的象征;衣服,是身份的标识;佩饰,是心志的旗帜。所以,如果看重这件事,就应该在春、夏季发布命令;赐予衣服,就不要用杂色;使人衷心为自己所用,就要让他佩戴合于礼度的装饰品。如今在年终发布命令,那是要让事情不能顺利进行;赐给他穿杂色衣服,那是要疏远他;让他佩戴有缺口的青铜环形佩器,那是表示内心对他的决绝。现在是用衣服疏远他,用时令使他不能顺利进行;杂色,意味着凉薄;冬天,意味着肃杀;金,意味着寒冷;玦,意味着决绝,这怎么可以依靠呢?虽然要勉力而为,狄人难道可以消灭得一人不剩吗?"梁余子养说:"领兵的人,在太庙里接受命令,在祭祀土神的地方接受祭肉,还应该有一定的服饰。现在得不到规定的服饰而得到杂色衣服,这个命令不怀好意可想而知。死了以后还要落个不孝的罪名,不如逃走吧!"罕夷说:"杂色的奇装异服不合规定,青铜环形佩器表示不再回来。这样,即使回来又有什么用?国君已经有别的心思了。"先丹木说:"这样的衣服,狂人也不会去穿的。国君说:'将敌人消灭光了再回来',敌人难道可以消灭得一干二净吗？即使把敌人消灭干净了，还有内部谗言，不如离开这里。"狐突要走，羊舌大夫说："不行。违背命令是不孝，抛弃责任是不忠。虽然已感到了国君的冷酷，不孝不忠这样的邪恶是不可取的。您还是为此而死吧！"

【原文】

太子将战，狐突谏曰："不可，昔辛伯谂周桓公云[①]：'内宠并后，外宠二政，嬖子配适，大都耦国，乱之本也。'周公弗从，故及于难。今乱本成矣，立可必乎？孝而安民[②]，子其图之，与其危身以速罪也。"

【注释】

①谂（shěn）：郑重地进谏。②孝而安民：奉身为孝，不战为安民。

【译文】

太子准备发动战争，狐突劝谏道："不可以。从前辛伯劝阻周桓公说：'妾媵并同于王后，宠臣相等于正卿，庶子和嫡子同等，大城和国都相同，这就是祸乱的根本。'周桓公不听，所以后来才遭到祸难。目前祸乱的根本已经形成，您还能肯定会立您为太子吗？您仔细地考虑一下吧！与其危害自身而加快罪过的到来，不如尽孝道而安定百姓！"

【评析】

对于晋献公让申生攻打皋落氏，第一个觉察到欠妥的人是里克，于是他就去面谏晋献公。虽然他想维护太子申生的地位，但却对晋献公废长立幼的想法并没有提出不同的建议，这反映出他性格软弱的一面。尽管他明知申生面前是晋献公设置的一个圈套，可他却说"修己而不责人，则免于难"，明显是口是心非，表里不一。通过他与晋献公、申生的对话，可以看出他的善变与狡诈。

与太子一起出征的几位大臣可以明显地划分为两派。一派主张按照晋献公的指令行事，这一派的代表是先友和羊舌大夫。羊舌大夫秉持的是尽忠尽孝的观念，就算是以死相就，也无怨无悔。他的这一想法和太子申生心里所想的基本上一致。另一派则以狐突为代表，这一派主张申生拒绝接受进献公的命令，站在这一派的还有先丹木和梁余子养。

十二月作为一年之中的结尾，古人由这个季节联想到的是一些不吉利的事情，如死亡丧葬、闭塞不通等。兵器大多都是金属制成，由金玦联想到的是刑杀寒凉，左右异色的衣服，则是疏离常规之象，预示着灾难以及不幸的降临。狐突根据以上联想推断出晋献公要对申生使坏。先友通过运用象征性的思维对申生的服饰也加以了解说，但却非常勉强，给人一种生拉硬凑的感觉，更何况与当时的实际也有出入，所以无法令人信服。

五 僖公

齐桓公伐楚

（僖公四年）

【题解】

　　文中最值得称道的非楚国的屈完莫属，面对咄咄逼人的霸主，军容强大的联军阵势，他没有一丝一毫的屈服退让，反而以其理直气壮的词锋，阻止了齐桓公的侵略野心。

【原文】

　　四年春，齐侯以诸侯之师侵蔡。蔡溃。遂伐楚。

【译文】

　　鲁僖公四年的春天，齐桓公率领其他诸侯国的军队进攻蔡国。蔡国大败，然后他们又去攻打楚国。

【原文】

　　楚子使与师言曰："君处北海，寡人处南海，唯是风马牛不相及也①。不虞君之涉吾地也，何故？"管仲对曰："昔召康公命我先君大公曰：'五侯九伯，女实征之，以夹辅周室②。'赐我先君履，东至于海，西至于河，南至于穆陵，北至于无棣。尔贡包茅不入③，王祭不共④，无以缩酒⑤，寡人是征。昭王南征而不复，寡人是问。"对曰："贡之不入，寡君之罪也，敢不共给？昭王之不复⑥，君其问诸水滨。"师进，次于陉。

【注释】

①风马牛不相及：比喻齐国和楚国距离遥远，互不相干。②夹辅：左右辅助。③包茅：包扎捆束好的菁茅。菁茅是一种带刺的草，用来滤酒。④共：通供。⑤缩酒：滤酒去掉渣滓。⑥不复：不回。

【译文】

楚成王派遣使臣到齐军，对齐桓公说："您住在北方，我住在南方，即使牛马发情相逐也到不了双方的疆土。没想到您会进入我们的国土，这是什么缘故呢？"管仲回答说："从前召康公命令我们先君太公说：'五等诸侯和九州长官，你都有权征讨他们，从而共同辅佐周王室。'召康公还给了我们先君征讨的范围：东到海边，西到黄河，南到穆陵，北到无棣。你们应当进贡的包扎捆束好的菁茅没有交纳，周王室的祭祀供不上，没有用来渗滤酒渣的东西，我特来征收贡物；周昭王南巡没有返回，我特来查问这件事。"楚国使臣回答说："贡品没有交纳，是我们国君的过错，我们怎么敢不供给呢？周昭王南巡没有返回，还是请您到水边去问一问吧！"于是齐军继续前进，临时驻扎在陉。

【原文】

夏，楚子使屈完如师①。师退，次于召陵②。

【注释】

①楚子：楚成王。②次：驻扎。

【译文】

这年夏天，楚成王派使臣屈完到诸侯军的驻地去交涉，诸侯军后撤，临时驻扎在召陵。

【原文】

齐侯陈诸侯之师①，与屈完乘而观之。齐侯曰："岂不榖是为②？先君之好是继。与不谷同好，如何？"对曰："君惠徼福于敝邑之社稷③，辱收寡君，寡君之愿也。"齐侯曰："以此众战，谁能御之？以此攻城，何城不克？"对曰："君若以德绥诸侯④，谁敢不服？君若以力，楚国方城以为城，汉水以为池，虽众，无所用之。"

【注释】

①陈：摆开，陈列。②不穀：不善。谦词。③徼（jiǎo）福：求福。社稷：指国家、土地。④绥：安抚。

【译文】

齐桓公让诸侯国的军队列开队伍摆出阵势，然后自己与屈完同乘一辆战车观看军容。齐桓公说："诸侯们难道是为我而来的吗？他们不过是为了继承我们先君的友好关系罢了。你们也同我们建立友好关系，没什么问题吧？"屈完回答说："承蒙您惠临敝国并为我们的国家求福，不惜降低身份接纳我们国君，这正是我们国君的愿望。"齐桓公说："我率领这些诸侯军队作战，谁能够抵挡得了？我让这些军队攻打城池，有什么样的城会攻不下呢？"屈完回答说："假如您用仁德来安抚诸侯，哪个敢不顺服？假如您用武力的话，那么楚国就把方城山当作城墙，把汉水当作护城河，尽管您人多势众，恐怕也没什么用处！"

【原文】

屈完及诸侯盟。

【译文】

后来，屈完代表楚国与诸侯国订立了盟约。

【评析】

齐桓公称霸中原的时候，南方的楚国也正在大肆侵吞汉水流域的小国，势力一度扩展到现在的河南南部，最终不可避免地跟齐国发生了摩擦。

这次齐国出兵的矛头直指楚国，表面上看是讨伐楚国的附庸蔡国，其实更深一层的原因是想威慑正在崛起的楚国。不过显然齐楚双方都有所顾忌，所以并未直接开战，而是各自互相让步之后签订盟约了事。

不过，这场战争之所以名留青史，引起人们的兴趣，并不是谁是谁非、谁代表正义与非正义的问题，而是在一个只凭强力来获得利益的时代之中，弱者怎样凭借智慧保护自己的技巧，以及在强大的武力面前不甘俯首称臣的精神。

内在的智慧，通过巧妙的外交辞令表达出来，没出一兵一卒，纯粹以智慧的力量使敌手在心理上先行崩溃，从而达到保存自己的目的。即使是抛开利益之争一类的背景，单是那些巧妙的外交辞令本身，也足以让人赞赏和惊叹不已：一来一往，针锋相对，表面显得礼让、温和、谦恭，言辞又让人听起来比较舒服，而内在的凛然正气，却透过温和的表面使敌手无心恋战。可以说，屈完真正做到了"不战而屈人之兵"。

宫之奇谏假道 （僖公五年）

【题解】

这篇文章通过对宫之奇谏假道和虞公拒不采纳而最终导致亡国之祸的描写，向读者展现了宫之奇精辟的形势分析和准确的预见才华，同时也反映出了虞公的愚昧昏庸。

【原文】

晋荀息请以屈产之乘与垂棘之璧①，假道于虞以伐虢。公曰②："是吾宝也。"对曰："若得道于虞，犹外府也。"公曰："宫之奇存焉③。"对曰："宫之奇为人也，懦而不能强谏。且少长于君，君昵之。虽谏，将不听。"乃使荀息假道于虞，曰："冀为不道④，入自颠軨⑤，伐鄍三门。冀之既病⑥，则亦唯君故。今虢为不道，保于逆旅⑦，以侵敝邑之南鄙。敢请假道，以请罪于虢⑧。"虞公许之，且请先伐虢。宫之奇谏，不听，遂起师。夏，晋里克、荀息帅师会虞师，伐虢，灭下阳。

【注释】

①乘（shèng）：这里指良马。②公：指晋献公。③存：在。④不道：无道。⑤颠軨（líng）：地名，在今山西平陆北。⑥病：受损。⑦保：同堡，意思是修筑

堡垒。逆旅：客舍。⑧请罪：问罪。

【译文】

　　晋国大夫荀息请求用屈地出产的良马和垂棘出产的美玉去向虞国借路，以便讨伐虢国。晋献公说："这些东西是我的宝贝啊。"荀息回答说："假如能向虞国借到路，这些东西就像放在国外库房里一样。"晋献公说："宫之奇还在那里呢。"荀息回答说："宫之奇为人懦弱，不能够坚决进谏。况且他从小同虞君一起长大，虞君对他很是亲近。即使他进谏，虞君也不会听从。"于是，晋献公派荀息去虞国借路，说："冀国无道，从颠轸入侵，攻打虞国鄍邑的三面城门。我们讨伐冀国，使冀国受到损伤，这也是为了君王的缘故。现在虢国无道，在客舍里修筑堡垒，以侵袭敝国的南部边邑。我们敢请贵国借路，以便向虢国问罪。"虞公答应了，并且请求让自己先去讨伐虢国。宫之奇进谏，虞君不听，于是起兵伐虢。这年夏天，晋国大夫里克、荀息率领军队会同虞军攻打虢国，灭掉了下阳。

【原文】

　　晋侯复假道于虞以伐虢。宫之奇谏曰："虢，虞之表也①。虢亡，虞必从之。晋不可启②，寇不可玩③，一之谓甚，其可再乎？谚所谓'辅车相依④，唇亡齿寒'者，其虞、虢之谓也。"公曰："晋，吾宗也⑤，岂害我哉？"对曰：大伯、虞仲，大王之昭也。大伯不从⑥，是以不嗣。虢仲、虢叔，王季之穆也，为文王卿士，勋在王室，藏于盟府⑦。将虢是灭，何爱于虞？且虞能亲于桓、庄乎，其爱之也？桓、庄之族何罪，而以为戮，不唯逼乎？亲以宠逼，犹尚害之，况以国乎？"

【注释】

　　①表：这里是外部屏障的意思。②启：启发，开端。③玩：忽视。④辅：车厢两边的甲板。⑤宗：同宗。⑥不从：不跟从他父亲。⑦盟府：主管策勋封赏盟约的官府。

【译文】

　　晋献公再次向虞国借路去攻打虢国。宫之奇进谏说："虢国是虞国的外部屏障，虢国灭亡，虞国必定会跟着完蛋。不可借道给晋国而招惹它的贪心，对入侵别国的贼寇不能忽视。借路给晋国一次已经够了，难道还可以来第二次吗？俗话说'车子和辅板相互依赖支撑，面颊和牙床骨互相依存，嘴唇没了，牙齿便会受寒'，这说的就是虞国和虢国的关系。"虞公说："晋国是我的宗族，难道会害我吗？"宫之奇回答说："太伯、虞仲，是太王的儿子。太伯没有随侍在侧，所以没有继位。虢仲、虢叔，都是王季的儿子，做过文王的卿士，对王室有大功，受勋的记录还藏在盟府。晋国准备灭掉虢国，对虞国又有什么可爱惜的呢？况且虞国能比晋国的桓叔、庄伯更加亲近晋侯吗？桓叔、庄伯，这两个家族有什么罪过，但是却被杀戮，不就是因为他们威胁到晋侯自己了吗？亲近的人因为受宠而威胁到献公，尚且会被杀害，何况是一个国家对他造成威胁呢？"

【原文】

公曰："吾享祀丰洁，神必据我①。"对曰："臣闻之，鬼神非人实亲，惟德是依。故《周书》曰：'皇天无亲②，惟德是辅③。'又曰：'黍稷非馨④，明德惟馨。'又曰：'民不易物，惟德繄物⑤。'如是，则非德，民不和，神不享矣。神所冯依⑥，将在德矣。若晋取虞而明德以荐馨香，神其吐之乎？"弗听，许晋使。宫之奇以其族行，曰："虞不腊矣⑦，在此行也，晋不更举矣⑧。"

【注释】

①据：依从，凭借。②无亲：不分亲疏。③辅：辅佐。④黍稷：指祭祀用的谷类。⑤繄：是。⑥冯依：凭借，依靠。⑦腊：年终时的祭祀。⑧更举：再次出兵。

【译文】

虞公说："我祭祀的祭品丰盛又清洁，神明必定保佑我。"宫之奇回答说："下臣听说，鬼神并不会亲近哪一个人，而只是依从有德行的人，所以《周书》说：'上天没有私亲，只对有德行的才加以辅助。'又说：'祭祀的黍稷不芳香，美德才芳香。'又说：'百姓不必变更祭祀的物品，只有德行才可以充当祭祀的物品。'这样看来，那么没有德行，百姓就不和，神明也就不来享用祭物了。神明所凭依的，就在于德行了。如果晋国占取了虞国，再发扬美德，以芳香的祭品奉献于神明，神明难道会吐出来吗？"虞公不听，答应了晋国使者的要求。宫之奇带领他的族人离开了虞国，说："虞国过不了今年的腊祭了。这一次虞国就会被灭掉，晋国不必再次出兵了。"

【原文】

八月甲午，晋侯围上阳①。问于卜偃曰："吾其济乎"？对曰："克之。"公曰："何时？"对曰："童谣云：'丙之晨②，龙尾伏辰③，均服振振④，取虢之旗⑤。鹑之贲贲⑥，天策焞焞⑦，火中成军⑧，虢公其奔⑨。'其九月、十月之交乎。丙子旦，日在尾，月在策，鹑火中，必是时也。"

【注释】

①上阳：虢国都城，在今河南陕县南。②丙：丙子。③龙尾：指尾宿，为苍龙七宿之六。伏辰：指日行至尾，光为日夺，伏而不见。④均服：戎服，黑色。振振：盛貌。⑤取虢之旗：古战以取得对方旗为荣，取旗即获胜。⑥鹑：鹑火，柳宿，为朱鸟七宿之三。贲贲：状柳宿形状。⑦天策：傅说星。焞（tūn）焞：光盛貌。⑧火中：指鹑星出现于南方。成军：勒兵整旅。⑨其：将要。

【译文】

八月十七日，晋侯包围了上阳，问卜偃说："我能取得胜利吗？"卜偃回答道："能够取胜。"晋侯问："那是什么时候呢？"回答说："童谣上说：'丙子日的清早，龙尾星为日光所隐；军服整齐威武，夺取虢国的大旗。鹑火星快速飞行，天籁星很昏暗，鹑火星在中的时候，可以进行军事行动，因为虢公将要逃跑。'这个日子恐怕在九月底十月初吧？丙子日的清晨，日在龙尾星的位置，月在天策星的位置，鹑火星在当中，一定是这个时候。"

【原文】

冬十二月丙子朔①，晋灭虢，虢公丑奔京师②。师还，馆于虞③，遂袭虞，灭之，执虞公及其大夫井伯，以媵秦穆姬④。而修虞祀，且归其职贡于王⑤。

【注释】

①冬十二月丙子朔：此用周历，即夏历十月初一。②京师：王城，周都城，

即今河南洛阳。③馆：客舍。这里作动词，意为居住。④媵：陪嫁。秦穆姬：晋献公女，秦穆公夫人。⑤职贡：职役赋税等。

【译文】

冬季，十二月初一，晋国灭掉了虢国。虢公丑逃亡到京城。晋军返回途中，在虞国住宿，趁机袭击灭掉了虞国。晋国人抓住了虞公和他的大夫井伯，把井伯作为秦穆姬的陪嫁随员，但没有废弃虞国的祭祀，并且将虞国的赋税归于周王。

【原文】

故书曰："晋人执虞公。"罪虞①，且言易也②。

【注释】

①罪：责备。②易：疏忽，轻率。

【译文】

所以《春秋》记载说："晋人执虞公。"这是责备虞国，认为它对借道这件事情太草率了。

【评析】

晋国第二次再向虞国借道的时候，没有给虞国什么好处，而是直接提出，且还很理直气壮。俗话说吃人嘴短，虞公以前接受过贿赂，所以这次也不好开口拒绝，于是就引出了宫之奇的劝谏之辞。

首先宫之奇分析了当前的局势，用车和人体相关组成部分互相依存，来比喻虞、虢两国是唇亡齿寒的关系。同时也指出，晋国再一次向虢国借道，实在是太目中无人了，千万不能掉以轻心，而应向对待强盗一样加以戒备提防。宫之奇的主张非常清晰，虞应该联合虢一起来抗晋，而不是给晋国提供灭虢国的方便。他是站在战略的高度来看待三国之间的关系的，指出"虢亡，虞必从之"的悲惨结局。

宫之奇的劝谏以祭祀活动来结束，虞公没有采纳他的建议。接着，宫之奇又以祭祀的日期预见虞国肯定会走上灭亡之路。宫之奇是位智者，他赶在虞国灭亡之前全家逃离,不肯当亡国之民。后来事情的发展恰如宫之奇所预料的那样,晋国在消灭虢国以后,返回途中顺道把虞国也灭了,虞公成了阶下囚。曾经是不可一世的国君,一朝变成随他人之女陪嫁的奴隶,这种天上、地下的巨变,不能不使人感慨万千。这也应了那句老话:"天作孽,犹可违;自作孽,不可活。"

晋国骊姬之乱 （僖公四年、五年、六年）

【题解】

公元前671年,晋献公率兵进攻骊戎。战争以骊戎的国王送给献公两个美女而告终。这两个人是亲姐妹,姐姐叫骊姬,妹妹叫少姬。骊姬不仅长得倾国倾城,而且还很擅长花言巧语,所以很受献公的宠爱。几年之后,骊姬就为献公生了个叫奚齐的儿子。她想让自己的儿子继承王位,于是就想尽一切办法来陷害其他公子,没想到阴谋竟然顺利地施行了,由此晋国开始陷入内乱之中。

【原文】

初,晋献公欲以骊姬为夫人,卜之①,不吉;筮之②,吉。公曰:"从筮。"卜人曰:"筮短龟长③,不如从长。且其繇曰④:'专之渝⑤,攘公之羭⑥。一薰一莸⑦,十年尚犹有臭⑧。必不可!'"弗听,立之。生奚齐,其娣生卓子。

【注释】

①卜:用龟甲占卜。②筮:用蓍草占卜。③短:指不灵验。长:指灵验。④繇(zhòu):占卜所得之辞。⑤专之渝:谓专宠必变乱。渝,变。⑥攘:夺去。羭(yú):羊之肥美者。这里暗指太子申生。⑦薰:香草。莸(yóu):臭草。⑧十年尚犹有臭:谓香臭共处则香不敌臭,喻善易消而恶难除。

【译文】

当初,晋献公想立骊姬为夫人,便用龟甲来占卜,结果不吉利;然后用蓍草占卜,吉利。献公说:"按照蓍草所占卜的结果去办。"占卜的人说:"蓍草之数短而龟象却长,不如按照龟卜。而且它的繇辞说:'专宠过分会发生叛乱,它将要偷走您的肥羊。香草和臭草放在一起,十年以后还会有臭气。'一定不能这么做。"晋献公不听，立骊姬为夫人。骊姬生了奚齐，她随嫁的妹妹生了卓子。

【原文】

及将立奚齐，既与中大夫成谋①。姬谓大子曰②："君梦齐姜，必速祭之！"大子祭于曲沃③，归胙于公④。公田⑤，姬置诸宫六日。公至，毒而献之。公祭之地⑥，地坟⑦；与犬，犬毙；与小臣，小臣亦毙。姬泣曰："贼由大子⑧。"大子奔新城⑨。公杀其傅杜原款。

【注释】

①成谋：定好计，有预谋。②大子：太子，指申生。③曲沃：晋国的旧都，在山西闻喜县东。④胙（zuò）：祭祀时用的酒肉。⑤田：出猎。⑥祭：洒，泼。⑦坟：土堆。⑧贼：阴谋。⑨新城：指曲沃。

【译文】

等到要立奚齐做太子的时候，骊姬已经和中大夫有了预谋。骊姬对太子申生说："国君梦见了你的母亲齐姜，你一定要赶快祭祀她。"太子到曲沃祭祀，把祭酒祭肉带回来给献公吃。献公刚好出外打猎，骊姬把祭祀的酒肉在宫里放了六天。献公打猎回来，骊姬在酒肉里下了毒药，然后献给献公。献公以酒祭地，地上的土突起像坟堆；把肉给狗吃，狗死掉了；给宦官吃，宦官也死了。骊姬哭着说："这是太子要加害于你。"太子逃亡到新城，献公杀了他的师父杜原款。

【原文】

或谓大子："子辞①，君必辩焉②。"大子曰："君非姬氏，居不安，食不饱。我辞，姬必有罪。君老矣，吾又不乐③。"曰："子其行乎？"大子曰："君实不察其罪，被此名也以出④，人谁纳我？"十二月戊申，缢于新城。

【注释】

①辞：陈状自辩。②辩：辩白，追究是非。③吾又不乐：意谓我怎么能再令他不高兴。④被：蒙受，带着。此名：指杀父的罪名。

【译文】

有人对太子说:"您如果申辩,国君一定会弄清楚的。"太子说:"君王如果没有了骊姬,会睡不安,吃不饱。我如果辩解,骊姬必定会有罪。君王老了,我怎么能使他不高兴呢?"那人说:"那么您想出走吗?"太子说:"君王还没有查明骊姬的罪过,我带着杀父的罪名逃走,谁会收留我呢?"十二月二十七日,太子申生在新城上吊自杀了。

【原文】

姬遂谮二公子曰①:"皆知之。"重耳奔蒲,夷吾奔屈。

【注释】

①谮(zèn):诬陷,中伤。二公子:指重耳和夷吾。

【译文】

骊姬接着又诬陷重耳和夷吾两个公子说:"他们对申生的阴谋都知道。"于是,重耳逃到了蒲城,夷吾逃到了屈城。

【原文】

初,晋侯使士蒍二公子筑蒲与屈,不慎①,置薪焉。夷吾诉之。公使让之。士蒍稽首而对曰:"臣闻之,无丧而戚②,忧必仇焉③。无戎而城,仇必保焉④。寇仇之保,又何慎焉?守官废命⑤,不敬;固仇之保,不忠。失敬与忠,何以事君?《诗》云:'怀德惟宁,宗子惟城。'君其修德而固宗子,何城如之?三年将寻师焉⑥,焉用慎?"退而赋曰:"狐裘尨茸⑦,一国三公,吾谁适从⑧?"

【注释】

①不慎:不慎重。②戚:忧愁,悲伤。③仇:怨。④仇必保:言城为寇仇所保障、凭借。⑤废命:不接受君命。⑥寻师:用兵。⑦尨茸(méng róng):蓬松杂乱的样子。⑧适:跟从。

【译文】

当初，晋献公派士大夫蒍为重耳和夷吾在蒲、屈两地筑城，一不留神，城墙里放了木柴。夷吾把这件事告诉了晋献公。晋献公派人责备士蒍。士蒍叩头回答说："臣下听说，没有丧事而悲伤，忧愁必然跟着来到；没有兵患而筑城，国内的敌人必定会据而守卫。敌人既然可以以此据守，哪里用得着谨慎？担任官职而不接受命令，这是不敬；巩固敌人可以占据的地方，这是不忠。没有忠和敬，如何侍奉国君呢？《诗经》说：'心存德行就是安宁，宗室子弟就是城池。'君王只要修养德行而使同宗子弟的地位巩固，又会有哪个城池能比得上？三年以后就要用兵，哪里用得着谨慎？"士蒍退出去赋诗说："狐皮大衣蓬松杂乱，一个国家有了三个主人，我该跟从哪一个呢？"

【原文】

及难①，公使寺人披伐蒲②。重耳曰："君父之命不校③。"乃徇曰④："校者，吾仇也。"逾垣而走。披斩其袪⑤，遂出奔翟⑥。

【注释】

①及难：等到灾祸发生。②寺人：阉人。披：人名。③校：违抗。④徇：遍告，布告。⑤袪（qū）：袖口。⑥翟：同狄，古时北方的少数民族。

【译文】

等到祸难发生时，晋献公派遣寺人披攻打蒲城。重耳说："国君和父亲的命令都不能违抗。"于是他通告众人说："抵抗的就是我的敌人。"重耳越墙逃走，寺人披砍掉了他的袖口，最后逃亡到了翟国。

【原文】

六年春，晋侯使贾华伐屈。夷吾不能守，盟而行。将奔狄，郤芮曰："后出同走，罪也，不如之梁①。梁近秦而幸焉②。"乃之梁。

【注释】

①之：去，往。梁：诸侯国名，嬴姓，在今陕西韩城县南。②秦：诸侯国名，嬴姓，在今陕西凤翔县。幸：宠信。

【译文】

鲁僖公六年的春天，晋献公派贾华去攻打屈城。夷吾守不住，与百姓订立盟约后出逃。夷吾准备逃往狄国，郤芮说："你在重耳之后也逃到狄国去，这证明了你有罪，不如去梁国。梁国靠近秦国，而且得到秦国的信任。"于是夷吾去了梁国。

【评析】

这是一场因为争夺君位而发生的祸起萧墙的战争，重耳、夷吾和申生三个人对此都有不同的反应。太子申生成了这场君位争夺战中悲剧性人物的代表，是骊姬阴谋诡计的牺牲品，同时也是他所信奉的观念的殉葬品：就算知道罪魁祸首是谁，也还是为了父亲的"幸福"而不愿揭露；逃往他国本可以成为一条出路，他却选择以自尽来证明自己的清白。

通过申生的悲剧我们可以认识到，心地过分单纯和善，在一个充满尔虞我诈的世界之中，往往会成为无谓的牺牲品。恶的力量有害，这并不难理解；而当我们清楚地意识到恶在向我们进攻时，我们是不应当向它妥协或是让步的。有时候，是可以高姿态、正面地反抗恶的，有时候则可以凭智慧想方设法来远离恶，申生的两个兄弟——公子重耳和公子夷吾就是最好的例证。

与申生相比，他们两人最大的不同就在于，既然知道自己没有过错，那么就完全没有必要代人受过，没有必要去做冤死鬼，更没有必要自动成为阴谋诡计的牺牲品。既然父王的命令是不能违抗的，那么逃跑总没问题吧。再说，他们俩固执己见，但也没到钻牛角尖的地步，所以能听从别人劝谏，在灾祸临头时知道保护自己。

公子重耳就是日后成为"春秋五霸"之一的晋文公，这自然与他不墨守成规，善于随机应变有很大关系。

葵丘之盟

（僖公九年）

【题解】

水满则溢，月满则亏，人满则止而退。葵丘之会标志着齐桓公的霸业走到了巅峰，然而同时也是其开始走下坡路的转折点。

【原文】

夏，会于葵丘①，寻盟②，且修好，礼也。王使宰孔赐齐侯胙③，曰："天子有事于文、武④，使孔赐伯舅胙⑤。"齐侯将下拜。孔曰："且有后命。天子使孔曰：'以伯舅耋老，加劳，赐一级，无下拜⑥'"对曰："天威不违颜咫尺⑦，小白余敢贪天子之命无下拜？恐陨越于下⑧，以遗天子羞⑨。敢不下拜？"下，拜；登，受⑩。

【注释】

①葵丘：宋国地名，在今河南民权东北。②寻盟：寻求同盟。③王：周襄王。宰：太宰，掌王室内外事务。齐侯：齐桓公。胙：祭祀用的肉。④事：指祭祀，周代把祭祀和战争视为统治者的两件大事。文、武：周文王、周武王。⑤伯舅：周代同姓不婚，周王室与各姬姓诸侯国多与齐（姜姓）、宋（子姓）、陈（妫姓）等异姓诸侯国通婚，所以周王通常称异姓诸侯为伯舅。这里宰孔话里的伯舅，就是转述周襄王对齐桓公的称呼。⑥耋（dié）老：泛指年老。耋，古有释为七十者，有释为八十者。劳：慰劳。级：等级。无：不必。⑦天威：喻指周天子的威严。违：离开。咫尺：比喻距离很近。⑧陨越：跌倒。⑨以遗天子羞：给天子留下羞辱。⑩登：升上台阶。受：接受天子之赐。

【译文】

夏季，鲁僖公和齐桓公、宋桓公、卫文公、郑文公、许僖公、曹共公等在葵丘会见，想重温过去的盟约，同时发展友好关系，这是合于礼法的。周襄王派宰孔把祭肉赐给齐桓公，说："周天子祭祀文王、武王，派遣我把祭肉赐给伯舅。"齐桓公准备下阶拜谢。宰孔说："且慢，后面还有别的命令，天子派我说：'因为伯舅年纪大了，加上功劳，加赐一级，不用下阶拜谢。'"齐桓公回答说："时刻都要注意天子的威严，小白我岂敢受天子的命令而不下阶拜谢？不下拜，我唯恐违背礼法于天下，让天子蒙羞。岂敢不下阶拜谢？"于是，齐桓公下阶拜谢，登上台阶接受祭肉。

【原文】

秋，齐侯盟诸侯于葵丘，曰："凡我同盟之人，既盟之后，言归于好①。"宰孔先归②，遇晋侯曰③："可无会也。齐侯不务德而勤远略④，故北伐山戎，南伐楚，西为此会也⑤。东略之不知⑥，西则否矣，其在乱乎⑦。君务靖乱⑧，无勤于行。"晋侯乃还。

【注释】

①言：语助词，无实意。②宰孔先归：宰孔不参加诸侯盟约，所以先回。③晋侯：晋献公。④务：致力于。略：攻伐。⑤西为此会：此次葵丘之会齐桓公的主要目的是与处于中原西部的晋国结盟。⑥东略：指齐桓公可能伐淮夷等东夷。⑦西则否矣，其在乱乎：宰孔认为晋国如果不出现动乱，齐桓公是不会向西部用兵的。⑧靖：平定。

【译文】

秋季，齐桓公和诸侯在葵丘会盟，说："凡是我们一起结盟的人，盟誓之后，就恢复到过去那样友好。"宰孔先行回国，遇到晋献公，说："可以不去参加会盟了。齐桓公不致力于德行，而忙于远征，所以向北边攻打山戎，向南边攻打楚国，在西边又举行了这次会盟，向东边是否要有所举动还不知道，攻打西边是不可能的了，晋国恐怕会有祸乱吧！君王应该致力于安定国内的祸乱，不要急于前去。"晋献公听了这话，就回国了。

【评析】

公元前651年的夏天，齐桓公在葵丘与诸侯举行第九次会盟，出席葵丘之会的诸侯除了盟主齐桓公，还有鲁僖公、宋襄公（他父君宋桓公刚死不久，还没来得及下葬，按照当时的规矩还不能称公，只能称"宋子"）、卫文公、郑文公、许僖公、曹共公。本来还应该有晋献公，这是他第一次有机会与齐桓公相会，而且还是齐桓公在这次会盟中重点要会见的一个诸侯，然而由于因病在身，不能准时前来。后来病情有所好转，支撑着要去赴会，没想到在半道上遇见了完成赐胙任务后先行告退的宰孔，被他三言两语一劝阻，就打道回府了。

从夏天就开始的葵丘之会，却一直拖到秋季九月，众诸侯才在盟书上签字。那葵丘既不是什么旅游景点也不是避暑胜地，不至于使众诸侯流连忘返。之所以延长那么长时间不举行同盟仪式，最大的可能就是齐桓公在等待晋献公的来临。使从未谋面的晋献公参与会盟，是盟主齐桓公的一个大心愿。然而这个心愿终究没有实现，留下遗憾是避免不了的。然而他未必意识到，使晋献公与他失之交臂的，正是由于自己的骄傲。宰孔的背后拆台，正是他的骄傲造成的。

秦晋韩之战 （僖公十五年）

【题解】

这是秦、晋两国之间爆发的一场大规模的战争。晋惠公在这次战役中被秦军俘获，而且还把他押解到了秦国，后来秦穆公在内外诸多舆论的压力之下，最终还是放了晋惠公。

【原文】

三败及韩。晋侯谓庆郑曰："寇深矣，若之何？"对曰："君实深之，可若何？"公曰："不孙①。"卜右②，庆郑吉，弗使。步扬御戎，家仆徒为右，乘小驷，郑入也③。庆郑曰："古者大事④，必乘其产，生其水土而知其人心，安其教训而服习其道⑤，唯所纳之⑥，无不如志。今乘异产，以从戎事，及惧而变，将与人易⑦。乱气狡愤⑧，阴血周作⑨，张脉偾兴，外强中干。进退不可⑩，周旋不能⑪，君必悔之。"弗听。

【注释】

①不孙：不逊，无礼。②右：车右。③入：进贡。④大事：指战争。⑤服习：反复练习，熟悉。⑥唯所纳之：无论在什么场合使用。⑦易：相反。⑧狡：乖戾。愤：暴躁。⑨阴血：体内之血。⑩不可：不听指挥。周旋：旋转。⑪不能：不灵活。

【译文】

晋军由于三次战败，于是退到韩地。晋惠公对庆郑说："敌人已经深入进来了，我们怎么办？"庆郑回答说："是君王让他们深入的，还能怎么办？"晋惠公说："答话放肆无礼！"占卜车右的人选，庆郑得吉卦。然而晋惠公却不用他，让步扬驾御战车，家仆徒作为车右，乘着小驷马车，那车是郑国进贡的。庆郑说："古代发生战争，一定要用本国的马驾车。出生在自己的水土上，知道主人的心意；安于受主人的调教，熟悉这里的道路；无论在什么场合使用，没有不如意的。现在用外国出产的马来驾车，从事战斗，等到一害怕而失去正常状态，就会不听指挥了。鼻子里乱喷粗气表示狡猾和愤怒，血液在全身奔流，使血管扩张突起，外表强壮而内里已气虚力竭。到时候进也不能，退也不是，旋转也不灵活，君王肯定会后悔的。"晋惠公不听。

【原文】

九月，晋侯逆秦师①，使韩简视师②，复曰："师少于我，斗士倍我。"公曰："何故？"对曰："出因其资，入用其宠③，饥食其粟，三施而无报，是以来也。今又击之，我怠秦奋，倍犹未也。"公曰："一夫不可狃④，况国乎。"遂使请战，曰："寡人不佞⑤，能合其众而不能离也，君若不还，无所逃命。"秦伯使公孙枝对曰："君之未入，寡人惧之，入而未定列⑥，犹吾忧也。苟列定矣，敢不承命。"韩简退曰："吾幸而得囚。"

【注释】

①逆：迎战。②视师：侦查秦军情况。③入：回国为君。④狃：狎，轻侮。⑤不佞：不聪明，不才。⑥定列：定君位。

【译文】

九月，晋惠公准备迎战秦军，于是派韩简去刺探敌军情况。韩简回来说："尽管他们的军队比我们少，但是能奋力作战的人却倍于我们。"晋惠公说："这是为什么呢？"韩简回答说："君王逃离晋国是由于他的资助，回国是由于他的宠信，有了饥荒就吃他们的粟米，三次给我们恩惠而没有得到报答，因为这样他们才来的。现在又将迎击他们，我方懈怠，秦军振奋，斗志岂止相差一倍啊！"晋惠公说："一个人还不可让人轻侮，何况是国家呢？"于是就派韩简去约战，说："寡人不才，既已集合我的部下就无法让他们离散。假如秦军不回去，我们将没有办法回避进军的命令。"秦穆公派公孙枝回答说："晋君没有回国，我为他感到担忧；回国后君位未巩固，还是我所担心的。假如君位已定，寡人怎敢不接受作战的命令？"韩简退下去说："我若能被俘囚禁就是幸运的了。"

【原文】

壬戌，战于韩原，晋戎马还泞而止①。公号庆郑②。庆郑曰："愎谏违卜③，固败是求，又何逃焉？"遂去之。梁由靡御韩简，虢射为右，辂秦伯④，将止之⑤。郑以救公误之，遂失秦伯⑥。秦获晋侯以归。晋大夫反首拔舍从之⑦。秦伯使辞焉，曰："二三子何其戚也？寡人之从君而西也，亦晋之妖梦是践⑧，岂敢以至⑨？"晋大夫三拜稽首曰："君履后土而戴皇天，皇天后土，实闻君之言，群臣敢在下风⑩。"

【注释】

①还泞：在泥泞中盘旋。止：出不来。②号：高声呼叫。③愎：执拗。④辂（lù）：迎，遇上。⑤止之：俘虏他。⑥失：指没有捉住。⑦反首：披头散发。拔舍：拔营。⑧践：应验。⑨以至：太过分。⑩下风：此谓等在下面听从吩咐。

【译文】

十四日，秦、晋两军在韩原发生会战。晋惠公的小驷马陷在烂泥中盘旋不出。晋惠公向庆郑呼喊求救。庆郑说："不听劝谏，违反占卜，本来就是自取失败，又何必要逃走呢？"于是就离开了。梁由靡驾韩简的战车，虢射作为车右，遇上秦穆公的战车，将要俘虏秦穆公。庆郑因为叫他们救援晋惠公而耽误了抓秦穆公的时机，就使秦穆公逃脱了。秦国反而俘虏了晋惠公。晋国的大夫披头散发，拔出帐篷，跟随晋惠公。秦穆公派使者安慰他们说："你们几位为什么如此忧愁啊！寡人跟随晋国国君往西去，只不过是为了实现晋国的妖梦罢了，难道还能做出什么太过分的事吗？"晋国的大夫三拜叩头说："君王踩着后土，而顶着皇天，皇天后土都听到了您的话，下臣们谨在下边听候吩咐。"

【原文】

穆姬闻晋侯将至，以大子罃、弘与女简璧登台而履薪焉①，使以免服衰绖逆②，且告曰："上天降灾，使我两君匪以玉帛相见，而以兴戎。若晋君朝以入，则婢子夕以死；夕以入，则朝以死。唯君裁之。"乃舍诸灵台③。

【注释】

①履薪：站在柴上，表示要自焚。②免（wèn）服：即丧服。衰（cuī）绖（dié）：亦为丧服。绖是麻布做的带子。③舍：安顿。

【译文】

秦穆姬听说晋惠公被抓来，便领着太子䓨、公子弘与女儿简璧登上高台，踩着柴草。她派遣使者捧着丧服前去迎接秦穆公，说："上天降下灾祸，让我们两国国君不是用礼品相见，而是大动干戈。如果晋国国君早晨进入国都，那么我就晚上自焚；晚上进入，那么我就早晨自焚。请君王裁夺。"于是秦穆公把晋惠公安置在灵台。

【原文】

大夫请以入。公曰："获晋侯，以厚归也。既而丧归①，焉用之？大夫其何有焉？且晋人戚忧以重我②，天地以要我③。不图晋忧④，重其怒也；我食吾言，背天地也。重怒难任⑤，背天不祥，必归晋君。"公子絷曰："不如杀之，无聚慝⑥焉。"子桑曰："归之而质其大子，必得大成⑦。晋未可灭而杀其君，只以成恶⑧。且史佚有言曰：'无始祸⑨，无怙乱⑩，无重怒。'重怒难任，陵人不祥⑪。"乃许晋平。

【注释】

①既而丧归：如果接下来发生丧事。②重：使之重视，打动。③要：要挟。④图：考虑。⑤任：承受，担当。⑥聚慝：积聚邪恶。⑦成：讲和。⑧成恶：使关系恶化。⑨始祸：倡导祸乱。⑩怙乱：乘乱取利。⑪陵：欺凌。

【译文】

大夫请求把晋惠公带回国都。秦穆公说："俘获晋侯，本来是带着丰厚的收获回来的，但一回来就要发生丧事，这有什么用？大夫又能得到什么呢？而且晋国人用忧愁来感动我，用天地来约束我，如果不考虑晋国人的忧愁，就会加深他们对秦国的愤怒。我如果不履行自己的诺言，就是违背天地，加深愤怒会使我担当不起，违背天地会不吉利，一定要放晋君回国。"公子絷说："不如杀了他，不要积聚邪恶。"子桑说："放他回国而用他的太子作为人质，必然会得到很有利的讲和条件，晋国还不会灭亡。而杀掉他的国君，只能造成很坏的后果。而且史佚有话说：'不要发动祸患，不要依靠动乱，不要增加愤怒。'增加愤怒会使人难于担当，欺凌别人会不吉利。"于是允许晋国讲和。

【原文】

晋侯使郤乞告瑕吕饴甥，且召之。子金教之言曰："朝国人而以君命赏①，且告之曰：'孤虽归，辱社稷矣。其卜贰圉也②。'"众皆哭。晋于是乎作爰田③。吕甥曰："君亡之不恤，而群臣是忧，惠之至也。将若君何？"众曰："何为而可？"对曰："征缮以辅孺子④，诸侯闻之，丧君有君，群臣辑睦，甲兵益多，好我者劝，恶我者惧，庶有益乎！"众说。晋于是乎作州兵⑤。

【注释】

①朝：召见。②卜贰圉：卜日立子圉为君。贰，指太子。③爰田：分公田之税应入公者以赏赐群臣。④征缮：财赋、军赋曰征。⑤作州兵：改革兵制，使军队扩大。

【译文】

晋惠公派遣郤乞告诉瑕吕饴甥，同时召他前来。饴甥教郤乞该怎么说话，说："把都城里的人都召到宫门前而，然后用国君的名义给予赏赐，还要告诉他们说：'我虽然回国了，但已经给国家带来了耻辱，所以还是占卜一个吉日，让我的继承人圉就国君之位吧。'"郤乞回去照办，大家一起嚎哭。晋国就在这时候开始改易田制，开阡陌重新规定田界。瑕吕饴甥说："国君不为自己在外而担忧，反而为群臣担忧，这是最大的恩惠了，我们准备怎样对待国君？"大家说："怎么办才行呢？"瑕吕饴甥回答说："征收赋税，修理装备武器，以辅助继承人。诸侯听到我国失去了国君，又有新的国君，群臣和睦，装备武器比以前更多。喜欢我们的就会勉励我们，讨厌我们的就会有所害怕，也许会有好处吧！"大家很高兴，晋国因为这样而开始兵制改革，使军队壮大。

【原文】

初，晋献公筮嫁伯姬于秦，遇《归妹》三之《睽》三。史苏占之曰："不吉。其繇曰：'士刲羊①，亦无衁也②。女承筐，亦无贶也③。西邻责言，不可偿也。《归妹》之《睽》，犹无相也④。'《震》之《离》，亦《离》之《震》，为雷为火。为嬴败姬，车说其輹，火焚其旗，不利行师，败于宗丘。《归妹》《睽》孤，寇张之弧⑤，侄其从姑，六年其逋，逃归其国，而弃其家⑥，明年其死于高梁之虚。"及惠公在秦，曰："先君若从史苏之占，吾不及此夫。"韩简侍，曰："龟，象也；筮，数也。物生而后有象，象而后有滋⑦，滋而后有数。先君之败德，及可数乎⑧？史苏是占，勿从何益⑨？《诗》曰：'下民之孽，匪降自天，僔沓背憎⑩，职竞由人⑪。'"

【注释】

①刲：刺，杀。②衁（huāng）：血。③贶：赐，与。④无相：无助。⑤寇张之弧：谓敌人将要拉弓射我。⑥弃其家：抛弃妻子。⑦滋：滋生繁衍。⑧及可数乎："数可及乎"的倒语。⑨勿：发语词，无义。⑩僔沓：议论纷纷。背憎：背后彼此憎恨。⑪职：主，主要。竞：竞争。

【译文】

当初，晋献公为把伯姬嫁到秦国而占筮，得到《归妹》三变成《睽》卦三。史苏预测说："不吉利。卦辞说：'男人宰羊，不见血浆；女人拿筐，白忙一场。西邻责备，不可补偿。《归妹》变《睽》，没人相帮。'《震》卦变成《离》卦，也就是《离》卦变成《震》卦。'又是雷，又是火，胜者姓嬴，败者姓姬。车子脱离车轴，大火烧掉军旗，不利于出师，在宗丘被打得大败。《归妹》嫁女，《睽》离单孤，敌人的木弓将要张舒。侄子跟着姑姑，六年之后，逃回自己的居所，抛弃了他的家，第二年死在高梁的废墟。'"等到惠公回到秦国，说："先君如果听从了史苏的占卜，我就不会到这个地步！"韩简随侍在侧，说："龟甲，是形象；筮草，是数字。事物生长以后才有形象，有形象以后才能滋长，滋长以后才有数字。先君败坏的道德，难道可以数得完吗？史苏的占卜，即使听从了，又有什么好处？《诗》说：'百姓的灾祸，不是从天下降。当面附和，背后毁谤，主要是由于人的无状。'"

【原文】

震夷伯之庙，罪之也，于是展氏有隐慝焉①。

冬，宋人伐曹，讨旧怨也。

楚败徐于娄林，徐恃救也②。

【注释】

①隐慝：人所不知的罪恶。②恃救：恃齐救。

【译文】

雷击夷伯的庙宇，这是降罪于他，是因为他看到了展氏有别人不知道的罪恶。

冬季，宋国人进攻曹国，为了报复以前结下的怨恨。

楚国在娄林打败徐国，徐国所以失败，是由于专靠别国去救援。

【原文】

十月，晋阴饴甥会秦伯，盟于王城。秦伯曰："晋国和乎？"对曰："不和。小人耻失其君而悼丧其亲，不惮征缮以立圉也，曰：'必报仇，宁事戎狄①。'君子爱其君而知其罪，不惮征缮以待秦命，曰：'必报德，有死无二。'以此不和。"秦伯曰："国谓君何②？"对曰："小人戚，谓之不免。君子恕③，以为必归。小人曰：'我毒秦，秦岂归君？'君子曰：'我知罪矣，秦必归君。贰而执之，服而舍之，德莫厚焉，刑莫威焉。服者怀德，贰者畏刑。此一役也，秦可以霸。纳而不定，废而不立，以德为怨，秦不其然。'"秦伯曰："是吾心也。"改馆晋侯，馈七牢焉④。

【注释】

①宁：宁可。②国：指国中的人。③恕：推己及人。④牢：一牛一羊一猪为一牢。

【译文】

十月，晋国的阴饴甥会见秦穆公，并在王城订立盟约。秦穆公说："晋国和睦吗？"阴饴甥回答说："不和睦。小人以失掉国君为耻辱，而哀悼失去了的亲属，不怕筹集资金，重整军队而立圉为国君，说：'一定要报仇，宁可因此而事奉戎狄。'君子爱护国君而知道他的罪过，不怕筹集资金，重整军队来等待秦国的命令，说：'一定要报答恩德，有必死之志而无二心。'因为这样才不和睦。"秦穆公说："全国认为国君的前途会怎么样？"阴饴甥回答说:"小人忧愁,认为他不会被赦免;君子宽恕,以为他一定会回来。小人说:'我们得罪了秦国,秦国怎么能让国君回来?'君子说:'我们已经认罪了,秦国一定会让国君回来。有三心二意,就抓起来;服了罪,就释放他。德行没有比这再宽厚的了,刑罚没有比这再威严的了。服罪的怀念德行,有三心二意的害怕刑罚,这一战役,秦国可以称霸诸侯。让他回国而不使之安定,甚至废掉他而不立他为国君,使恩惠变为怨恨,秦国不会这样做的吧!'"秦穆公说:"我正是这样想的。"于是改变了对晋惠公的待遇,让他住在宾馆里,馈送了七副牛、羊、猪等食用物品。

【评析】

春秋中期,秦国和晋国的交往十分频繁,两国之间有好几代都是姻亲关系,所以即使是到了现在还在用"秦晋之好"这个成语来泛指两家联姻。然而亲家也经常是冤家,故此秦、晋之间互相攻伐也是时有发生的事。晋惠公得到秦穆公的鼎力相助才有机会回国登上王位,然而登基后他立马就过河拆桥、背信弃义,还想利用秦国饥荒之际趁火打劫,于是"韩战"爆发。

对于晋惠公来说,这是一场自取其辱的战役,以一败涂地被俘虏收场,并且还因此导致晋国丢失了黄河西岸的大片土地。秦国把版图向东扩展了几百里,最终却由于实力以及人情的缘故,把晋惠公放了回去。通过对文章的阅读可以得知,战前晋国君臣的矛盾分歧和战后的众志成城形成了鲜明强烈的对比,由此可以看出多难兴邦并不是一句空话。

子鱼论战 （僖公二十二年）

【题解】

齐桓公称霸的时候,宋国与齐国的交往最密切,所以其地位在当时的众诸侯中也是最高的。齐桓公去世之后,宋襄公试图把桓公的霸主地位接过来,做中原诸侯的盟主。然而强大的楚国并不想臣服于它,于是趁宋国进攻自己的盟友郑国的机会,出兵援救,在泓这个地方将宋国打得落花流水。

【原文】

楚人伐宋以救郑。宋公将战，大司马固谏曰："天之弃商久矣①，君将兴之，弗可赦也已。"弗听，

【注释】

①天之弃商：上天不肯降福给商。商，即宋。

【译文】

楚军攻打宋国以救援郑国。宋襄公准备应战，大司马公孙固劝谏说："上天丢弃我们商朝已经很久了，君王要想振兴它，这是违背上天而不能被赦免的罪过啊。"宋襄公不听。

【原文】

冬十一月己巳朔，宋公及楚人战于泓。宋人既成列①，楚人未既济②。司马曰："彼众我寡，及其未既济也请击之。"公曰："不可。"既济而未成列，又以告。公曰："未可。"既陈而后击之③，宋师败绩。公伤股，门官歼焉④。

【注释】

①成列：排成战斗行列。②未既济：还没有完全渡过河。③陈：同阵，摆阵势。④门官：国君的亲兵侍卫。

【译文】

冬天十一月初一这天，宋襄公与楚国人在泓水交战。宋军已经摆好了战斗的阵势，楚军还没全部渡过河。司马公孙固说："他们兵多，我们兵少，趁他们还没有全部渡过河的时候，请君王下令攻击他们。"宋襄公说："不行。"等到楚军全部渡过河来，还没有摆好阵势，司马又将上述意见报告宋襄公。宋襄公说："还不行。"等楚军摆开阵势然后才攻击他们，结果宋军大败。宋襄公大腿受伤，跟随宋襄公的亲兵侍卫也全部被歼灭了。

【原文】

国人皆咎公①。公曰："君子不重伤②，不禽二毛③。古之为军也，不以阻隘也④。寡人虽亡国之余，不鼓不成列⑤。"子鱼曰："君未知战。勍敌之人隘而不列⑥，天赞我也。阻而鼓之，不亦可乎？犹有惧焉。且今之勍者，皆吾敌也。虽及胡耇⑦，获则取之，何有于二毛？明耻教战，求杀敌也，伤未及死，如何勿重？若爱重伤，则如勿伤；爱其二毛，则如服焉。三军以利用也⑧，金鼓以声气也。利而用之，阻隘可也；声盛致志，鼓儳可也⑨。"

【注释】

①咎：归罪，指责。②重伤：杀伤已受伤的人。③禽：同擒。二毛：头发花白，指老人。④阻隘：险要的地势。⑤鼓：击鼓，号令进军攻击。⑥勍敌：劲敌，强敌。⑦胡耇（gǒu）：年纪很老的人。⑧利用：凭借有利条件来作战。⑨儳：队列不整齐。

【译文】

全国人都责怪宋襄公。宋襄公说："君子不杀伤已经受伤的敌人，不擒捉头发花白的人。古代的用兵之道，不靠关塞险阻取胜。寡人虽然是殷商亡国的后裔，但也不攻击没有摆开阵势的敌人。"子鱼说："国君不懂得作战。强大的敌人，由于地形狭隘而没有摆开阵势，这是上天在帮助我，把他们拦截而攻击，不也是可以的吗？就这样还害怕不能取胜呢。现在强大的国家，都是我们的敌人，虽然是老头子，捉了也不能放，对于那些头发花白的人又有什么可怜惜的呢？说明国家耻辱是什么，以此教导士兵作战，目的就是为了多杀敌人。敌人受伤而没有死，为什么不可以再次打击他一次？如果爱惜敌人伤员而不再打击，就应该一开始就不伤害他；爱惜那些头发花白的人，就不如向他们投降。军队因为有利才去作战；鸣金击鼓是用声音来激励士气的。既然军队有利才去作战，那么在狭路阻击也是可以的；既然鼓声大作鼓舞了士气，那么攻击没有摆开阵势的敌人也是可以的。"

【评析】

本文讲述的是楚、宋两军交战前后的事情。公元前638年，宋、楚两国为争夺中原霸主地位，在泓水边发生战争。当时郑国与楚国是友好国家，宋襄公为了削弱楚国的实力，准备出兵攻打郑国。而楚国则出兵攻宋救郑，于是就爆发了这场战争。当时宋国的实力远没有楚国强大。战争刚开始的时候，形势对宋军非常有利，然而宋襄公却一味抱住所谓君子"不乘人之危"的迂腐教条不放，没有采纳子鱼的正确意见，以致贻误战机，惨遭失败。而宋襄公自己也大腿中箭，于次年夏天因伤势加重身亡。宋国从此永远沦为二等诸侯。

子鱼的观点和宋襄公的迂腐形成强烈的对比。子鱼，是宋襄公同父异母兄目夷的字。他主张乘着有利时机，先发制人，攻其不备，彻底消灭敌人的有生力量，这样才能取得战争的最终胜利。

文章前半部分对战争的经过及宋襄公惨败的结局进行了描写，后半部分写子鱼驳斥宋襄公的迂腐论调：总体上先说"君未知战"，后分驳"不以阻隘""不鼓不成列"，再驳"不禽二毛""不重伤"，最后指出如何做才是正确的。尽管作者没有花费大量笔墨，然而却将正面反面的议论都说得十分清晰透彻。

宋襄公迂腐执拗、昏聩无能，一心想着以仁义之名来笼诸侯。然而战争毕竟是残酷的，哪里容得下这样的迂腐之辈。他既没有审时度势之能，也没有慧眼识贤之才。他一心只想兴兵侵郑，结果却引火自焚于泓。总体来说子鱼所论句句中肯，切于要害，无夸张修饰，皆以战争实务为重。而此等英才，明珠暗投，沦落于襄公这样的庸君之下，淹没一身的苦学，实在是令人感到愤慨。

晋公子重耳的流亡（僖公二十三、二十四年）

【题解】

重耳由一个养尊处优、无所事事的贵族公子哥儿，到后来成为春秋时代威名远播的霸主，几乎可以说这都得益于他在国外流亡19年的经历中所遭受的磨难。正如先贤们所说的：天将降大任于斯人焉，必先苦其心志，劳其筋骨。只有历经磨难，才具有担当重任的资历。重耳的经历恰恰说明了这一点。

【原文】

晋公子重耳之及于难也[①]，晋人伐诸蒲城。蒲城人欲战。重耳不可，曰："保君父之命而享其生禄[②]，于是乎得人。有人而校[③]，罪莫大焉。吾其奔也。"遂奔狄。从者狐偃、赵衰、颠颉、魏武子、司空季子。狄人伐廧咎如④，获其二女：叔隗、季隗，纳诸公子。公子取季隗，生伯儵、叔刘，以叔隗妻赵衰，生盾。将适齐，谓季隗曰："待我二十五年，不来而后嫁。"对曰："我二十五年矣，又如是而嫁，则就木焉⑤。请待子。"处狄十二年而行。

【注释】

①及于难：遭遇祸难。②保：依靠。生禄：从采邑中得到赋税收入，供给自己生活，所以叫生禄。禄，俸禄。③校：同较，对抗，较量。④廧（qiáng）咎如：狄的一种，隗姓，居今河南安阳市附近。⑤就木：进棺材。

【译文】

晋公子重耳遭到祸难的时候，晋国军队就去攻打蒲城。蒲城人打算迎战，重耳不同意，说："我仰仗着国君的恩宠而享有自己的俸禄，因此才得到所属百姓的拥护。有了百姓的拥护就如同跟君父较量起来，没有比这再大的罪过了。我还是逃亡吧。"于是重耳就逃亡到了狄国，同他一块出逃的有狐偃、赵衰、颠颉、魏武子、司空季子。狄国攻打一个叫廧咎如的部落，俘虏了他两个女儿叔隗、季隗，并把她们送给了公子重耳。重耳娶了季隗，生了伯儵、叔刘。他把叔隗嫁给赵衰，生了盾。重耳想到齐国去，对季隗说："等我二十五年，我不回来你再改嫁。"季隗回答说："我已经二十五岁了，再过二十五年改嫁，就要进棺材了。还是让我等您吧。"重耳在狄国一共住了十二年，然后才离开。

【原文】

过卫，卫文公不礼焉①。出于五鹿，乞食于野人②，野人与之块③，公子怒，欲鞭之。子犯曰："天赐也④。"稽首，受而载之。

【注释】

①不礼：不加礼遇。②野人：乡下人。③块：土块。④天赐：得土象征得到国家，所以狐偃以为天赐。

【译文】

重耳经过卫国，卫文公不以礼来待他。经过五鹿时，向农夫讨饭吃。农夫给了他一块泥土。重耳大怒，想要鞭打他。子犯说："这是上天赐予的啊！"重耳叩头接受了泥土，并把它装上车子。

【原文】

及齐，齐桓公妻之，有马二十乘①，公子安之。从者以为不可。将行，谋于桑下。蚕妾在其上②，以告姜氏。姜氏杀之，而谓公子曰："子有四方之志，其闻之者吾杀之矣。"公子曰："无之。"姜曰："行也。怀与安③，实败名。"公子不可。姜与子犯谋，醉而遣之。醒，以戈逐子犯。

【注释】

①乘：马四匹为一乘。②蚕妾：养蚕的女奴。上：树上。③怀：眷恋。安：贪图享乐。

【译文】

重耳到达齐国，齐桓公把女儿嫁给他为妻，还给了他八十匹马。重耳安于齐国的生活，跟随的人认为这样不行，准备离去，便在桑树下商量这件事。有个养蚕的女奴正好在树上听到了，就把这事告诉了姜氏。姜氏杀了女奴，对重耳说："您有远大的志向，听到这件事的人，我已经把她杀了。"重耳说："没有这回事。"姜氏说："走吧！留恋妻子和贪图安逸，是足以毁坏功名事业的。"重耳不肯走。姜氏和子犯商量，灌醉了重耳，然后把他送出了齐国。公子酒醒之后，拿起长戈就去追打子犯。

【原文】

及曹，曹共公闻其骈胁①。欲观其裸。浴，薄而观之②。僖负羁之妻曰："吾观晋公子之从者，皆足以相国③。若以相，夫子必反其国。反其国，必得志于诸侯。得志于诸侯而诛无礼④，曹其首也。子盍蚤自贰焉⑤。"乃馈盘飧⑥，置璧焉。公子受飧反璧。

【注释】

①骈胁：肋骨并列连成一片。②薄：迫近。③相国：做国家的辅佐。④得志于诸侯：谓达到称霸于诸侯的目的。⑤贰：表示不同。⑥盘飧（sūn）：盘中盛的饭菜。

【译文】

重耳又到达曹国，曹共公听说他的腋下肋骨是并列长在一起的，想从他的裸体中看到真相。趁重耳洗澡之时，曹共公逼近跟前去看他的肋骨。曹国大夫僖负羁的妻子对他说："我看晋公子的随从人员，都足以辅助国家。如果让他们辅助公子，晋公子必定能回晋国做国君。回到晋国，一定能在诸侯中称霸。在诸侯中称霸而惩罚对他无礼的国家，曹国恐怕就是第一个。你为什么不趁早向他表示自己和曹君的不同呢？"于是僖负羁就送给重耳一盘食品，里边藏着璧玉。重耳接受了食品，退还了璧玉。

【原文】

及宋，宋襄公赠之以马二十乘。

【译文】

重耳到达宋国，宋襄公送给他八十匹马。

【原文】

及郑，郑文公亦不礼焉。叔詹谏曰："臣闻天之所启①，人弗及也。晋公子有三焉，天其或者将建诸，君其礼焉。男女同姓②，其生不蕃。晋公子，姬出也，而至于今，一也。离外之患③，而天不靖晋国，殆将启之，二也。有三士足以上人而从之④，三也。晋、郑同侪⑤，其过子弟，固将礼焉，况天之所启乎？"弗听。

【注释】

①启：开。这里是赞助之意。②男女：此指父母。③离：同罹，遭受。④三士：指狐偃、赵衰、贾佗。上人：居人之上。⑤同侪：同等。

五 僖公

【译文】

到了郑国,郑文公也不以礼接待重耳。叔詹劝谏说:"臣听说上天所赞助的人,其他人是赶不上的。晋公子有三件不同寻常的事,上天或者有意要立他为国君,您最好还是以礼相待。父母同姓,子孙不能昌盛。晋公子重耳的父母都姓姬,他一直活到今天,这是第一件不同寻常的事。经受逃亡在外的忧患,而上天又使晋国内乱不已,不得安宁,大概是上天要给他开通回国的道路,这是第二件不同寻常的事。有三位才智过人的贤士跟随他,这是第三件不同寻常的事。晋国和郑国地位平等,他们的子弟路过还应当以礼相待,何况是上天所赞助的呢?"郑文公没有听叔詹的劝谏。

【原文】

及楚,楚子飨之①,曰:"公子若反晋国,则何以报不榖②?"对曰:"子女玉帛则君有之③,羽毛齿革则君地生焉④。其波及晋国者⑤,君之余也,其何以报君?"曰:"虽然,何以报我?"对曰:"若以君之灵,得反晋国,晋、楚治兵,遇于中原,其辟君三舍。若不获命⑥,其左执鞭弭、右属櫜鞬⑦,以与君周旋。"子玉请杀之。楚子曰:"晋公子广而俭⑧,文而有礼。其从者肃而宽,忠而能力。晋侯无亲⑨,外内恶之。吾闻姬姓,唐叔之后,其后衰者也,其将由晋公子乎。天将兴之,谁能废之⑩。违天必有大咎。"乃送诸秦。秦伯纳女五人,怀嬴与焉。奉匜沃盥⑪,既而挥之。怒曰:"秦、晋匹也⑫,何以卑我!"公子惧,降服而囚⑬。

【注释】

①楚子:楚成王。②不榖:不善。古代诸侯自称的谦词。③子女:男女奴隶。④羽:孔雀、翡翠等用作装饰的鸟羽。毛:兽毛。齿:象牙。革:牛皮。⑤波:散播、流传。⑥获命:指不能取得对方谅解,获得对方允许。⑦弭:弓。属(zhǔ):佩,系。櫜(gāo):箭袋。鞬:盛弓的袋。⑧广而俭:志向远大而态度谦逊。⑨无亲:没人亲近。⑩废:衰败。⑪奉匜(yí):捧着盛水器。沃盥:浇水洗手洗脸。这是新婚礼节。⑫匹:相等。⑬降服:换了衣服。囚:自我囚禁。

【译文】

重耳到达楚国,楚成王设宴会招待他,并问道:"公子如果回到晋国,会用什么报答我？"重耳回答说："男女奴隶和玉帛宝物，您都有了；鸟羽、兽毛、象牙、犀革都是贵国的特产。那些流散到晋国的，已经是君王剩余的了，我能用什么来报答君王呢？"楚成王说："尽管这样，那你究竟用什么来报答我呢？"重耳回答说："如果托君王的福，能够回到晋国，一旦晋、楚两国交战，双方军队在中原相遇，那我就让晋军后退九十里。如果还得不到君王停止进军的命令，那我就左手执马鞭和弓，右边挂着弓袋箭袋，跟君王较量一下。"子玉请求楚王杀掉他。楚成王说："晋公子志向远大而行为又有所约束，文辞华美而合乎礼仪。他的随从办事认真而又宽厚，忠诚又有能力。现在晋惠公不得人心，国内国外都讨厌他。我听说姬姓是唐叔后代，将会衰亡，这恐怕是要靠晋公子重耳吧？上天将要使他兴起，谁能够废掉他？违背上天，必然有大灾。"于是楚成王就派人把他送回了秦国。秦穆公送给重耳五个女子做姬妾，秦穆公的女儿怀嬴也在内。有一次，怀嬴捧着盛水的器皿伺候重耳洗脸，他洗了手不用手巾擦手，而挥挥手把手上的水甩干。怀嬴很生气，说："秦、晋两国地位平等，为什么瞧不起我？"重耳害怕了，换了上衣自囚表示谢罪。

【原文】

他日，公享之。子犯曰："吾不如衰之文也①。请使衰从。"公子赋《河水》，公赋《六月》。赵衰曰："重耳拜赐。"公子降，拜，稽首，公降一级而辞焉②。衰曰："君称所以佐天子者命重耳，重耳敢不拜。"

【注释】

①文：有文采，善辞令。②降一级：走下一级台阶。

【译文】

又有一天，秦穆公设宴席招待重耳，子犯说："我比不上赵衰那样擅长辞令，请您让赵衰跟随赴宴。"重耳在宴会上朗诵了《河水》这首诗，秦穆公朗诵了《六月》这首诗。赵衰说："重耳拜谢君王恩赐！"公子重耳退到阶下，拜谢，叩头，秦穆公走下一级台阶辞谢。赵衰说："君王用尹吉甫辅佐周天子的诗篇来教导重耳，重耳怎敢不拜谢？"

【原文】

二十四年春，王正月①，秦伯纳之②。不书，不告入也。

【注释】

①王正月：指周历正月。王，指周天子。②秦伯纳之：秦穆公派人护送重耳回国的事。纳，使进入。

【译文】

僖公二十四年的春季，也就是周王朝历法的正月，秦穆公把公子重耳送回晋国。《春秋》没有记载这件事，是因为秦、晋两国没有向鲁国报告这件事。

【原文】

及河①，子犯以璧授公子，曰："臣负羁绁从君巡于天下②，臣之罪甚多矣。臣犹知之，而况君乎？请由此亡③。"公子曰："所不与舅氏同心者④，有如白水⑤。"投其璧于河。济河，围令狐，入桑泉，取臼衰。二月甲午，晋师军于庐柳。秦伯使公子絷如晋师，师退，军于郇。辛丑，狐偃及秦、晋之大夫盟于郇。壬寅，公子入于晋师。丙午，入于曲沃。丁未，朝于武宫⑥。戊申，使杀怀公于高梁。不书，亦不告也。

【注释】

①河：黄河。②负羁绁：背着马笼头、马缰绳。③亡：离开。④所：如果。⑤有如：意为有神明为证。⑥武宫：重耳祖父曲沃武公的神庙。

【译文】

到达黄河岸边，子犯把玉璧还给重耳，说："下臣背着马笼头、马缰绳跟随您在天下巡行，下臣的罪过很多。下臣自己尚且知道，何况您呢？请您让我从这里离开吧。"重耳指着河水发誓说："如果不和舅父同一条心，有河神作证。"随后便把玉璧扔到了黄河里。重耳等一起渡过黄河，包围了令狐，进入桑泉，占取了臼衰。二月四日，晋国的军队驻扎在庐柳。秦穆公派遣公子絷到晋怀公的军队去交涉，表示秦支持重耳入晋。晋军退走，驻扎在郇地。二月十一日，狐偃和秦国、晋国的大夫在郇地结盟。十二日，公子重耳到达晋国军队。十六日，重耳进入曲沃。十七日，重耳在晋武公的庙宇中朝见群臣。十八日，重耳派人在高梁杀死了晋怀公。《春秋》没有记载这件事，也是因为晋国没有来鲁国报告的缘故。

【原文】

吕、郤畏偪①，将焚公宫而弑晋侯②。寺人披请见，公使让之，且辞焉，曰："蒲城之役，君命一宿，女即至。其后余从狄君以田渭滨公宫③，女为惠公来求杀余，命女三宿，女中宿至。虽有君命，何其速也。夫袪犹在④，女其行乎。"对曰："臣谓君之入也，其知之矣。若犹未也，又将及难。君命无二⑤，古之制也。除君之恶，唯力是视。蒲人、狄人，余何有焉。今君即位，其无蒲、狄乎？齐桓公置射钩而使管仲相，君若易之，何辱命焉？行者甚众，岂唯刑臣。"公见之，以难告⑥。三月，晋侯潜会秦伯于王城⑦。己丑晦⑧，公宫火，瑕甥、郤芮不获公，乃如河上，秦伯诱而杀之。晋侯逆夫人嬴氏以归⑨。秦伯送卫于晋三千人，实纪纲之仆⑩。

【注释】

①畏偪：害怕受到重耳的迫害。②公宫：晋侯的宫廷。③田：田猎，打猎。④袪（qū）：衣袖。⑤君命无二：执行君主的命令，不能有二心。⑥以难（nòn）告：寺人披将吕甥、郤芮要燃烧宫殿的阴谋告诉了重耳。难，灾祸。⑦潜会：暗中相会。⑧己丑晦：即三月三十日。晦，每月的最后一天。⑨逆：迎。⑩实纪纲之仆：（秦国送来的卫兵到晋国后）充当主管门户仆隶之事的仆臣。

【译文】

吕、郤两家害怕受到重耳的迫害，准备焚烧宫室，然后再杀死晋文公。寺人披请求进见，晋文公派人打发他走，并且拒绝接见，说："蒲城那一次战役，国君命令你一夜之后到达蒲城，你当天就到了。后来我跟随狄君在渭水边上打猎，你为惠公来杀我，惠公命令你过三个晚上再来，你过两个晚上就来了。虽然有国君的命令，可你也太快了。蒲城之役那只被你割断的袖子还在呢，你还是走开吧！"寺人披回答说："小臣原来认为国君回国以后，已经了解情况了。如果还没有，就会又一次遇到祸难。执行国君的命令只有一心一意，这是古代的制度。除去国君所厌恶的人，只看自己有多大力量。蒲人、狄人，对我来说算什么呢？现在您即位做国君，也会同我心目中一样没有蒲、狄吧！齐桓公把射钩的事搁在一边，而让管仲辅助他。君王如果改变这种做法，我会自己走的，哪里需要君王的命令呢？离开的人很多，岂独我这受过宫刑的小臣？"晋文公接见了寺人披，寺人披就把吕甥、郤芮的阴谋告诉了晋文公。三月，晋文公秘密地和秦穆公在王城会见。三十日，文公的宫殿起火。吕甥、郤芮找不到晋文公，于是就到黄河边上去找，秦穆公把他们诱去杀死了。晋文公迎接夫人嬴氏回国。秦穆公赠送给晋国卫士三千人，这些人到晋国后，充当主管门户仆隶之事的仆臣。

【原文】

初，晋侯之竖头须①，守藏者也。其出也②，窃藏以逃，尽用以求纳之。及入，求见，公辞焉以沐③。谓仆人曰："沐则心覆④，心覆则图反⑤，宜吾不得见也⑥。居者为社稷之守⑦，行者为羁绁之仆⑧，其亦可也，何必罪居者？国君而仇匹夫，惧者甚众矣。"仆人以告，公遽见之⑨。

【注释】

①竖：未成年的小吏。②其出：指重耳出亡的时候。③辞焉以沐：借口洗头不见头须。沐，洗头。④沐则心覆：洗头时低头向下，心的位置就颠倒了。⑤图：图谋，想法。⑥宜：适宜，自然。⑦居者：留在国内的人。社稷之守：守护国家。⑧行者：跟随出亡的人。羁绁之仆：为重耳奔波服役的仆人。⑨遽（jù）：立即，马上。

【译文】

当初，晋文公有个侍臣名叫头须，是看守库藏、保管财物的。当重耳出亡的时候，头须私自带走所管财物潜逃，拿着这些财物设法让晋文公回国。没有成功，只好留在国内。等到晋文公回来，头须请求进见。晋文公推托说正在洗头。头须对仆人说："洗头的时候心就倒过来，心倒了意图就反过来，我自然见不到他。留在国内的人是国家的守卫者，跟随在外的是背着马笼头、马缰绳的仆人，这也都是可以的，何必要加罪于留在国内的人呢？身为国君而仇视普通人，惧怕他的人那就非常多了。"仆人把这些话转告给晋文公，晋文公立即接见了他。

【原文】

狄人归季隗于晋而请其二子。文公妻赵衰，生原同、屏括、楼婴。赵姬请逆盾与其母，子余辞。姬曰："得宠而忘旧，何以使人？必逆之！"固请，许之，来，以盾为才，固请于公以为嫡子①，而使其三子下之，以叔隗为内子而己下之②。

【注释】

①嫡子：正妻所生的儿子，专指嫡长子。②内子：嫡妻，卿大夫的正妻。

【译文】

狄人把季隗送回到晋国，而请求留下她的两个儿子。晋文公把女儿嫁给赵衰，生了原同、屏括、楼婴。赵姬请求迎接赵盾和他的母亲叔隗回国。赵衰不同意。赵姬说："得到新宠而忘记旧好，以后还怎样使用别人？一定要把他们接回来。"赵姬坚决请求，赵衰同意了。叔隗和赵盾接回来以后，赵姬认为赵盾有才，坚决向晋文公请求，把赵盾作为嫡子，而让她自己生的三个儿子居于赵盾之下，让叔隗作为正妻，而自己居于她之下。

【原文】

晋侯赏从亡者，介之推不言禄，禄亦弗及。推曰："献公之子九人，唯君在矣。惠、怀无亲，外内弃之。天未绝晋，必将有主。主晋祀者①，非君而谁？天实置之②，而二三子以为己力，不亦诬乎③？窃人之财，犹谓之盗，况贪天之功以为己力乎④？下义其罪，上赏其奸，上下相蒙，难与处矣！"其母曰："盍亦求之，以死谁怼⑤？"对曰："尤而效之⑥，罪又甚焉，且出怨言，不食其食⑦。"其母曰："亦使知之若何？"对曰："言，身之文也⑧。身将隐，焉用文之？是求显也⑨。"其母曰："能如是乎？与女偕隐。"遂隐而死。晋侯求之，不获，以绵上为之田，曰："以志吾过⑩，且旌善人⑪。"

【注释】

①主晋祀者：主持晋国祭祀的人，即做晋国国君的人。②置：立。③诬：荒

谬。④贪：通探，探取。⑤怼（duì）：怨恨。⑥尤而效之：谴责了他们而又去效法他们。尤，谴责。效，效法。之，指从亡者。⑦不食其食：不应当再食用他的俸禄。⑧文：文饰。⑨求显：求被人所知。⑩志：标志。⑪旌：表彰。

【译文】

　　晋文公赏赐跟随他逃亡的人，介之推不称功求赏，因此禄位也没有他的份儿。介之推对他母亲说："献公的儿子有九个，现在只有国君还在世。惠公、怀公没有亲近的人，国内国外都抛弃了他们。上天不使晋国绝后，必定会有新君主。主持晋国祭祀的人，不是公子又会是谁？这实在是上天要立他为君，而从亡者却以为是他们自己的力量，这不是很荒谬吗？偷别人的财物，尚且叫作盗，何况贪上天的功劳以为是自己的功劳呢？下面的人把贪功的罪过当成合理，上面的人对欺骗加以赏赐，上下相互欺骗，这就难以和他们相处了。"介之推的母亲说："你为什么不去求赏呢？如果这样死去，那又能怨恨谁呢？"介之推回答说："明知错误而去效法，罪过就更大了。而且我口出怨言，不能再享用他的俸禄了。"他母亲说："即使不求禄，也应该让他们知道这个道理，怎么样？"介之推回答说："语言，是身体的文饰。身体都要隐藏了，哪里用得着文饰呢？这只不过是去求显露罢了。"他母亲说："你能够这样吗？如果可以，那我同你一起隐居。"于是介之推就隐居山林，直到死去。晋文公派人到处寻找介之推，但一直找不到，就把绵上的田封给他，说："用这来记下我的过失，并且用来表彰好人。"

【评析】

　　重耳就是春秋五霸里的晋文公。尽管文中称他是公子，其实他开始流亡的时候已经过了当公子的年纪，当时他已四十三岁。说他流亡了十九年，其实并不完全正确，因为头十二年他是躲在母亲的娘家狄国，接下来的五年里又在齐国享福，真正的"周游列国"是在六十岁以后的两三年。直到六十二岁时他才以高龄的身份归国登上君主的宝座，这在春秋的君主里头称得上是个不折不扣的奇迹，所以《左传》用了大量的笔墨对他的流亡生涯进行了描述，记述了重耳从一个缺乏远见和理想的纨绔公子成长为宽容果敢的英明君主的过程。

　　当初大祸临头时重耳出逃，是迫不得已而为之。流亡中的磨难、屈辱的体验，使他明白了身在宫廷所不可能明白的人生真谛，在身、心两方面受到陶冶和磨炼。

本文向我们展现了一幅春秋时代广阔的生活画面。作者在侧重揭示诸侯家庭内部激烈而残酷的权力之争的同时，也向读者展现了各诸侯之间错综复杂的政治斗争关系。与此同时，作品也对跟随重耳流亡的大臣们在辅佐重耳归国过程中的重要作用进行了详细的描述。文章用不可辩驳的事实说明，重耳的最后成功不在天命而在人事。

晋文公围原　　（僖公二十五年）

【题解】

晋文公率兵平定了王室之乱，周襄王非常高兴，就把本属于王室的原地等赏赐给了晋国。本来那里的居民一向都由东周王朝直接管辖，被封给晋国成为晋国的领地后，原地居民当然都不乐意了，于是就引发了晋文公率兵围原的事件。

【原文】

冬，晋侯围原，命三日之粮①。原不降，命去之。谍出②，曰："原将降矣。"军吏曰："请待之。"公曰："信，国之宝也，民之所庇也③，得原失信，何以庇之？所亡滋多。"退一舍而原降④。迁原伯贯于冀。赵衰为原大夫，狐溱为温大夫。

【注释】

①三日之粮：携带三日之粮。②谍：间谍。出：从原地出来。③庇：荫庇，庇护。④一舍：三十里。

【译文】

冬天的时候，晋文公率军包围了原国，并命令士兵只携带三天的粮食。如果三天后原国不投降，就下令军队离开。间谍从城里出来，说："原国马上就要投降了。"军官说："我们再等等吧。"晋文公说："信用，是国家的宝贝，百姓靠它庇护。得到原国而失去信用，还用什么庇护百姓？那样损失的东西会更多。"于是退兵三十里,然后原国就投降了。晋文公把原伯贯迁到冀地。任命赵衰为原地的地方官,任命狐溱为温地的地方官。

【评析】

伐原作为晋文公训练晋国军民的一条重要举措,同时也是他取信于民的方法之一。这个建议首先是由子犯提出来的,并最终被晋文公采纳。伐原这一事件表明,晋文公在治国理政方面所采取的措施是切合实际且易于推行的,他作为一国之君也变得逐渐成熟起来。

作为一个小邑的原地,以当时晋国的实力,攻取它可说是一件轻而易举的事情。然而,晋文公领兵攻打原邑,占领它并不是最主要的目的,而是要通过这个举措向晋国军民示之以诚信,从而取得军民的信任。正是基于上述原因,他命令军队只携带三天的口粮,限期已到,就算是原邑不降,也下令撤军。

展喜犒师　　（僖公二十六年）

【题解】

在兵临城下的境况下,展喜用周公、太公之时的"和平友好条约"以及自己的聪慧与学识,说服齐孝公退兵,展示了其高超的外交技巧与辞令艺术。

【原文】

齐师侵我西鄙①,讨是二盟也。夏,齐孝公伐我北鄙。卫人伐齐,洮之盟故也②。公使展喜犒师③,使受命于展禽④。

【注释】

①西鄙:西部边境。②洮之盟故:是履行(去年)在洮地盟约的缘故。③犒师:犒劳齐军。④受命:请教如何措辞。

【译文】

齐国军队进攻我国西部边境,表示对洮、向两次会盟的不满。夏季,齐孝公进攻我国北部边境。卫军便攻打齐国，这是卫国履行洮地的盟约。鲁僖公派遣展喜去犒劳齐国军队，让他先向展禽请教如何措辞。

【原文】

齐侯未入竟①，展喜从之②，曰："寡君闻君亲举玉趾，将辱于敝邑，使下臣犒执事。"齐侯曰："鲁人恐乎？"对曰："小人恐矣，君子则否。"齐侯曰："室如县罄③，野无青草，何恃而不恐？"对曰："恃先王之命。昔周公、大公股肱周室，夹辅成王。成王劳之而赐之盟，曰：'世世子孙，无相害也。'载在盟府④，大师职之⑤。桓公是以纠合诸侯而谋其不协，弥缝其阙而匡救其灾，昭旧职也。及君即位，诸侯之望曰：'其率桓之功⑥。'我敝邑用不敢保聚⑦，曰：'岂其嗣世九年而弃命废职，其若先君何？'君必不然。恃此以不恐。"齐侯乃还。

【注释】

①竟：同境，边境。②从之：从而见齐侯。③室如县罄：是说百姓贫乏，室中一无所有，虽房舍高起，两檐低垂，但内中空空。④载：载书，即盟约。盟府：藏盟约处。⑤大师职之：谓由太师执掌。⑥率：沿着，继承。⑦用：因此。保聚：保城聚众。

【译文】

齐孝公还没有进入鲁国国境，展喜就出境求见齐孝公，说："我的君主听说君王亲自出动大驾，将屈尊光临敝国，特派下臣来慰劳您的左右侍从。"齐孝公说："鲁国人害怕吗？"展喜回答说："平民百姓害怕，君子大人不害怕。"齐孝公说："百姓家中像挂起的磬一样空，四野里连青草都没有，你们凭什么不害怕？"展喜回答说："凭先王的命令。从前周公、太公辅助周王朝，左右协助成王。成王慰劳他们，还赐给他们盟约，说：'世世代代的子孙都不要互相侵犯。'这个盟约藏在盟府之中，由太史掌管着。齐桓公因此集合诸侯，商讨解决他们之间的纠纷，弥补他们的过失，救助他们的灾难，这是发扬光大齐太公的职责。等君王您即位，各国诸侯相互盼望着说：'他会继承桓公的功业吧！'敝邑因此不敢保护城郭，纠聚民众，人们说：'难道他即位才九年，就会背弃王命、废弃职责吗？他怎么向先君交代呢？他一定不会这样做的。'凭借这个,所以不害怕。"齐孝公就收兵回国了。

【评析】

在敌军兵临城下的危急时刻,鲁国的政治家们并没有因此胆战心惊而乱了手脚,也没有义愤填膺,而是想出了一个即使是在今天看来也依然是出人意料的高超的妙招:犒赏前来入侵的敌军,并辅之以令敌手无言以对的绝妙外交辞令,真是令人叫绝。

实际上,鲁国人之所以"有恃无恐",不仅是他们的先君曾有过"和平友好条约",更重要的是在于他们的自信——自信道义是站在自己这边的,自信自己对付入侵者游刃有余,也自信自己有与敌人放手一搏的实力。如果没有这些东西作后盾,那么也很难起到"一言"而让敌手退却的结果,毕竟来者不善,善者不来。既然敢于来犯,那么也就意味着来者不会顾及什么先君之盟。

人们所说的大义凛然,只有在这种关键时刻才会显露无遗,英雄本色也只有在这时才能彰显其伟大。战场上的刀光剑影、浴血奋战是一回事,谈判桌上的唇枪舌剑、巧妙应对又是一回事,并不一定非要真刀真枪地厮杀才算得上英雄。

晋楚城濮之战 （僖公二十七年、二十八年）

【题解】

鲁僖公二十八年（前632）,晋、楚在城濮发生了一次大规模的战役,这是春秋时期最著名的战争之一。当时的楚国,国富力强,实力雄厚,于是向北谋求发展,进而威胁着北方的一些诸侯国。晋国慢慢强大之后,当然要想尽一切办法来阻止楚国势力向北扩张,与楚国争夺诸侯的盟主地位。在这种争霸的诱因下,"城濮之战"的发生是不可避免的。

【原文】

楚子将围宋①,使子文治兵于睽②,终朝而毕,不戮一人。子玉复治兵于蒍,终日而毕,鞭七人,贯三人耳③。国老皆贺子文④,子文饮之酒⑤。蒍贾尚幼,后至,不贺。子文问之,对曰:"不知所贺。子之传政于子玉,曰:'以靖国也。'靖诸内而败诸外，所获几何？子玉之败，子之举也。举以败国，将何贺焉？子玉刚而无礼，不可以治民⑥。过三百乘，其不能以入矣⑦。苟入而贺，何后之有？"

【注释】

①楚子：指楚成王。楚在春秋五等爵中为"子"，故称。②治兵：演习兵事。③贯：刺穿。④国老：退休的老臣。贺子文：贺他举荐得人。⑤饮（yìn）：使……饮之：这里指代国老。⑥治民：此当指治军。⑦入：返回国家。

【译文】

楚成王准备包围宋国，于是派遣子文在睽地演习作战，一早上就结束了，没有处罚一个人。后来子玉又在蒍地演习作战，一天才结束，就鞭打了七个人，还用箭刺穿了三个人的耳朵。退休的老臣都祝贺子文推荐得人，子文招待他们喝酒。蒍贾年纪还小，迟到了，也没有向他祝贺。子文问他为什么不祝贺，他回答说："不知道要祝贺什么。您把政权传给子玉，说'要使国家安定'，可是在国内安定了，在国外却失败了，所得到的有多少呢？子玉的对外作战失败，是由于您的推举。推举而使国家失败，有什么可贺的呢？子玉刚愎自用而又没有礼貌，不能让他治理军民，如果他率领的兵车超过三百辆，恐怕就不能回来了。如果能回来，到那时候再祝贺，有什么晚的呢？"

【原文】

冬，楚子及诸侯围宋①，宋公孙固如晋告急。先轸曰："报施救患，取威定霸，于是乎在矣。"狐偃曰："楚始得曹而新昏于卫，若伐曹、卫，楚必救之，则齐、宋免矣。"于是乎蒐于被庐②，作三军。谋元帅。赵衰曰："郤縠可。臣亟闻其言矣③，说礼乐而敦《诗》《书》④。《诗》《书》，义之府也。礼乐，德之则也。德义，利之本也。《夏书》曰：'赋纳以言⑤，明试以功，车服以庸⑥。'君其试之。"及使郤縠将中军，郤溱佐之；使狐偃将上军，让于狐毛，而佐之；命赵衰为卿⑦，让于栾枝、先轸。使栾枝将下军，先轸佐之。荀林父御戎⑧，魏犨为右。

【注释】

①诸侯：这里指陈、蔡、郑、许等国。②蒐：检阅，阅兵。③亟：多次。④敦：崇尚。⑤赋纳：广泛听取。⑥庸：报酬。⑦为卿：即为下军将。⑧御戎：为晋文公驾车。御，驾车。戎，兵车。

【译文】

僖公二十七年的冬季，楚成王和诸侯包围宋国。宋国的公孙固到晋国报告紧急情况。先轸说："报答馈赠，救援患难，取得威望，成就霸业，都在这里了。"狐偃说："楚国刚刚得到曹国，最近又和卫国结为婚姻之国，如果攻打曹、卫两国，楚国必定救援，那么齐国和宋国就可以免于危险了。"于是，晋国在被庐阅兵，建立了三军，同时也商量谁是元帅的最佳人选。赵衰说："郤縠可以。我多次听到他的话，他爱好礼乐而重视《诗》《书》。《诗》《书》，是道义的府库；礼乐，是道德的表率；德义是利益的根本。《夏书》说：'选取人要依据他的言论，公开试用人要依据他办事的情况，赏赐车马衣服要依据他的功绩。'您不妨试一下！"于是晋国派郤縠率领中军，郤溱辅助他。派狐偃率领上军，狐偃让给狐毛而自己辅助他。任命赵衰为卿，赵衰让给栾枝、先轸。命栾枝率领下军，先轸辅助他。荀林父驾御战车，魏犨作为车右。

【原文】

晋侯始入而教其民①，二年，欲用之。子犯曰："民未知义，未安其居。"于是乎出定襄王，入务利民，民怀生矣②，将用之。子犯曰："民未知信，未宣其用。"于是乎伐原以示之信。民易资者不求丰焉③，明征其辞④。公曰："可矣乎？"子犯曰："民未知礼，未生其共⑤。"于是乎大蒐以示之礼，作执秩以正其官⑥，民听不惑而后用之⑦。出穀戍，释宋围，一战而霸，文之教也。

【注释】

①始入：指僖公二十四年重耳从秦国返回晋国。教：教化，训练。②怀：眷恋。生：生计，产业。③易资：交易，做买卖。④明征其辞：说话算话。⑤共：恭敬之心。⑥作：设置。执秩：主管禄位爵位的官。⑦听：辨别能力。

【译文】

晋文公刚一返回晋国就教导百姓。过了两年，就想使用他们。子犯说："百姓还不知道道义，还没能各安其位。"于是晋文公就对外安定了周襄王的君位，回国后致力于便利百姓，百姓就各安于他们的生活了。晋文公又打算使用他们，子犯说："百姓还不知道信用，没有表现出可被使用的意愿。"于是晋文公就攻打原国来让百姓看到信用，百姓做买卖不求暴利，明码实价，各无贪心。晋文公说："可以使用他们了吗？"子犯说："百姓还不知道礼仪，还没有产生恭敬之心。"于是晋文公就举行盛大阅兵来让百姓看到礼仪，建立执秩的官职来规定主管官员的职责。等到百姓能够听到事情而没有疑惑，然后才使用他们。他们赶走榖地的驻军，解除宋国的包围，一次战争就称霸诸侯，这都是文公的教化啊。

【原文】

二十八年春，晋侯将伐曹，假道于卫，卫人弗许。还①，自南河济。侵曹伐卫②。正月戊申，取五鹿。二月，晋郤縠卒。原轸将中军，胥臣佐下军，上德也。晋侯、齐侯盟于敛盂。卫侯请盟③，晋人弗许。卫侯欲与楚④，国人不欲，故出其君以说于晋⑤。卫侯出居于襄牛。

【注释】

①还：往回走。②侵、伐：进攻者有声讨的理由，鸣金击鼓来声讨其罪的进攻叫伐；否则叫侵。③请盟：请求与齐、晋结盟。④与：亲近，亲附。⑤出：逐出。说：同悦，讨好。

【译文】

僖公二十八年的春季，晋文公准备攻打曹国，向卫国借路，卫国没同意。晋军只好回来，绕道从卫国南边渡过黄河，入侵曹国，攻打卫国。正月初九日，攻占了五鹿。二月，郤縠死了。原轸从下军佐越级被提拔为中军将，胥臣辅佐下军，这是因为他们重视将领的德。晋文公和齐昭公在敛盂结盟。卫成公请求参加盟约，晋国人不答应。卫成公想亲附楚国，国内的人们不愿意，所以赶走了他们的国君，来讨好晋国。卫成公离开国都住在卫国的襄牛。

【原文】

公子买戍卫，楚人救卫，不克①。公惧于晋，杀子丛以说焉②。谓楚人曰："不卒戍也③。"

【注释】

①克：胜利。②说焉：取悦于晋。③不卒戍：不能完成防守任务。

【译文】

公子买在卫国驻守，楚国人救援卫国，以失败告终。鲁僖公害怕晋国，杀了公子买来讨好晋国。并欺骗楚国人说："他没有完成驻守任务就想回来，所以杀了他。"

【原文】

晋侯围曹，门焉①，多死，曹人尸诸城上②，晋侯患之，听舆人之谋曰称："舍于墓③。"师迁焉，曹人凶惧④，为其所得者棺而出之，因其凶也而攻之。三月丙午，入曹。数之⑤，以其不用僖负羁而乘轩者三百人也。且曰："献状⑥。"令无入僖负羁之宫而免其族，报施也。魏犨、颠颉怒曰："劳之不图⑦，报于何有！"爇僖负羁氏⑧。魏犨伤于胸，公欲杀之而爱其材，使问，且视之。病，将杀之。魏犨束胸见使者曰："以君之灵，不有宁也。"距跃三百⑨，曲踊三百⑩。乃舍之。杀颠颉以徇于师，立舟之侨以为戎右⑪。

【注释】

①门：攻打城门。②尸：尸体。这里用作动词，把尸体陈列出来的意思。③称：声言。舍于墓：意思是在曹国人的墓地宿营。④凶惧：惊扰害怕。⑤数：数说，列举其罪状而责问。⑥献状：供认罪状。⑦劳：功劳。⑧爇（ruò）：焚烧。⑨距跃：朝上跳。三百：形容多次。⑩曲踊：向前跳。⑪舟之侨：本虢大夫而投奔晋国者。

【译文】

晋文公发兵包围曹国，攻打城门，战死了很多人。曹军把晋军的尸体陈列在城上，晋文公很担心。听了士兵们的主意，说："在曹国人的墓地宿营"。军队转移,曹国人很害怕,就把他们得到的晋军的尸体都装进棺材运出来,晋军趁着曹军恐惧而攻城。三月初八日,晋军进入曹国,晋文公责备曹国不任用僖负羁,做官坐车的反倒有三百人,并且说当年观看自己洗澡,现在罪有应得。下令不许进入僖负羁的家里,同时赦免他的族人,这是为了报答当年的恩惠。魏犨、颠颉发怒说:"不替有功劳或者苦劳的人着想,却只想着报答僖负羁。"于是他们放火烧了僖负羁的家。魏犨胸部受伤,晋文公想杀死他,但又爱惜他的才能,派人去慰问,同时观察病情。如果伤势很重,就准备杀了他。魏犨捆扎好胸膛出见使者,说:"托国君的福,我很好!"说着就向前跳跃多次,又屈身向上跳跃多次。于是晋文公就饶恕了他。然后杀死颠颉通报全军,立舟之侨作为车右。

【原文】

宋人使门尹般如晋师告急。公曰:"宋人告急,舍之则绝①,告楚不许。我欲战矣,齐、秦未可,若之何?"先轸曰:"使宋舍我而赂齐、秦,藉之告楚②。我执③曹君而分曹、卫之田以赐宋人。楚爱曹、卫,必不许也。喜赂怒顽④,能无战乎?"公说,执曹伯,分曹、卫之田以畀宋人⑤。

【注释】

①舍:丢弃不管。绝:晋、宋关系就要断绝。②藉:凭借,依靠。③执:拘捕,抓住。④顽:顽固。指楚国不肯解围。⑤畀(bì):给。

【译文】

宋国派门尹般到晋军中报告危急情况。晋文公说:"宋国来报告紧急情况,如果不去救他就等于选择了断绝交往,请求楚国解除对宋国的包围,他们又不答应。我们想作战,齐国和秦国又不同意,这该如何是好呢?"先轸说:"让宋国丢开我国而去给齐国、秦国赠送财礼,通过他们两国去请求楚国撤兵。我们逮住曹国国君,把曹国、卫国的田地分给宋国。楚国喜欢曹国、卫国,肯定不会答应齐国和秦国的请求。齐国和秦国喜欢宋国的财礼,而对楚国的顽固态度异常恼怒,这样的话还能不打仗吗?"晋文公听后很高兴,于是拘捕了曹共公,把曹国和卫国的田地分给了宋国人。

【原文】

楚子入居于申①，使申叔去谷②，使子玉去宋，曰："无从晋师③。晋侯在外十九年矣，而果得晋国。险阻艰难，备尝之矣；民之情伪④，尽知之矣。天假之年，而除其害⑤。天之所置，其可废乎？《军志》曰：'允当则归。'又曰：'知难而退。'又曰：'有德不可敌。'此三志者⑥，晋之谓矣。"子玉使伯棼请战，曰："非敢必有功也，愿以间执谗慝之口⑦。"王怒，少与之师，唯西广、东宫与若敖之六卒实从之。

【注释】

①入：进入。②去谷：撤离谷地。③从：追赶。这里是周旋、交战的意思。④情伪：真假。情，实。⑤害：指晋怀公、吕饴甥等人。⑥志：记载。⑦间执：堵塞。

【译文】

楚成王进入申城并住了下来，下令让申叔离开谷地，让子玉离开宋国，并说："不要进逼晋国军队！晋文公在外边十九年了，而最终还是得到了晋国。可谓是什么险阻艰难都尝过了；民情真假也都了如指掌了。上天给予他高寿，同时又除去了他的政敌，上天所设置的，难道可以废除吗？《军志》说：'适可而止。'又说：'知难而退。'又说：'有德的人不能抵挡。'这三条记载，适用于晋国。"子玉派遣伯棼向成王请战，说："我不敢说一定有功劳，但愿意以此堵住那些奸邪小人的嘴。"楚成王很生气，于是就给了他少量的军队，只有西广、东宫和若敖的一百八十辆战车跟随而去。

【原文】

子玉使宛春告于晋师曰："请复卫侯而封曹，臣亦释宋之围。"子犯曰："子玉无礼哉！君取一，臣取二，不可失矣①。"先轸曰："子与之②。定人之谓礼，楚一言而定三国，我一言而亡之。我则无礼，何以战乎？不许楚言，是弃宋也。救而弃之，谓诸侯何？楚有三施，我有三怨，怨仇已多，将何以战？不如私许复曹、卫以携之③，执宛春以怒楚，既战而后图之。"公说，乃拘宛春于卫，且私许复曹、卫。曹、卫告绝于楚④。

【注释】

①不可失：不可失去战斗的时机。②与：答应。③携：离间。④告绝：宣布绝交。

【译文】

子玉派宛春到晋国军中报告说："请恢复卫侯的君位，同时把土地一并退还给曹国，我也解除对宋国的包围。"子犯说："子玉无礼啊！君王得到的只是解除对宋国的包围一项好处，而他得到的却是复卫、封曹两项好处。这次打仗的机会不可失掉了。"先轸说："君王应该答应他的请求。安定别人叫作礼，楚国人一句话安定三国，我们一句话而使它们灭亡。我们就无礼，那我们拿什么来作战呢？不答应楚国的请求，这是抛弃宋国；救援了又抛弃他，将对诸侯说什么？楚国有三项恩惠，我们有三项怨仇，怨仇已经太多了，我们准备拿什么作战？不如私下里答应恢复曹国和卫国来离间他们，逮了宛春来激怒楚国，恢复曹、卫两国的问题，等打仗以后再说。"晋文公很高兴。于是把宛春囚禁在卫国，同时私下里答应恢复曹、卫。曹、卫就与楚国断绝了邦交。

【原文】

子玉怒，从晋师①。晋师退。军吏曰："以君辟臣，辱也。且楚师老矣，何故退？"子犯曰："师直为壮，曲为老。岂在久乎？微楚之惠不及此②，退三舍辟之，所以报也。背惠食言，以亢其仇③，我曲楚直。其众素饱④，不可谓老。我退而楚还，我将何求？若其不还，君退臣犯，曲在彼矣。"退三舍。楚众欲止，子玉不可。

【注释】

①从晋师：撤离宋国来追逐晋军。②微：没有。③亢：捍卫，庇护。④饱：指士气饱满。

【译文】

子玉发怒，追逐晋军。晋军撤退。军吏说："以国君的身份而躲避臣下，这是奇耻大辱；而且楚军已经疲劳，士气低落，我们为什么还要退走？"子犯说："出兵作战，有理就气壮，无理就气衰，哪里还管在外边时间的长短呢？假如没有楚国的恩惠，我们到不了这里。退九十里躲避他们，就是作为报答。背弃恩惠而说话不算数，并且庇护他们的敌人，我们理屈而楚国理直，加上他们的士气一向饱满，不能认为是衰疲。我们退走而楚军回去，我们还要求什么？假若他们不回去，国君退走，而臣下进犯，他们就理屈了。"晋军后退九十里。楚国将士要停下来，子玉不答应。

【原文】

夏四月戊辰，晋侯、宋公、齐国归父、崔夭、秦小子憖次于城濮。楚师背郄①而舍，晋侯患之，听舆人之诵，曰："原田每每②，舍其旧而新是谋。"公疑焉③。子犯曰："战也。战而捷，必得诸侯。若其不捷，表里山河④，必无害也。"公曰："若楚惠何？"栾贞子曰："汉阳诸姬，楚实尽之，思小惠而忘大耻，不如战也。"晋侯梦与楚子搏，楚子伏己而盬其脑⑤，是以惧。子犯曰："吉。我得天⑥，楚伏其罪，吾且柔之矣⑦。"

【注释】

①郄（xī）：山岭险阻处。②原田：高而平的田。每每：茂盛的样子。③疑：迟疑不决。④表里山河：外有河，内有山。指可以坚守，没有危害。⑤盬（gǔ）：吸。⑥得天：晋侯仰面，所以得天。⑦柔之：将他驯服。

【译文】

夏季四月初一，晋文公、宋成公、齐国大夫归父、崔夭、秦国公子小子憖驻在城濮。楚军背靠着险要的地方扎营，晋文公对此很担心。他听到士兵们念诵的歌词说："休耕田里的草茂盛地生长起来，应该去掉旧根考虑播新种了。"晋文公心中疑虑。子犯说："出战吧！战而得胜，一定会得到诸侯的拥护；即使是不胜，我国外有大河，内有高山，也一定不会受到什么害处。"晋文公说："那对楚国的恩惠怎么办？"栾贞子说："汉水以北的姬姓诸国，全被楚国吞并完了。想着过去的小恩小惠，而忘记这个大耻大辱，不如同楚国打一仗。"晋文公夜里梦到和楚王搏斗，楚王伏在自己身上吸自己的脑浆，晋文公因而很害怕。子犯说："这是吉利的征兆。我们得到天助，楚王面向地认罪，我们会驯服他的。"

【原文】

子玉使斗勃请战，曰："请与君之士戏①，君冯轼而观之②，得臣与寓目焉。"晋侯使栾枝对曰："寡君闻命矣。楚君之惠未之敢忘，是以在此。为大夫退，其敢当君乎？既不获命矣③，敢烦大夫谓二三子④，戒尔车乘⑤，敬尔君事⑥，诘朝将见⑦。"

【注释】

①戏：角力较量。这里是打仗的一种委婉说法。②冯轼：靠着车前横木。冯，同凭。③获命：获停战之命。④二三子：诸位。⑤戒：备。⑥敬：严肃、谨慎。君事：犹言国事。⑦诘朝（jié zhāo）：明晨。

【译文】

子玉派遣斗勃来请战，对晋文公说："我请求和君王的斗士作一次角力游戏，您可以靠在车横板上观看，我子玉也可以借您的光看一看。"晋文公派遣栾枝回答说："我们国君知道您的意思了。楚君的恩惠我们不敢忘记，所以才退到这里。对大夫子玉我们都要退让，又怎么敢抵挡楚君呢？既然大夫没有得到停战命令，那就劳烦大夫对贵部将士们说：'准备好你们的战车，对于你们国君的大事要好好干，明天早晨战场上见。'"

【原文】

晋车七百乘，韅、靷、鞅、靽①。晋侯登有莘之虚以观师②，曰："少长有礼，其可用也。"遂伐其木以益其兵③。己巳，晋师陈于莘北，胥臣以下军之佐当陈、蔡。子玉以若敖六卒将中军，曰："今日必无晋矣。"子西将左，子上将右。胥臣蒙马以虎皮，先犯陈、蔡④。陈、蔡奔，楚右师溃。狐毛设二旆而退之。栾枝使舆曳柴而伪遁，楚师驰之⑤。原轸、郤溱以中军公族横击之⑥。狐毛、狐偃以上军夹攻子西，楚左师溃。楚师败绩。子玉收其卒而止，故不败⑦。

【注释】

①韅（xiǎn）、靷（yǐn）、鞅、靽（bàn）：战马的皮甲之类。背上的甲名韅，胸前的名靷，马颈之革叫鞅，絷马足之绳叫靽。②有莘之虚：古莘国废墟，在今山东曹县西北。③兵：兵器。④犯：冲击。⑤驰：急追。⑥公族：晋公室子弟所组

成的军队。⑦不败：没有崩溃。

【译文】

晋国有七百辆战车，车马也已装备齐全。晋文公登上有莘的废城检阅军队，说："军位高低排列有序，合于礼，可以用来作战了。"就命令砍伐山上的树木，以增加武器。四月初二，晋军在莘北摆开阵势，下军副将胥臣领兵抵挡陈、蔡军队。子玉用若敖的一百八十乘率领中军，说："今天一定要灭掉晋国。"子西率领楚国左军，子上率领右军。胥臣把马蒙上老虎皮，先攻陈、蔡两军。陈、蔡联军奔逃，楚军的右翼部队溃散。晋国上军主将狐毛派出前军两队击退楚军的溃兵。栾枝让车子拖着木柴假装逃走，楚军追击，原轸、郤溱率领中军的公族拦腰袭击。狐毛、狐偃率领上军夹攻子西，楚国的左翼部队溃散。楚军大败。子玉及早收兵不动，所以他的直属部队没有溃败。

【原文】

晋师三日馆①，谷②，及癸酉而还。甲午，至于衡雍，作王宫于践土③。

【注释】

①馆：驻扎。这里指住在楚军军营。②谷：吃粮食，指吃缴获的楚军军粮。③王宫：指周襄王的行宫。践土：郑国地名，距离衡雍三十里。

【译文】

晋军在楚军营地休整了三天，吃缴获的楚军粮食，到四月初六才起程回国。二十七日，他们到达衡雍，在践土为周襄王建造了一座行宫。

【原文】

乡役之三月①，郑伯如楚致其师②，为楚师既败而惧，使子人九行成于晋。晋栾枝入盟郑伯。五月丙午，晋侯及郑伯盟于衡雍。丁未，献楚俘于王，驷介百乘③，徒兵千。郑伯傅王，用平礼也。己酉，王享醴，命晋侯宥。王命尹氏及王子虎、内史叔兴父策命晋侯为侯伯，赐之大辂之服④，戎辂之服⑤，彤弓一，彤矢百⑥，玈弓矢千⑦，秬鬯一卣⑧，虎贲三百人。曰："王谓叔父，敬服王命，以绥四国。纠逖王慝⑨。"晋侯三辞，从命。曰："重耳敢再拜稽首⑩，奉扬天子之丕⑪显休命。"受策以出，出入三觐。

【注释】

①乡（xiàng）：过去的，之前。②致其师：派兵助楚。③驷介：驷马而被甲者。④大辂：天子所乘车。服：指相应的礼服。⑤戎辂：戎车，战车。⑥彤弓、彤矢：用红色涂饰的弓、矢。⑦旅弓矢：黑色涂饰的弓矢。⑧秬鬯（jù chàng）：用黑黍加郁金草酿造的酒。卣（yǒu）：中性酒尊，椭圆形，大腹。⑨纠逖：纠察惩治。⑩敢：表敬副词，无意。⑪丕：大。显：明。休命：赏赐与命令。

【译文】

在城濮战前的三个月，郑文公派军队到楚国助战。现在郑文公因为楚军打了败仗而感到害怕，便派遣子人九向晋国求和。晋国的栾枝进入郑国和郑文公订立盟约。五月初九，晋文公和郑文公在衡雍结盟。初十，晋文公把楚国的战俘献给周襄王：驷马披甲的战车一百辆，步兵一千人。郑文公替周襄王主持典礼仪式，用的是周平王时的礼仪。十二日，周襄王用甜酒招待晋文公，并赐给晋文公加餐。周襄王命令尹氏和王子虎、内史叔兴父用策书任命晋文公为诸侯的领袖，赐给他一辆大辂车、一辆戎辂车以及相应的服装仪仗，红色的弓一把、红色的箭一百枝，黑色的弓十把和箭一千枝，黑黍加香草酿造的酒一卣，勇士三百人，并说："周王对叔父说：'恭敬地服从周王的命令，以安抚四方诸侯，检举惩治坏人。'"晋文公辞谢三次，然后接受命令，说："重耳谨再拜叩头，接受并发扬周天子的重大赏赐和命令。"晋文公接受了策书就离开成周。前后共三次去朝见周王。

【原文】

卫侯闻楚师败，惧，出奔楚，遂适陈，使元咺奉叔武以受盟。癸亥，王子虎盟诸侯于王庭，要言曰①："皆奖王室②，无相害也。有渝此盟，明神殛之，俾队其师③，无克祚国④，及而玄孙，无有老幼。"君子谓是盟也信，谓晋于是役也能以德攻。

【注释】

①要：约。②奖：辅助。③队：同坠，陨。④无克祚国：不能享有国家。

【译文】

卫成公听说楚军打了败仗，很是害怕，于是逃亡到楚国，后来又到了陈国，派遣元咺拥戴叔武去接受盟约。五月二十六，王子虎和诸侯在天子的庭院里盟誓，并立下誓言说："各位诸侯都要辅助王室，不能互相伤害！谁要违背盟约，就要受到神的诛杀，使他军队灭亡，不能享有国家，直到他的子孙后代，不论年长年幼，都逃不出惩罚。"君子认为这次结盟是诚信的，说晋国在这次战役中能够用道德来进攻。

【原文】

初，楚子玉自为琼弁玉缨①，未之服也。先战，梦河神谓己曰："畀余，余赐女孟诸之麋。"弗致也。大心与子西使荣黄谏，弗听。荣季曰："死而利国。犹或为之，况琼玉乎？是粪土也，而可以济师，将何爱焉？"弗听。出，告二子曰："非神败令尹，令尹其不勤民②，实自败也。"既败，王使谓之曰："大夫若入，其若申、息之老何？"子西、孙伯曰："得臣将死，二臣止之曰：'君其将以为戮。'"及连榖而死。晋侯闻之而后喜可知也，曰："莫余毒也已！蒍吕臣实为令尹，奉己而已③，不在民矣④。"

【注释】

①琼弁：马冠，戴在马鬃毛前，弁饰以琼玉。玉缨：玉饰的马鞅。②不勤民：不以民事为重。③奉己：言其自守，无大志。④不在民：不为人民考虑。

【译文】

当初，楚国的子玉自己制作了一套用美玉装饰的马冠马鞅，还没有使用。作战之前，子玉梦见黄河河神对他说："把它们送给我，我赐给你孟诸的沼泽地。"子玉不肯送给河神。他儿子大心和楚国大夫子西派荣黄去劝谏，子玉不听。荣黄说："死而有利于国家，尚且还要去做，何况是美玉呢？和国家比起来这不过是粪土罢了。如果可以帮助军队获胜，有什么值得吝惜的呢？"子玉仍然不肯。荣黄出来告诉两个人说："不是河神让令尹打败仗，而是令尹不以百姓的事情为重，实在是自取失败啊。"楚军战败之后，楚成王派使臣对子玉说："申、息的子弟大多伤亡了，大夫如果回来，怎么向申、息两地的父老交代呢？"子西、大心对使臣说："子玉本来要自杀的，我们两个阻拦他说：'不要自杀，国君还打算杀你呢。'"子玉到了连榖就自杀了。晋文公听说子玉自杀的消息以后，非常高兴，说："没有人再来加害于我了。楚国的蒍吕臣做令尹，只知道奉养自己罢了，是不会为百姓着想的。"

【评析】

交战之前，作品通过楚成王之口，说出了晋方的优势，最后归结为"有德不可敌"。也正是由于这个原因，楚成王才把军队撤到楚国境内，并下令子玉也撤兵。然而，子玉不同意撤兵，坚持要与晋方一战，这就把自己置于犯德的边缘上了。楚成王对子玉的主张持有异议，所以只拨给他数量有限的兵力，这也预示出楚方日后的失败。

尽管从文中的叙述可以得知这场战争具有鲜明的崇德倾向，然而，战争过程中并不乏权谋欺诈，其中所进行的外交活动尤其如此。楚方要求晋国宽释曹、卫两国，楚方则解除对宋国的围困。晋国却私下收买曹、卫两国，让它们与楚绝交，削弱对方的力量，从而在外交上取得主动，也为战争的胜利奠定了基础。

晋文公是第一次率兵参加规模如此浩大的战役，要说一点也不恐惧那是假的，对此，作品通过具体事件加以了说明。先是听到舆人之诵心中有所怀疑，担心这场战争是否有利。接着又提出真的开战是否背弃楚方对自己的恩惠。最后是梦见自己与楚王搏斗而且还处于劣势，梦象凶险。对于以上三件事，子犯都一一进行了解说，去掉晋文公的疑虑。子犯对前两件事的解说立足于现实，道出了晋国的有利条件及道德上的取舍依据，而对于梦象的解释则有点牵强附会，目的只是去掉晋文公的恐惧心理。

作品对城濮之战所进行的描述，并没有交代晋方事先的谋划，而是直接推出双方交战的镜头。然而，从战争的进程可以推测出，晋军在战前有精心的谋划调遣，要不然的话，交战时不会把突破点选择的那么准确，各支部队之间的配合也不会那么的默契。作品对楚军败北所做的叙述非常简略，但是从结尾的交代中能够推测到它撤退时的匆忙。晋军胜利后三天所吃的全部是楚军遗留的粮食，由此可见楚军是狼狈逃窜，连粮食都没来得及带走。这场战役是晋文公称霸的标志，战争胜利后，周襄王册封晋文公为霸主。

烛之武退秦师

（僖公三十年）

【题解】

烛之武的游说之辞之所以能够奏效，最主要的原因就在于他洞悉了秦、晋之间的利益矛盾，并把这种矛盾的利害关系对秦君做了清晰明确的分析。烛之武说服秦伯的另一个原因还在于他对说话者心理的把握。谁都知道烛之武的目的是为自己的国家解围，可是他在言辞上却好像每时每刻都是在为秦国考虑。这是一种高明的论辩技巧。

【原文】

九月甲午，晋侯、秦伯围郑①，以其无礼于晋，且贰于楚也②。晋军函陵，秦军氾南。佚之狐言于郑伯曰③："国危矣，若使烛之武见秦君，师必退。"公从之。辞曰："臣之壮也，犹不如人，今老矣，无能为也已。"公曰："吾不能早用子，今急而求子，是寡人之过也。然郑亡，子亦有不利焉。"许之。

【注释】

①秦伯：秦穆公。②贰于楚：对晋贰而结好于楚。③佚之狐：郑大夫。郑伯：郑文公。

【译文】

鲁僖公三十年九月初十日，晋文公和秦穆公联合起来包围了郑国，因为郑国曾对晋国无礼，并且亲近楚国。晋军驻扎在函陵，秦军驻扎在氾南。佚之狐对郑文公说："国家处于危急之中，如果派遣烛之武去进见秦君，军队必然退走。"郑文公采纳了这个建议，便请烛之武去进见秦君，烛之武推辞说："下臣年壮的时候，尚且不如别人；现在老了，更是无能为力了。"郑文公说："我没能及早任用您，现在国家遇到危急了才来求您，这是我的过错。然而郑国灭亡了，对您也没什么好处啊。"于是烛之武就答应了。

【原文】

夜缒而出①,见秦伯,曰:"秦、晋围郑,郑既知亡矣。若亡郑而有益于君,敢以烦执事。越国以鄙远,君知其难也,焉用亡郑以陪邻。邻之厚,君之薄也。若舍郑以为东道主,行李之往来②,共其乏困③,君亦无所害。且君尝为晋君赐矣,许君焦、瑕,朝济而夕设版焉④,君之所知也。夫晋何厌之有?既东封郑⑤,又欲肆其西封⑥,不阙秦⑦,将焉取之?阙秦以利晋,唯君图之。"秦伯说,与郑人盟,使杞子、逢孙、扬孙戍之,乃还。

【注释】

①缒:用绳子缚在身上吊下城。②行李:使臣。③共:同供。④设版:即设防。古代修城以版为夹,中实土。⑤封:此指占有土地,扩张自己的领地。⑥肆:任意。⑦阙:同缺,亏损,损害。

【译文】

夜里,郑国人用绳子把烛之武从城上吊到城外,去进见秦穆公,说:"秦、晋两国包围郑国,郑国已经知道自己要灭亡了。假如灭亡郑国而对君王有好处,那是值得劳烦君王左右随从的。越过别国而以远方的土地作为边邑,君王知道是不容易的,哪里用得着灭亡郑国来增加邻国的土地呢?邻国实力加强,就是君王的削弱。如果赦免郑国,让他做东路上的主人,使者的往来,供应他所缺少的一切东西,对君王也没有害处。而且君王曾经把好处赐给晋国国君了,他答应给君王焦、瑕两地,早晨过河回国,晚上就设版筑城,这是君王所知道的。晋国哪有满足的时候,他不仅在东边向郑国开拓土地,又在西边肆意扩大它的土地。如果不损害秦国,还能到哪里去取得土地呢?损害秦国而让晋国得到好处,还望您考虑考虑这件事情吧。"秦穆公听了烛之武的话很高兴,就同郑国人结盟,派遣杞子、逢孙、杨孙在郑国戍守,自己领兵回国了。

【原文】

子犯请击之,公曰:"不可。微夫人力不及此①。因人之力而敝之②,不仁。失其所与③,不知④。以乱易整⑤,不武。吾其还也。"亦去之。

【注释】

①夫人：那个人，指秦穆公。②敝：失败，此指伤害。③与：友好。④知：同智。⑤乱：动乱，指关系破裂、互相攻伐。整：互相友好和睦。

【译文】

子犯请求晋文公出兵袭击秦军。晋文公说："不能这么做。假如没有那个人的力量，我们不会有今天这个地位。靠了别人的力量，反而损害他，这是不讲仁德；失掉了同盟国家，这是不明智；用矛盾冲突来代替团结一致，这是不威武。我们还是回去吧。"晋文公也就撤军回国。

【评析】

古往今来的说客或外交家，除了有高超的雄辩之才，善于动之以情晓之以理之外，往往善于抓住利害关系这个关键，在利害关系上寻找突破口或者弱点，从而获得成功。烛之武凭三寸不烂之舌说退秦军，不费一兵一卒为郑国解了围，真可谓是"不战而屈人之兵"。

郑国自从郑庄公死后，国势便逐渐下降。更不幸的是，郑国位于中原的中心区域，南边的楚国和北边的晋国一动手较量，它总是第一个蒙受灾难，被强邻的战车一次次地碾压。因为两头受气，郑国人练就了圆滑的夹缝生存技巧，诞生了很多非常出色的外交人才，这一节中的烛之武就是其中的佼佼者。

烛之武劝秦国退兵，运用的就是现在的"地缘政治"理论。郑国与晋国近邻，跟秦国却隔了一千多里地，就算是郑国亡了，土地只会就近被晋国吞并，怎么也不会轮到做秦国的属地。秦穆公恍然大悟，于是反过来跟郑国结盟防御晋国。

在一个各自为利益纷争并且没有权威的时代，利益原则便是行动的最高原则，精明的说客或外交家必定深谙此道。以利益作为交往原则，关系不可能无懈可击，也不可能牢不可破。甚至可以说，晓之以利益，动之以利益，往往比别的手段更见效。就像烛之武去游说秦穆公，假如秦穆公觉得无利可图，他会甘愿罢休吗？

秦晋殽之战 （僖公三十二年、三十三年）

【题解】

秦穆公本打算趁晋文公刚刚去世，同时把两年前留下来帮郑国守卫的那些人马改制成"第五纵队"，配合远征军偷袭灭掉郑国，从而千里跃进中原，争夺霸主的地位。在当时各种因素的制约下，这明摆着是"不可能完成的任务"。最后的结果是惨不忍睹的远征军全军覆没，做了他万丈雄心的陪葬。

【原文】

冬，晋文公卒。庚辰，将殡于曲沃①，出绛，柩有声如牛。卜偃使大夫拜，曰："君命大事②。将有西师过轶我③，击之，必大捷焉。"

【注释】

①殡：把灵柩埋葬进墓穴。②大事：战争、祭祀等类事。③轶：超越。

【译文】

鲁僖公三十二年的冬天，晋文公去世。十二月初十这一天，人们准备把棺材葬进墓穴，离开绛城后，棺材里发出一种像牛叫的声音。卜偃请大夫跪拜，说："国君发布军事命令，西边将会有军队过境袭击我国，假如攻击他们，我们必定大胜。"

【原文】

杞子自郑使告于秦，曰："郑人使我掌其北门之管①，若潜师以来，国可得也。"穆公访诸蹇叔②，蹇叔曰："劳师以袭远，非所闻也。师劳力竭，远主备之，无乃不可乎！师之所为，郑必知之。勤而无所③，必有悖心④。且行千里，其谁不知？"公辞焉。召孟明、西乞、白乙，使出师于东门之外。蹇叔哭之，曰："孟子，吾见师之出而不见其入也。"公使谓之曰："尔何知？中寿⑤，尔墓之木拱矣。"

【注释】

①管：钥匙。②访：访问。这里有请教之意。③勤而无所：辛苦一场而无所收获。④悖：违逆，背叛。⑤中寿：一般指六七十岁。

【译文】

杞子从郑国派人告诉秦国说："郑国人让我掌管他们国都北门的钥匙，假如现在秦国秘密派军队来攻打郑国，就可以占领他们的国都了。"秦穆公去问蹇叔。蹇叔说："在军队疲劳的情况下去侵袭相距遥远的地方，我从没听说过。军队疲劳，力量衰竭，远地的国家有防备，恐怕不行吧！我们军队的行动，郑国一定知道，费力气不讨好，士兵一定会有抵触情绪。而且行军走一千里，能不被别人知道吗？"秦穆公不接受他的意见。召见孟明、西乞、白乙，让他们在东门外出兵。蹇叔哭着送他们说："孟子，我看到军队出去而看不到回来了！"秦穆公派人对他说："你懂什么？假如你六七十岁死了，你坟上的树木已经合抱了。"

【原文】

蹇叔之子与师，哭而送之，曰："晋人御师必于殽①。殽有二陵焉。其南陵，夏后皋之墓也②；其北陵，文王之所辟风雨也。必死是间，余收尔骨焉。"秦师遂东。

【注释】

①殽：殽山，在今河南洛宁县西北六十里。②夏后皋：夏帝皋。后：帝，天子。

【译文】

蹇叔的儿子也在军队里，蹇叔哭着去送他，说道："晋国人必定在殽山抵御我军，殽山有两座山陵。它的南陵，是夏后皋的坟墓；它的北陵，是文王曾避过风雨的地方。你必定死在两座山陵之间，我去那里为你收尸吧！"秦国军队就向东进发了。

【原文】

三十三年春，秦师过周北门，左右免冑而下。超乘者三百乘①。王孙满尚幼，观之，言于王曰："秦师轻而无礼，必败。轻则寡谋，无礼则脱②。入险而脱，又不能谋，能无败乎？"及滑，郑商人弦高将市于周③，遇之。以乘韦先④，牛十二犒师，曰："寡君闻吾子将步师出于敝邑，敢犒从者，不腆敝邑⑤，为从者之淹⑥，居则具一日之积，行则备一夕之卫。"且使遽告于郑⑦。

【注释】

①超乘：跳跃着上车。这是轻浮无礼的动作。②脱：脱略，粗心。③市：买卖商品。④乘韦：四张熟牛皮。乘，四。先：古时送礼，先送薄礼，再送厚礼。⑤不腆：不丰厚。⑥淹：耽搁，淹滞。⑦遽告：急忙报告。遽，驿车。

【译文】

鲁僖公三十三年的春季，秦国军队经过周王城北门的时候，战车上除御者以外，车左、车右都脱去头盔下车致敬，随即跳上车去的有三百辆战车的将士。当时王孙满年纪还小，看到这种情况后，对周襄王说："秦国军队既不庄重也没有礼貌，一定会战败。不庄重就缺少计谋，无礼貌就不严肃。进入险地而满不在乎，又没有谋略，能够不打败仗吗？"秦军到达滑国，郑国的商人弦高准备到成周做买卖，碰到秦军，先送秦军四张熟牛皮作引礼，再送十二头牛犒劳军队，说："寡君听说您准备行军经过敝邑，特命我来犒赏您的随从。尽管敝邑贫乏，但是为了您的随从在这里停留，你们若住下我们就预备一天的供应，若离开就准备一夜的保卫。"弦高同时又派传车紧急地向郑国报告。

【原文】

郑穆公使视客馆，则束载、厉兵、秣马矣①。使皇武子辞焉，曰："吾子淹久于敝邑，唯是脯资饩牵竭矣②。为吾子之将行也，郑之有原圃，犹秦之有具囿也。吾子取其麋鹿，以闲敝邑③，若何？"杞子奔齐，逢孙、扬孙奔宋。孟明曰："郑有备矣，不可冀也④。攻之不克，围之不继，吾其还也。"灭滑而还。

【注释】

①束载：捆束行李。厉兵：磨砺兵器。秣马：喂马。②脯资饩牵：泛指食物。脯，干肉。资，粮食。饩，已杀的牲口。牵，未杀的牲口。③闲：此指减轻负担。④不可冀：指没有希望灭郑。

【译文】

郑穆公派人去视察杞子等人的馆舍，发现他们已经装束完毕、磨利武器、喂饱马匹了。派皇武子辞谢他们，说："大夫们住在这里有一段时间了，敝邑的干肉、粮食、牲口都竭尽了。大夫们将要离开了，郑国的有原圃，就如同秦国的有具圃，大夫们可以随意猎取麋鹿，同时也会减轻敝邑的负担，你们看怎么样？"于是杞子逃到齐国，逢孙、杨孙逃到宋国。孟明说："郑国已经做好了准备，不能再抱有侥幸心理了。攻打郑国不能取胜，包围它又没有后援，我们还是回去吧。"于是他们灭掉了滑国后就回去了。

【原文】

齐国庄子来聘①，自郊劳至于赠贿②，礼成而加之以敏③。臧文仲言于公曰："国子为政，齐犹有礼，君其朝焉。臣闻之，服于有礼，社稷之卫也④。"

【注释】

①国庄子：即国归父。②赠贿：聘事结束，宾行，舍于郊外。③敏：审视，恰当。④卫：保障。

【译文】

齐国的国庄子前来聘问，从郊外迎接一直到赠礼送行，礼节都非常周到，仪容也好。臧文仲对僖公说："国子执政，齐国还是有礼的，君王去朝见吧！下臣听说：对有礼之邦顺服，这是国家的保障。"

【原文】

晋原轸曰："秦违蹇叔，而以贪勤民，天奉我也①。奉不可失，敌不可纵。纵敌患生，违天不祥。必伐秦师。"栾枝曰："未报秦施而伐其师，其为死君乎②？"先轸曰："秦不哀吾丧而伐吾同姓③，秦则无礼，何施之为？吾闻之，一日纵敌，数世之患也。谋及子孙，可谓死君乎？"遂发命，遽兴姜戎④。子墨衰绖⑤，梁弘御戎，莱驹为右。

【注释】

①奉：送。②其为死君乎：全句意为难道心目中还有死去的君王吗？死君，

指晋文公，时在殡，故称。为，有。③同姓：指滑国，与晋皆姬姓。④兴：聚集，动员。⑤子：指文公子襄公骓，君死未葬，故称子。墨：染黑。衰绖：丧服。

【译文】

晋国的先轸说："秦君违背蹇叔的话，都是因为贪婪而致劳动百姓，这是上天赋予我们的好机会。给予的不能丢失，所以不能放走敌人。放走敌人，就会发生祸患；违背天意，就不吉利。所以一定要攻打秦国军队。"栾枝说："没有报答秦国的恩惠而进攻他的军队，你们心目中还有死去的国君吗？"先轸说："我们有丧事发生，秦国不但不悲伤，反而攻打我们的同姓国家，他们这么做就是无礼，还讲什么恩惠？我听说：'一日放走敌人，这是几代的祸患。'为子孙后代打算，这样有话对死去的国君说了吧！"于是就发布起兵的命令，动员姜戎的军队。晋襄公把丧服染成黑色，梁弘驾御战车，莱驹作为车右。

【原文】

夏四月辛巳，败秦师于殽，获百里孟明视、西乞术、白乙丙以归，遂墨以葬文公。晋于是始墨①。

【注释】

①始墨：开始以黑色为丧服。

【译文】

鲁僖公三十三年四月十三日，在殽山把秦国军队打得大败，同时还俘虏了百里孟明视、西乞术、白乙丙三个指挥官。随后穿着黑色的丧服来安葬晋文公。晋国从此以后都开始使用黑色丧服。

【原文】

文嬴请三帅，曰："彼实构吾二君①，寡君若得而食之②，不厌，君何辱讨焉③！使归就戮于秦，以逞寡君之志，若何？"公许之，先轸朝。问秦囚。公曰："夫人请之，吾舍之矣。"先轸怒曰："武夫力而拘诸原④，妇人暂而免诸国⑤。堕军实而长寇仇⑥，亡无日矣。"不顾而唾。公使阳处父追之，及诸河，则在舟中矣。释左骖，以公命赠孟明。孟明稽首曰："君之惠，不以累臣衅鼓⑦，使归就戮于秦，寡君之以为戮，死且不朽。若从君惠而免之，三年将拜君赐。"

【注释】

①构：挑拨离间。指引起这场战争。②寡君：指秦穆公。文嬴是秦女，故称。③讨：此指惩罚。④原：原野。此指战场。⑤暂：通渐，欺骗。⑥堕：同隳，即毁，毁弃，丢掉。军实：战果。⑦累臣：被囚系的臣子，指俘虏。衅鼓：以血涂在鼓上。

【译文】

文嬴请求把三位指挥官释放回国，说："他们挑拨我们两国国君，寡君若是抓到他们，吃他们的肉还不能解恨呢，何必劳君王去讨伐呢？让他们回到秦国受诛杀，以使寡君快意，这样做不是更好吗？"晋襄公答应了。先轸上朝，问起秦国的囚犯，晋襄公说："母亲代他们提出请求，我就把他们放走了。"先轸生气地说："武人花力气在战场上逮住他们，女人说几句谎话就把他们放了，毁弃了战果而长了敌人的志气，晋国灭亡的日期不远了！"先轸不顾襄公就在地上吐唾沫。晋襄公派阳处父追赶放走的三个人，等追到黄河边上时，他们已经上船了。阳处父解下车左边的骖马，用晋襄公的名义赠送给他们。孟明叩头说："承蒙君王的恩惠，不用被囚之臣来祭鼓，让我们回到秦国去受诛戮。若是寡君杀了我们，死了以后名声不朽；若是依从君王的恩惠而赦免了我们，三年之后我们将会拜谢君王恩赐。"

【原文】

秦伯素服郊次①，乡师而哭曰②："孤违蹇叔以辱二三子，孤之罪也。不替孟明③，孤之过也。大夫何罪？且吾不以一眚掩大德④。"

【注释】

①郊次：驻扎在郊外。②乡：通向。③替：废除。④眚（shěng）：目病生翳，此指小错。

【译文】

秦穆公穿着素服住在郊外，对着被释放回来的将士痛哭流涕，并说："我没有听从蹇叔的话，致使你们几位受到侮辱，这是我的罪过。不撤回孟明的驻军，这也是我的过错，你们三位有什么罪？而且我不能用一次的过错来掩盖大德。"

【评析】

殽之战是春秋时期最著名的一场伏击战，交战双方是"睦邻友好"了多年的晋国和秦国。这一战之后，稳固了晋国的霸主地位，中止了秦国染指中原的念头，同时也揭开了后二十年秦晋之间拉锯战的帷幕。

通过对这次交战的叙述，文中涉及的人物形象，无论是主要人物，还是次要人物，无不性格鲜明，跃然纸上。

秦穆公的刚愎自用、知过能改，蹇叔的老成持重、远见卓识，先轸的忠直多谋、勇武暴烈，弦高的忠心爱国，机警灵活，王孙满的观察敏锐、聪颖过人等等，都给人留下了深刻的印象。而这些人物的思想性格又是通过他们自身的富有个性化的语言动作表现出来的。

常为人称道的蹇叔的三段话，内容都是直接或间接地谏诤秦穆公，但因说话对象不同，语气大有区别，符合特定的语境，使蹇叔的形象更为真实可亲、丰满完美。

六　文公

楚商臣弑君

（文公元年）

【题解】

　　楚成王最终被自己的儿子杀死，究其原因，是因为他没能听取令尹子上的劝告。起初，他曾经就立商臣为太子一事向子上征求意见，子上也向他明确指出这样做的后果。其不当之处有三：一是，成王年纪不大，还没到立太子之时而谋划此事；二是，成王多内宠，过早立太子可能导致因废黜而出现祸乱；三是，商臣生性残忍。子上把此举不妥之处一一说明，然而楚成王固执己见，结果咎由自取，终致杀身之祸。

【原文】

　　初，楚子将以商臣为太子①，访诸令尹子上。子上曰："君之齿未也。而又多爱②，黜乃乱也。楚国之举③，恒在少者。且是人也，蜂目而豺声，忍人也④，不可立也。"弗听。

【注释】

　　①楚子：楚成王。②爱：指内宠。③举：指立太子。④忍人：残忍的人。

【译文】

　　当初，楚成王准备立商臣为太子，于是他就征求令尹子上的意见。子上说："君王的年纪还不算大，而且内宠又多，如果立了商臣再加以废黜就可能会发生祸乱。楚国立太子，常常选择年轻的。而且商臣这个人，眼睛像胡蜂，声音像豺狼，是一个残忍的人，不能立为太子。"楚成王没有听从他的意见。

【原文】

　　既又欲立王子职而黜大子商臣。商臣闻之而未察①，告其师潘崇曰："若之何而察之？"潘崇曰："享江芈而勿敬也。"从之。江芈怒曰："呼，役夫②！宜君王之欲杀女而立职也。"告潘崇曰："信矣。"潘崇曰："能事诸乎③？"曰："不能。""能行乎？"曰："不能。""能行大事乎④？"曰："能。"

【注释】

　　①察：证实。②役夫：骂人的话，犹奴才。③诸：指王子职。④行大事：指举行政变，杀死成王。

【译文】

　　立商臣为太子后，楚成王又想立职为太子从而废掉商臣。商臣听到传闻但还不能证实此事，于是就去问他的老师潘崇，说："怎么样才能确定消息的真假呢？"潘崇说："你可以设宴招待江芈而故意表示对他不尊敬。"商臣这样做了。江芈发怒说："啊！贱东西！怪不得君王要杀掉你而立职做太子。"商臣告诉潘崇说："事情已经证实了。"潘崇说："你能事奉公子职吗？"商臣说："不能。"潘崇说："能逃亡出国吗？"商臣说："不能。"潘崇说："能够做大事吗？"商臣说："能。"

【原文】

　　冬十月，以宫甲围成王①。王请食熊蹯而死②。弗听。丁未，王缢。谥之曰："灵"，不瞑；曰："成"，乃瞑。

【注释】

　　①宫甲：太子宫中的武士。②熊蹯（fán）：熊掌。熊掌难熟，楚成王想借此拖延时间，等到救兵。

【译文】

　　文公元年冬天的十月份，商臣率领宫中的护卫军包围了楚成王的寝宫，并且逼成王自杀。成王请求吃了熊掌以后去死，商臣不答应。十八日，楚成王上吊自杀。给他上谥号称为"灵"，尸体不闭眼睛；谥为"成"，尸体才闭上眼睛。

【评析】

在当时的背景下，商臣出于对自身利益的考虑，也许会与楚成王的决策发生冲突。然而，如果没有外力的推波助澜，他或许不会走上弑君自立的邪恶道路。在这个过程中，他的老师潘崇就起到了这样的作用。起初，他教唆商臣以下流的手段去验证楚成王是否有更易太子的打算，在消息证实后，他又诱导商臣一步步走上弑君自立之路。在表面看来，潘崇给商臣出示的是他所面临的三种选择：服从楚成王更易太子的决定、逃亡国外、弑君自立。实际上潘崇对商臣的为人了如指掌，他深知商臣最后的选择。由此看来，导师的是非观会对学生产生至关重要的影响，潘崇成了商臣罪恶道路上的帮凶。

楚成王被商臣逼得走投无路时，他仍然请求吃完熊掌之后再死。在表面看来，是楚成王想在临死前再享受一下熊掌这种很名贵的佳肴（这种佳肴需要较长时间才能煮熟，楚成王实际上是想拖延时间，等待救兵来援），但他的计谋被商臣识破，不得不自缢身亡。

狼瞫之死 （文公二年）

【题解】

狼瞫从一名普通的士卒转变为国家英雄，实现了他的人生价值。首先，狼瞫是位勇士。莱驹在斩杀战俘时，因战俘呼叫而惊慌失措，狼瞫则"取戈以斩囚"。这在古人看来是勇敢的体现。其次，狼瞫公私分明，持守道义，有强烈的荣辱感。在无缘无故被罢免车右之职后并没有把个人的不满向先轸发泄，而是用冲锋陷阵、为国捐躯的实际行动证明自己的勇敢。

【原文】

二年春，秦孟明视帅师伐晋，以报殽之役。二月晋侯御之[①]。先且居将中军，赵衰佐之。王官无地御戎[②]，狐鞫居为右。甲子，及秦师战于彭衙。秦师败绩。晋人谓秦"拜赐之师"。

【注释】

①晋侯：指晋襄公。御：抵御的意思。②戎：古代的战车。每辆车上载有三名甲士，御手居中，车左手持弓箭主射，车右手持戈矛主近距离搏斗。

【译文】

文公二年春季，秦国的孟明视率领军队攻打晋国，以对殽地的失败进行报复。二月，晋襄公抵抗秦军，先且居率领中军，赵衰辅助他。王官无地为先且居驾御战车，狐鞫居作为车右。二月七日，晋军和秦军在彭衙作战，秦军大败。晋国人说这是秦国"拜谢恩赐的战役"。

【原文】

战于殽也，晋梁弘御戎，莱驹为右。战之明日，晋襄公缚秦囚，使莱驹以戈斩之。囚呼，莱驹失戈，狼瞫取戈以斩囚，禽之以从公乘①，遂以为右。箕之役，先轸黜之而立续简伯。狼瞫怒。其友曰："盍死之②？"瞫曰："吾未获死所。"其友曰："吾与女为难③。"瞫曰："《周志》有之④，'勇则害上，不登于明堂⑤。'死而不义，非勇也。共用之谓勇⑥。吾以勇求右，无勇而黜，亦其所也。谓上不我知，黜而宜，乃知我矣⑦。子姑待之。"及彭衙⑧，既陈，以其属驰秦师，死焉。晋师从之，大败秦师。君子谓："狼瞫于是乎君子⑨。诗曰：'君子如怒，乱庶遄沮⑩。'又曰：'王赫斯怒，爰整其旅⑪。'怒不作乱而以从师⑫，可谓君子矣。"

【注释】

①禽之：即擒拿莱驹。禽通擒。以从公乘：追赶晋襄公的战车，而跟随前往。②盍：通何。死之：谓赴死。③为难：即发难，指杀死主帅先轸。④《周志》：周代的书。当时人多称古书为志。⑤明堂：朝廷举行重要典礼的场所，具有多种功能。⑥共用：指为国捐躯。共通恭。⑦知我：谓杀先轸则证明自己无勇，先轸黜免自己是正确的。⑧彭衙：指晋与秦在彭衙进行的战役。⑨于是：在这件事上。⑩遄：迅速。沮：停止。⑪赫：赫然。斯：其，此。爰：于是。⑫从师：指冲入敌阵。

六 文公

111

【译文】

在殽地作战时,晋国梁弘为晋襄公驾御战车,莱驹作为车右。作战的第二天,晋襄公捆绑了秦国的俘虏,让莱驹用戈去杀他们,俘虏大声疾呼,莱驹把戈掉在地上,狼瞫拾起戈砍了俘虏的头,抓住莱驹追上了晋襄公的战车,晋襄公就让他作为车右。箕地这一战役,先轸废掉了狼瞫,而让续简伯作为车右。狼瞫大怒。他的朋友说:"为什么不去死?"狼瞫说:"我没有找到死的地方。"他的朋友说:"我跟你一起发难杀死先轸。"狼瞫说:"《周志》有这样的话:'勇于杀害位置在上的人,死后不能进入明堂。'死不符合道义,这不是勇敢。为国家所用叫作勇敢,我以勇敢得到了车右之职,不勇敢而被罢免,也是合适的。如果说上面的人不了解我,对我罢免的合乎道理,也就是了解我了。您姑且等着吧!"到达彭衙,摆开阵势以后,狼瞫率领部下冲进秦军内部,与秦军展开了搏杀,他死在阵地上。晋国部队跟上来,大败秦军。君子认为:"狼瞫由于这样可以算得君子了。《诗》说:'君子如果发怒,动乱就可以很快阻止。'又说:'文王勃然大怒,于是就整顿军队。'发怒不去作乱,反而上去打仗,可以说是君子了。"

【评析】

本文通过对狼瞫言行的描述表现了狼瞫的勇,以及为勇视死如归的精神。狼瞫的勇是以群体利益为中心,在敌与我的关系上他表现出了勇者的强悍,是一种威武之勇;在公与私的关系上他勇合乎义,符合国家利益,是渗透理性精神之勇。

宋公子鲍礼于国人 （文公十六年）

【题解】

从朝代的革新,历史的变迁中不难看出,"国人"在国家的政治生活和军事行动中,往往起着举足轻重的作用。本篇所述即是发生在宋国的一起与国人向背有关的国君废立事。

【原文】

宋公子鲍礼于国人，宋饥①，竭其粟而贷之②。年自七十以上，无不馈诒也③，时加羞珍异④。无日不数于六卿之门⑤，国之才人，无不事也⑥，亲自桓以下⑦，无不恤也。公子鲍美而艳，襄夫人欲通之，而不可，夫人助之施。昭公无道，国人奉公子鲍以因夫人。

【注释】

①饥：灾荒，凶岁歉收。②贷：借出。③诒（yí）：送给。④时：四时（春夏秋冬）。羞：进。⑤数（shuò）：屡次，频繁。⑥事：事奉。⑦亲：亲族。桓以下：指桓公、襄公、成公祖孙三代的子孙。桓，宋桓公，公子鲍的曾祖父。

【译文】

宋国的公子鲍对国人以礼相待，宋国发生饥荒的时候，他把全部的粮食施舍给国人。对年纪在七十岁以上的，没有不送东西的，还根据时令加送珍贵食品。没有一天不频繁地拜访六卿。对国内有才能的人，没有不加侍奉的。对亲属中从桓公以下的子孙，没有不加体恤的。公子鲍漂亮而且艳丽，宋襄公夫人想和他私通，公子鲍不肯，襄公夫人就帮助他施舍。宋昭公无道，国内的人们都由于襄夫人的关系而拥护公子鲍。

【原文】

于是华元为右师①，公孙友为左师，华耦为司马，鳞鱼䱹为司徒，荡意诸为司城，公子朝为司寇。初，司城荡卒，公孙寿辞司城，请使意诸为之。既而告人曰："君无道，吾官近，惧及焉。弃官则族无所庇。子，身之贰也，姑纾死焉②。虽亡子，犹不亡族。"既③，夫人将使公田孟诸而杀之④。公知之，尽以宝行。荡意诸曰："盍适诸侯？"

【注释】

①于是：当时，其时。②纾：缓。③既：不久以后。④田：打猎。孟诸：宋国境内泽薮名，在今河南商丘东北、虞城西北。

【译文】

当时，华元做右师，公孙友做左师，华耦做司马、鳞鱼矍做司徒，荡意诸做司城，公子朝做司寇。当初，司城荡死了，公孙寿辞掉司城的官职，请求让荡意诸担任。后来告诉别人说："国君无道，我的官位接近国君，很怕引祸上身。如果放弃官职，家族就无所庇护。儿子，是我的代表，姑且让我晚点死去。这样，虽然丧失儿子，还不至于丧失家族。"不久，襄公夫人准备派人在宋昭公于孟诸打猎时杀死他。宋昭公知道此事以后，带上了全部珍宝出行。荡意诸说："何不到诸侯那里去？"

【原文】

公曰："不能其大夫至于君祖母以及国人①，诸侯谁纳我②？且既为人君，而又为人臣③，不如死。"尽以其宝赐左右以使行。夫人使谓司城去公④，对曰："臣之而逃其难，若后君何⑤？"

【注释】

①不能：不相容，不和睦。君祖母：宋昭公把襄夫人当作嫡祖母的尊称。②纳：接纳。③为人臣：指逃亡到别的诸侯国去身份将不再是君，只能做别国国君的臣子。④去公：离开宋昭公。⑤若后君何：对下一任国君怎么面对。

【译文】

宋昭公说："如果得不到自己的大夫还有君祖母以及人们的信任，诸侯谁又肯接纳我？而且已经做了别人的君主，再去做别人的臣下，不如死了好。"宋昭公把他的珍宝全部赐给左右随行人员，让他们离去。襄公夫人派人告诉司城荡意诸离开宋昭公，司城回答说："做他的臣下，而又逃避他的祸难，又怎么面对以后的国君呢？"

【原文】

冬十一月甲寅，宋昭公将田孟诸，未至，夫人王姬使帅甸攻而杀之①。荡意诸死之②。书曰："宋人弑其君杵臼。"君无道也。文公即位，使母弟须为司城③。华耦卒，而使荡虺为司马。

【注释】

①帅甸：即甸师，周代官名。②死之：从之而死。③母弟：同母弟。

【译文】

冬季十一月二十二日，宋昭公准备到孟诸打猎，还没有到达，襄公夫人王姬派遣帅甸进攻并杀死了他，荡意诸为此死了。《春秋》记载说"宋人杀了他们的国君"，这是由于国君无道。宋文公即位，派同母弟做了司城。华耦死后，派荡虺担任司马。

【评析】

本篇所写昭公被杀、文公继位，表面上是襄公夫人在操纵，但真正起决定作用的，还是国人之向背。

宋昭公是宋襄公的孙子、宋成公的儿子。宋成公一死，宋昭公就急于排除异己，造成贵族之间的互相残杀。宋成公的生母早逝，宋襄公又娶了个继室，是周襄王之姐、王室之女。襄公夫人不是昭公之父的生身母亲，所以昭公对她常有礼数不到之处。襄夫人对昭公的失礼极为不满，并借他人之手，杀了昭公的亲信大司马公孙卯等多人。

昭公在位的9年之中，荒淫无道，对黎民百姓的困苦生活更是不管不问，国人对他深感失望。与之形成鲜明对照的是，宋昭公的庶弟公子鲍，在全国发生饥荒的情况下，把自己的粮食全部拿出来接济贫困的百姓，在百姓中树立了很好的威信，得到大家的称颂。一个昏庸无道，置人民于水深火热之中；一个乐善好施，急人民之所急，解人民之困苦。人心向背，既可以载舟，也可以覆舟。

郑子家告赵宣子

（文公十七年）

【题解】

郑国是一个小国，位于相对立的两个大国（晋国和楚国）之间，外交关系甚为复杂，郑国子家的这篇外交辞令，正是利用两个大国之间的嫌隙，逐一罗列事实，批评晋的无礼蛮横，甚至不惜以决裂相警告，终于迫使晋人让步。

【原文】

晋侯蒐于黄父①，遂复合诸侯于扈②，平宋也。公不与会，齐难故也。书曰"诸侯"，无功也。

【注释】

①黄父：一名黑壤。②诸侯：因言"复合"，知与上年会扈诸侯相同。

【译文】

晋灵公在黄父阅兵，于是借此时机他再次在扈地会合诸侯，目的是为了和宋国讲和。鲁文公没有参加会合，这是因为齐国征战造成困难的缘故。《春秋》记载说"诸侯"而不记名字，这是讥讽他们并没有取得什么效果。

【原文】

于是，晋侯不见郑伯，以为贰于楚也。

【译文】

当时，晋灵公没有接见郑穆公，认为郑国同时又对楚国好。

【原文】

郑子家使执讯而与之书①，以告赵宣子，曰："寡君即位三年，召蔡侯而与之事君。九月，蔡侯入于敝邑以行②。敝邑以侯宣多之难，寡君是以不得与蔡侯偕。十一月，克减侯宣多而随蔡侯以朝于执事③。十二年六月，归生佐寡君之嫡夷，以请陈侯于楚而朝诸君。十四年七月，寡君又朝，以蒇陈事④。十五年五月，陈侯自敝邑往朝于君。往年正月，烛之武往朝夷也。八月，寡君又往朝。以陈、蔡之密迩于楚而不敢贰焉，则敝邑之故也。虽敝邑之事君，何以不免？在位之中，一朝于襄，而再见于君。夷与孤之二三臣相及于绛，虽我小国，则蔑以过之矣⑤。今大国曰：'尔未逞吾志。'敝邑有亡，无以加焉。古人有言曰：'畏首畏尾，身其余几。'又曰：'鹿死不择音⑥。'小国之事大国也，德，则其人也；不德，则其鹿也，铤而走险，急何能择？命之罔极⑦，亦知亡矣。将悉敝赋以待于鯈⑧，唯执事命之。

【注释】

①执讯：通询问之官。②行：去朝见。③克减：消灭。④藏：完成。⑤则蔑以过之：谓事大国之礼无能再加于此了。⑥音：萌的通假字。⑦命之周极：言晋责备没有止境。⑧悉敝赋：尽征军队与军需品。儵：在晋、郑边境。

【译文】

郑国的子家派信使到晋国，并且给他一封书信，让他告诉晋国的赵宣子，说：我们的国君即位三年，召了蔡侯和他一起事奉贵国君主。九月，蔡侯来到敝邑前去朝见贵国国君。敝邑由于侯宣多造成的祸难，我国国君因此不能和蔡侯一同前来。十一月，除掉侯宣多，就继蔡侯之后朝见于襄公左右。十二年六月，归生陪同我国国君的太子夷，为陈侯朝晋一事到楚国请命。十四年七月，我国国君又接着为完成陈侯朝晋一事朝见君王。十五年五月，陈侯从我国前往朝见君王。去年正月，烛之武为太子夷朝晋前往贵国。八月，我国国君又前往朝见。以陈、蔡两国距离楚国之近，而不敢对晋有二心，那是由于我国的缘故。虽然我国这样侍奉贵国国君，为什么还是不能免于罪？我国国君在位期间，一次朝见襄公，又两次朝见君王。太子夷与我国国君的几个大臣也络绎不绝地往来于绛都。虽然我们郑国是小国，却没有谁能比我国对贵国更有诚意的了。现在大国说：'你还没有满足我的意愿。'我国只有灭亡，再也增加不了什么了。古人有句话说：'怕头又怕尾，身子还剩多少？'又说：'鹿死的时候，顾不上选择庇护的地方。'小国事奉大国，大国施予恩惠，它就是人；大国不施予恩惠，它就是鹿，狂奔乱跑而奔向险境，紧急中怎能选择道路？贵国的命令没有穷尽，我们也知道自己终究要灭亡，只好集中我国全部的兵力在儵地待命，就等待您的左右下达命令了。

【原文】

文公二年六月壬申，朝于齐。四年二月壬戌，为齐侵蔡，亦获成于楚。居大国之间而从于强令①，岂其罪也。大国若弗图②，无所逃命。"

【注释】

①强令：大国施加压力命令。②图：此指谅解。

六 文公

117

【译文】

郑文公二年六月二十日，郑国曾到齐国朝见。四年二月某一天，为齐国而侵犯蔡国，由此也和楚国建立了同盟。处于大国之间，而服从于大国强加的命令，难道是小国的罪过吗？大国若不能体谅我们的处境，只有就地待命，不敢逃避。

【原文】

晋巩朔行成于郑，赵穿、公婿池为质焉。

【译文】

晋国的大夫巩朔到郑国讲和修好，赵穿，公婿池作为人质留在郑国。

【评析】

本文描写的是郑国与晋国在外交上的周旋。郑国是处于晋楚这两个大国之间的一个小国，为了国家的生存，他们需要对晋楚两国顶礼膜拜，对远一些的齐秦还要不断的周旋，察言观色。即使如此，晋国还是对郑国表现了不满。在此情况下，郑国的执政大臣子家与晋国的执政大臣赵宣子就发生了这次照会。

这次的照会之所以是"告赵宣子"，而不是致意晋侯，主要是由于在晋国掌握实权的是赵宣子，并且他与晋侯也有着十几年的生死渊源。

通过这次照会，使晋国明白了当时的形势：首先郑国不是陈蔡小国，它有一定的经济军事实力。晋国只有彻底折服郑国的愿望但却没有灭郑的力量，更何况在礼节上郑国对晋国已经仁至义尽。其次郑国地处中原战略要塞，是晋楚两国较量的关键战略力量。可以这么说，郑国站到哪边，哪边就有了称霸的最有力的基础。如果郑国铤而走险，在经济军事上与楚国保持统一，那么晋国的境况就可想而知了。基于此，晋国还是审时度势，改变了对郑国的外交策略。

七 宣公

宋国的败将华元

（宣公二年）

【题解】

华元是宋国的右师，相当于宰相一职。在两国（郑，宋）交战前，因为犒劳士兵的羊肉没能分均匀，致使没有吃到羊肉的车御在战场上不听从华元的调遣，以至于华元被俘，宋军战败。之后逃回宋国，华元主持加固城墙，在工地上又被民工嘲笑。然而《左传》与其说在挖苦华元，不如说在批判御手的狭隘，表彰华元的宽容——从他逃回宋国替御手开脱罪责的对话可见一斑。

【原文】

二年春，郑公子归生受命于楚，伐宋。宋华元、乐吕御之。二月壬子，战于大棘，宋师败绩，囚华元，获乐吕①，及甲车四百六十乘，俘二百五十人，馘百人②。狂狡辂郑人③，郑人入于井，倒戟而出之，获狂狡。君子曰："失礼违命，宜其为禽也。戎，昭果毅以听之之谓礼④，杀敌为果，致果为毅。易之，戮也。"

【注释】

①获：有生擒和死获二义，此与上"囚"对举，知所获为乐吕之尸。②馘（guó）：割取左耳以计战功。③辂：迎战。④昭果毅以听之：表明果毅精神以行动。

【译文】

宣公二年春季，郑国公子归生按照楚国的指示去攻打宋国。宋国华元、乐吕带兵抵御。二月十日，郑宋两国军队在大棘开战，宋军大败。郑国军队生擒了华元，拿到了乐吕的尸首，缴获战车四百六十辆，俘获士兵二百五十人，割了百余个被打死的敌人的左耳。宋国的狂狡在抗击郑国人时，那个郑国人逃进井里。狂狡把戟柄放下井去拉他上来。那个郑国人出井以后反而俘虏了狂狡。君子说："丢掉礼节而违抗命令，他活该被对方所擒获。在战争中，发扬果敢刚毅的精神来服从命令叫作有礼。杀死敌人就是果敢，达到果敢就是刚毅。如果反过来，就会成为被杀戮的对象。"

【原文】

将战，华元杀羊食士，其御羊斟不与。及战，曰："畴昔之羊①，子为政②，今日之事，我为政。"与入郑师③，故败。君子谓："羊斟非人也，以其私憾，败国殄民④。于是刑孰大焉。《诗》所谓'人之无良'者，其羊斟之谓乎，残民以逞⑤。"

【注释】

①畴昔：从前，前时。②为政：做主。③与入：驱入。④殄民：即残民，使民受害。⑤以逞：使自己快意。

【译文】

将要打仗的时候，华元杀羊给士兵吃，但是华元的车夫羊斟没有吃到。等到了战场上，羊斟说："过去吃羊肉的时候，你说了算；今天打仗的事，我说了算。"于是就驱车进入郑军（把华元交给了郑国的军队），所以打了败仗。君子说羊斟不是人，因为他的个人怨恨让国家遭受败仗、人民受到祸患。《诗经》所说的'不好的人'，说的不就是羊斟吗？（这样的人）以残害百姓来达到自己的快意。

【原文】

宋人以兵车百乘、文马百驷以赎华元于郑①。半入，华元逃归，立于门外，告而入。见叔伴，曰："子之马然也。"对曰："非马也，其人也。"既合而来奔②。

【注释】

①文马：毛色有文彩的马。②合：对答。来奔：逃来我国。

【译文】

宋国人打算用一百辆兵车和四百匹毛色漂亮的战马，从郑国赎回华元。没曾想在去郑国的路上，就见到华元自己已经逃出来了。华元站在城门外，告诉守门人自己的身份，然后进了城。见到车夫羊斟说："是你的马不听从你的使唤才会这样的吧？"羊斟回答说："不是马的缘故，是我自己的主意。"说完就逃到鲁国去了。

【原文】

宋城，华元为植①，巡功②。城者讴曰："睅其目③，皤其腹④，弃甲而复。于思于思⑤，弃甲复来。"使其骖乘谓之曰："牛则有皮，犀兕尚多，弃甲则那⑥？"役人曰："从其有皮⑦，丹漆若何？"华元曰："去之，夫其口众我寡。"

【注释】

①植：版筑时所立的木柱，以此定城的广狭。②巡功：视察工地。③睅：大眼睛。④皤：大肚子。⑤于思：大胡子。⑥那：奈何，算得了什么。⑦从：同纵。

【译文】

宋国加固城墙，由华元来主持。他到工地上去巡视。听到筑城的工人正在唱打夯歌："瞪着大眼睛，挺着大肚子，丢了皮甲往回走。浓密的胡子长满腮，丢盔卸甲逃回来。"华元让他的骖乘对工人们说："牛儿都有皮，犀牛还有很多，丢了皮甲又算得了什么？"工人们又说："就算犀牛兕牛都很多，又到哪里找红漆呢？"华元说："我们走吧！他们人多我们人少说不过他们的。"

【评析】

华元作为宋军的右师，在六卿中职位最高。虽然在宋、郑两军的大棘之战中溃败，但在当时战火纷争的年代，他还是有功绩可表的。一是华元曾经孤身潜入楚令尹子反的营帐，登上他的卧榻，挟持他讲和退兵，让宋国免去了战乱。二是华元促使晋、楚两个"超级大国"缔结合约，给动荡的中原点燃了短暂而又温暖的和平之光。由此可见，华元还是一名有勇有谋的将才。

另外，华元还可堪称是一位有着博大胸怀的仁者。宋、郑两军交战中，作为车御的羊斟因为战前没有得到羊肉吃，对华元怀恨在心，到了战场上不听华元调遣，一意孤行，导致华元被俘，宋军大败。作为统帅三军的将军，战败已是奇耻大辱，更何况又被俘。但是华元在逃回宋国后，首先想到的不是如何对付羊斟来挽回自己的脸面，而是替羊斟开脱罪责，认为他这样做是因为马不听调遣所致。

羊斟对此感觉无地自容，逃亡到鲁国。

可见，忍辱负重、胸怀宽广从来都是成就大事业的必备素质。

晋灵公不君　　（宣公二年）

【题解】

晋灵公是晋文公的孙子，即位时尚且年幼，一直由正卿赵盾辅佐其朝中事务。成年以后的晋灵公想及早夺回属于自己的权力，于是想方设法不断谋杀赵盾，但次次都未得逞。由于晋灵公横征暴敛、骄奢残暴，最终被赵盾的堂弟杀死。

【原文】

晋灵公不君[1]，厚敛以雕墙[2]；从台上弹人，而观其辟丸也；宰夫胹熊蹯不熟[3]，杀之，置诸畚，使妇人载以过朝[4]。赵盾、士季见其手，问其故，而患之。将谏，士季曰："谏而不入，则莫之继也。会请先[5]，不入则子继之。"三进[6]，及溜[7]，而后视之。曰："吾知所过矣，将改之。"稽首而对曰："人谁无过？过而能改，善莫大焉。《诗》曰：'靡不有初，鲜克有终[8]。'夫如是，则能补过者鲜矣。君能有终，则社稷之固也，岂唯群臣赖之。又曰：'衮职有阙[9]，惟仲山甫补之。'能补过也。君能补过，衮不废矣。"犹不改。宣子骤谏，公患之，使鉏麑贼之[10]。晨往，寝门辟矣，盛服将朝，尚早，坐而假寐。

麑退，叹而言曰："不忘恭敬，民之主也。贼民之主，不忠。弃君之命，不信。有一于此，不如死也。"触槐而死。

【注释】

①不君：不合为君之道。②敛：聚敛。雕：用彩画装饰。③宰夫：专管国君膳食的厨师。胹（ér）：煮。④载：抬杠。⑤会：士季名会。⑥三进：指进门、入庭、上阶。⑦溜：滴水檐下。⑧鲜克有终：很少有好的结果。⑨衮职：天子的职责。衮，天子之服。⑩鉏麑（chú ní）：晋勇士。贼：杀。

【译文】

晋灵公为人做事没有国君的样子，以苛捐杂税来装饰豪华宫殿满足自己奢侈的生活，从高台上用弹丸打人以欣赏他们躲避弹丸时的样子。有一次，御膳房里的厨师因烧煮的熊掌没有熟透，而被晋灵公杀害，并把其放在畚箕里，让宫女们用头顶着走过朝廷。赵盾和士季看到死人的手，问起杀人的缘由，他们为灵公的无道感到担心，准备规劝晋灵公。士季对赵盾说："你去劝谏如果灵公听不进去，就没有人继续劝谏了。请让我士季先去，如果灵公不听我的规劝，你再接着劝谏。"士季往前走了三次，伏地行礼三次，晋灵公假装没看见，到达屋檐下，晋灵公才转眼看他，说："我知道我的过错了，打算改正。"士季叩头回答说："一个人谁没有错，有了过错能够改正，就没有比这再好的事情了。《诗》说：'事情不难有个好开端，很少能有个好结果。'如果像这样，能够弥补过错的人就很少了。您如果有个好的结果，始终坚持向善，那么国家就有了保障，而不止是臣子们有了依靠。《诗》又说：'天子的职责有了缺失，只有仲山甫来弥补。'也就是说过错是可以弥补的。如果君王能够弥补过错，那么国君之位就不会丢弃了。"晋灵公并没有改正错误。赵盾屡次进谏，让晋灵公很讨厌，于是灵公准备派一名勇士去刺杀赵盾。那名勇士一大早就来到了赵盾家，只见赵盾的卧室门已经打开了，他穿戴整齐，准备入朝。时间还早，赵盾就坐下来小憩。那名勇士见此就退了出来，感叹道："这个时候还不忘记恭敬国君，真是百姓的主人。杀害为百姓做主的人，就是不忠；违背国君的命令，就是失信。在这两件事情中做了哪一件，都不如死了好。"于是，勇士撞在槐树上死去了。

【原文】

秋九月，晋侯饮赵盾酒，伏甲将攻之。其右提弥明知之，趋登曰①："臣侍君宴，过三爵，非礼也。"遂扶以下，公嗾夫獒焉②。明搏而杀之。盾曰："弃人用犬，虽猛何为。"斗且出，提弥明死之。

【注释】

①趋：快步。②獒（áo）：猛犬。

【译文】

秋天九月，晋灵公邀请赵盾喝酒，事先埋伏了武士，准备攻击杀死赵盾。赵盾的车右提弥明发现了这个阴谋，疾步走上殿堂，说："臣下陪君王宴饮，酒过三巡还不告退，就不合礼仪了。"于是就扶了赵盾下殿堂。晋灵公唤出了他的猛犬以攻击赵盾，车右提弥明上前与之搏斗，并把其杀死。赵盾说："不用人而利用狗，虽然凶猛，又有什么用！"他们两人与埋伏的武士边打边退。最后，提弥明被杀害。

【原文】

初，宣子田于首山，舍于翳桑①，见灵辄饿，问其病。曰："不食三日矣。"食之，舍其半。问之，曰："宦三年矣②，未知母之存否，今近焉，请以遗之。"使尽之，而为之箪食与肉③，置诸橐以与之④。既而与为公介⑤，倒戟以御公徒，而免之。问何故。对曰："翳桑之饿人也。"问其名居，不告而退，遂自亡也。

【注释】

①舍：休息。翳桑：桑荫。②宦：贵族家的臣仆。③箪食：用竹篮盛着饭。④橐：袋子。⑤介：甲士。

【译文】

当初，赵盾到首阳山打猎，住在翳桑，他看见有个叫灵辄的人饿倒在地上，便向他问明情况。灵辄说："我已经三天没吃东西了。"赵盾给他食物吃，他只吃了一半还留下一半。赵盾问他为什么，他说："我在外做奴仆已经三年了，不知道家母是不是还健在，现在离家已经很近了，请允许我把这一半食物留给她。"赵盾让他把食物吃完，并且又准备了一篮子食物和一些肉，放在袋子里给了他。后来这个灵辄做了晋灵公的卫兵，在刺杀赵盾的事件中，灵辄把武器倒过来抵御晋灵公的其他卫兵，使赵盾幸免于难。赵盾问灵辄为什么救他，灵辄回答说："我就是你在翳桑救的那个快要饿死的人。"赵盾再问他的姓名住处，他没有回答就退了出去。赵盾自己也逃亡了。

【原文】

乙丑，赵穿攻灵公于桃园。宣子未出山而复①。大史书曰："赵盾弑其君。"以示于朝。宣子曰："不然。"对曰："子为正卿，亡不越竟，反不讨贼，非子而谁？"宣子曰："乌呼，'我之怀矣，自诒伊戚②'，其我之谓矣！"孔子曰："董狐，古之良史也，书法不隐。赵宣子，古之良大夫也，为法受恶。惜也，越竟乃免③。"

【注释】

①山：指晋边境的山，或谓即河南温山。②自诒伊戚：自己给自己带来如此的烦恼。③竟：同境。

【译文】

九月二十六日，赵穿在桃园杀死了晋灵公。赵盾还没有逃出晋国的山界线，便在得知晋灵公被刺杀的消息后又回来了。晋国太史董狐记载说："赵盾杀了他的国君"，他还把所记载的内容在朝廷上公布。赵盾说："不是这样。"太史回答说："您身为正卿，逃亡但并没有走出国境，回来后又不惩罚凶手，杀害晋灵公的人不是您还是谁？"赵盾说："哎呀！《诗》说：'我心里怀念祖国，反而给自己留下忧伤。'这话大概说的就是我吧。"孔子说："董狐，是古代的好史官，记事的原则是直书而不加隐讳。赵宣子，是古代的好大夫，因为史官的据事直书而背上了杀害国君的恶名。可惜啊，如果他当时逃出了国境，或许就不会蒙受弑君的罪名了。"

【评析】

　　从历代帝王的谥号中我们可以了解到：一般谥号中带有"文""武"的都是比较英明的君主，而谥号中有"灵""厉"之类的则表明其为昏君、暴君。晋灵公就是这样的一个君主。他于公元前620年到公元前607年在位期间，横征暴敛、滥杀无辜、鱼肉百姓，臣子们对他多次劝谏，他不但不听，还对赵盾这样的忠臣一次次谋杀，痛下毒手。可见晋灵公是个多么昏庸残暴的君王。

　　但是在中国的传统政治制度中，无论所谓的"君王"多么残暴、少德，都是神圣不可侵犯的，是不可弹劾讨伐的，否则，便会犯下各种"罪行"：欺君，犯上作乱，直至弑君。而且，这些罪行都是弥天大罪，不可赦免，甚至会株连九族。面对制度的痼疾，让人切齿痛恨。但纵观历史我们可以发现：无论在哪个时代，只要有昏庸残暴的暴政、苛政存在，就有敢于诤言直谏的义士出现，并有敢于弑君的勇士出现，前者如赵盾，后者如赵穿。他们明知自己的行为将要以自己的生命作为代价，甚至还包括以家族的灭亡为代价，依然大义凛然，慷慨陈词，视死如归。他们面对残暴和死亡敢于挺身而出，他们决不向残暴专制、黑暗腐朽屈膝让步，正是这样的勇士、义士的存在，推动了制度的变革，历史的前进。

王孙满对楚子　　　　　　　（宣公三年）

【题解】

　　春秋时期，周王室的力量衰微，楚庄王仗着兵势，飞扬跋扈，问鼎周朝（夏商周三代借以九鼎为传国宝玺，鼎就是王者权力的象征）。周大夫王孙满虽然年轻，但是镇定自若，在楚庄王面前毫不示弱，绵里藏针的一席话让楚庄王无懈可击。

【原文】

　　楚子伐陆浑之戎，遂至于雒①，观兵于周疆②。

【注释】

①雒：同洛，洛水，源出陕西洛南，东流经河南省入黄河。②观兵：检阅军队。

【译文】

楚庄王讨伐陆浑的少数民族，于是来到洛水，在周朝边界内检阅军队以炫耀武力。

【原文】

定王使王孙满劳楚子。楚子问鼎之大小轻重焉①。对曰："在德不在鼎。昔夏之方有德也，远方图物②，贡金九牧③，铸鼎象物，百物而为之备，使民知神、奸④。故民入川泽山林，不逢不若⑤。螭魅罔两，莫能逢之，用能协于上下以承天休⑥。桀有昏德⑦，鼎迁于商，载祀六百⑧。商纣暴虐，鼎迁于周。德之休明⑨，虽小，重也⑩。其建回昏乱，虽大，轻也。天祚明德，有所厎止⑪。成王定鼎于郏鄏⑫，卜世三十，卜年七百，天所命也。周德虽衰，天命未改，鼎之轻重，未可问也。"

【注释】

①鼎：九鼎，传夏时用九州贡的铜铸成，代表九州。②图物：把事物画成图像。③贡金：贡铜。九牧：九州之牧。牧为一州之长。④奸：邪恶的东西。⑤不若：不顺，有危害的东西。⑥承：领受。天休：上天赐予的福分。⑦昏德：德行昏聩惑乱。⑧载祀：年代。载与祀均是年的意思。⑨休明：美好光明。⑩重也：言无法搬走。⑪厎止：终限。⑫定鼎：把鼎稳固地安置好。后指定都建国。郏鄏（jiá rǔ）：即今河南洛阳，周王城。

【译文】

周定王派王孙满慰劳楚庄王。楚庄王问起九鼎的大小轻重如何。王孙满回答说："君主贵在有德行而不在于有鼎。以前夏朝刚刚拥有有德之君的时候，把远方各种奇异的事物描绘成图像，把九州进贡的铜铸成九鼎，将所画的事物铸在鼎上反映出来。各种的事物在鼎上都有所体现，使百姓懂得哪些是神圣的，哪些是邪恶的事物。所以百姓进入江河湖泊和深山老林，不会碰到没有被驯服的恶物。像螭魅魍魉之类的怪物，也不会碰到。因此能使上下团结一致，来承受上天赐予的福分。夏桀昏乱无德，九鼎迁到商朝，已有六百年。商纣残暴，九鼎又迁到周朝。君王的德行如果美好光明，九鼎虽小，也重得无法迁走。如果奸邪昏乱，九鼎再大，也轻得可以迁走。上天赐福有光明德行的人，是有一定期限的。成王在郏鄏定都建国时，曾预卜周朝传世三十代，享国七百年，这个期限是上天所决定的。周朝的德行虽然衰退，但天命还没有更改。九鼎的轻重，是不可以询问的。"

【评析】

"问鼎"之典即出于此。楚庄王吞并一些小国之后，野心膨胀，"问鼎之大小轻重焉"，是有觊觎周室之心，王孙满看透了他的野心，便处处用"德"和"天命"压服他。王孙满所答，义正辞言，尽臣子之职分，对楚庄王也起到了一定的震慑作用。

但就此文来讲，一开始王孙满就说"在德不在鼎"；而后又说："卜世三十，卜年七百，天所命也"，"周德虽衰，天命未改。鼎之轻重，未可问也"。则周室之祚竟非在"德"，乃在"命"也——所谓"气数未尽"，纵失德亦不应失天下之意欤？细思之，王孙满之语似略显矛盾。

郑灵公之死 （宣公四年）

【题解】

宫中无小事，事事起纷争。在那个钩心斗角、尔虞我诈的环境中，一句无心的话，一个不经意的举动，都可能招致杀身之祸。郑国的这场内乱就属于此类情况。

【原文】

楚人献鼋于郑灵公。公子宋与子家将见。子公之食指动，以示子家，曰："他日我如此，必尝异味。"及入，宰夫将解鼋[1]，相视而笑。公问之，子家以告，及食大夫鼋，召子公而弗与也[2]。子公怒，染指于鼎，尝之而出。公怒，欲杀子公。子公与子家谋先。子家曰："畜老，犹惮杀之，而况君乎？"反谮子家，子家惧而从之。夏，弑灵公。

【注释】

①解：宰杀，分解。②弗与：不给他吃。

【译文】

楚国人向郑灵公进献了一只鼋。公子宋和子家准备面见郑灵公。这时候，公子宋的食指忽然动了起来，就把手指出示给子家看，说："以前我手指这样动的时候，一定可以吃到珍奇美味。"进入殿内，看见厨师正在宰杀鼋，公子宋和子家相视而笑。郑灵公问他们笑什么，子家就把刚才的情况告诉郑灵公。等到大夫们享用鼋羹时，郑灵公也把公子宋召来但并没有给他吃鼋羹。公子宋大怒，不顾一切地将食指伸入鼎中蘸食鼋羹后拂袖而去。郑灵公发怒，要杀死公子宋。公子宋和子家知道此事后便谋划先下手。子家说："牲畜老了，还担心被杀，更何况是国君？"公子宋就此反过来诬陷子家。子家害怕，只好跟随公子宋。夏季，杀死了郑灵公。

【原文】

书曰："郑公子归生弑其君夷。"权不足也①。君子曰："仁而不武②，无能达也③。"凡弑君，称君④，君无道也；称臣，臣之罪也。

【注释】

①权不足：解经独书子家的缘故。②仁而不武：起初回答子公的话是仁，不讨子家是不武。③无能达：做不成什么事。④称君：仅称君之名。

【译文】

《春秋》写道："郑国的公子归生杀害了君主姬夷。"意思是公子归生的权力比不上公子宋。君子说："公子归生不想杀君主是仁，但不能讨伐公子宋是不武，所以他不能达到仁道"。《春秋》的体例，凡说弑君，只称君的名字，是指君主无道。称臣的名字，是说臣有罪恶。

【评析】

郑灵公因公子宋的口腹之欲而和公子宋开了个玩笑。公子宋心生怨恨，

七 宣公

染指鼎羹。气不过的郑灵公更是扬言要杀了公子宋。由此一来，公子宋哪肯坐以待毙，于是和子家谋划，杀害了郑灵公。这场宫廷之乱只是源于一些无从谈起的小事，但最终导致一个国家陷于水火之中。从当时的情况来看，郑灵公确实不适于开这个玩笑。首先，郑灵公是一位年轻的国君，继位也就几个月的时间，他和朝廷大臣不可能有深交。在这种情况下和公子宋开玩笑，确实是过于轻率。其次，公子宋染指鼎羹是无礼之行，但如果郑灵公胸怀宽广，不滥用权力，也就不会招来杀身之祸。由此可见，小事不小。从小事中我们可以洞悉古圣人的治国之道。"去人欲，存天理"，"克己复礼"实在是治国平天下的根本呀！虽口腹之欲，纵容它，也会成为日后杀身的隐患。

申叔时说楚王复封陈 （宣公十一年）

【题解】

夏征舒是夏姬（春秋时代郑穆公的女儿）与陈国夏御叔之子，后承袭其父之爵位和职务，成为陈国的司马。因其母的缘故，受到陈灵公及孔宁、仪行父的羞辱，遂把陈灵公射杀。之后夏征舒自立为陈侯。夏征舒年少无威望，对国内形势把控不住，而反对他的势力越来越大，一场大的暴乱即将产生。就在这时，楚庄王听了孔宁和仪行父的叙述，准备派兵讨伐夏征舒。于是，当年冬天就出现了楚庄王灭陈又复陈的一幕。

【原文】

冬，楚子为陈夏氏乱故[1]，伐陈。谓陈人无动[2]，将讨于少西氏[3]。遂入陈，杀夏征舒，轘诸栗门[4]，因县陈[5]。陈侯在晋。

【注释】

[1]楚子：楚庄王。陈夏氏乱：指夏征舒杀陈灵公引起的国内混乱。[2]无动：保持平静，不要骚动。[3]讨：诛戮。少西氏：指夏征舒。[4]轘：古代用马驾之车从不同方向将人体撕裂的一种酷刑，也称车裂。栗门：陈国都门名。[5]县陈：将陈国改成楚国的一个县。

【译文】

宣公十一年冬季，楚庄王趁陈国夏氏引起国内混乱的时机，讨伐陈国。楚庄王告诉陈国子民不要惊慌，他只准备诛戮夏征舒。于是就进入陈国，杀了夏征舒，在栗门对他进行车裂之刑。此后，楚庄王就把陈国设置成楚国的一个县。这时陈成公正在晋国。

【原文】

申叔时使于齐，反①，复命而退②。王使让之曰③："夏征舒为不道④，弑其君，寡人以诸侯讨而戮之⑤，诸侯、县公皆庆寡人，女独不庆寡人，何故？"对曰："犹可辞乎⑥？"王曰："可哉。"曰："夏征舒弑其君，其罪大矣，讨而戮之，君之义也。抑人亦有言曰⑦：'牵牛以蹊人之田，而夺之牛。'牵牛以蹊者，信有罪矣⑧；而夺之牛，罚已重矣⑨。诸侯之从也⑩，曰讨有罪也。今县陈，贪其富也。以讨召诸侯，而以贪归之⑪，无乃不可乎⑫？"

【注释】

①反：回国。②复命：汇报完成使命的情况。③让：责备。④不道：违背道理。⑤以：与，同。⑥辞：辩解。⑦抑：然而。⑧信：确实。⑨已：太。⑩从：参加。⑪归之：作为结局。⑫无乃：岂不是。不可：不合适。

【译文】

楚大夫申叔时出使齐国，回国，向楚庄王汇报情况后就回去了。楚庄王派人责备他说："夏征舒做大逆不道的事，杀死他的国君，寡人率领各诸侯前往讨伐，把他杀了，诸侯和县尹都祝贺寡人，唯独你一人不祝贺寡人，是什么原因？"申叔时回答说："还可以申述理由吗？"楚庄王说："可以呀！"申叔时说："夏征舒杀死他的国君，他当然罪大恶极；出兵讨伐并杀了他，这是君王的仁义之举。然而也有人说：'牵牛践踏别人的田地（当作捷径），（于是）就把他的牛强夺过来。'牵牛践踏田地的人，诚然是有过错的，可是夺走他的牛，惩罚就太重了。诸侯跟从君王，说是讨伐有罪的人。如今把陈国改成一个县，这就是贪爱它的财富了。以讨伐有罪之人的名义来号召诸侯，而以贪婪占有为结局，岂不是不合适？"

【原文】

王曰:"善哉！吾未之闻也。反之①，可乎？"对曰:"可哉！吾侪小人所谓取诸其怀而与之也②。"乃复封陈③，乡取一人焉以归④，谓之夏州。

【注释】

①反：归还，恢复原状。②吾侪：我辈。小人：当时下对上的自谦之词。③复封：重新建立宗庙、社稷。④乡：周代开始建立的行政区划单位，春秋时各国所辖范围不尽相同。

【译文】

楚庄王说:"好啊！我以前没有听说过这样的意见。归还陈国的土地，可以吗？"申叔时回答说:"可以啊！这就是我们这班小人所说的：'从别人怀里拿来的东西取出来还给他'呀。"于是楚庄王就重新封立陈国，从每个乡带一个人回楚国，把他们集中住在一地，称为夏州。

【评析】

楚庄王（前613—前591）在位期间，使楚国的综合国力达到空前的繁盛。他不仅使楚国强大，威名远扬，也为华夏的统一，民族精神的形成发挥了一定的作用。

楚庄王建功立业成为春秋五霸之一，在很大程度上得益于他能够从谏如流的好品质。庄王的爱马病故，庄王执意要以大夫之礼葬之，群臣有敢以马谏者，罪致死。但经过优孟的一番说辞，到最后庄王答应放弃奢侈的葬马之举。又如，在讨伐夏征舒立陈为县后，申叔时的"以讨召诸侯，而以贪归之，无乃不可乎"，一句谏言让陈国得以恢复，更让楚庄王取信于各诸侯。心胸宽广，能够采纳臣下的意见，广开言路，为他成就春秋霸业奠定了基础。

另外，需要说明的一点是，陈国是一个有着深厚历史文化底蕴的国家，陈地是大皞之墟，陈侯是虞舜之后，与楚以前所灭的汉阳诸姬，申、息、江、黄等小国不可同日而语。更何况当时的陈灵公太子午尚在晋国，陈之宗庙社稷可灭，陈之公族国人岂可尽诛，国灭而人心不服，那就灭国容易占有难了。因此楚庄王听从申叔时的谏言复陈，实在是明智之举。

楚许郑平

（宣公十二年）

【题解】

夏征舒自立为君后的第二年夏天，楚庄王经伐郑服郑后，即与郑、陈盟于辰陵，陈、郑二国皆表示服楚。但是当年冬季楚庄王即发兵陈国诛杀夏征舒并改陈国为楚国的一个县。楚庄王的这一举动让郑襄公感到不安，他认为楚国依仗越来越膨胀的军事实力，可以随意撕毁盟约为所欲为。于是郑襄公更有了同病相怜、兔死狐悲的伤感。为了改变对自己的不利局势，郑襄公不得不依靠晋国与楚国抗衡，于是向晋国发出了寻求帮助的信号。但也就在此时楚庄王改变了初衷，又恢复了陈国的宗庙社稷，还把太子午从晋国迎回来做了陈国的新任国君。楚庄王得知郑襄公背盟，于是就发生了接下来的一幕。

【原文】

十二年春，楚子围郑。旬有七日①，郑人卜行成②，不吉。卜临于大宫③，且巷出车④，吉。国人大临，守陴者皆哭⑤。楚子退师⑥，郑人修城，进复围之，三月克之⑦。入自皇门⑧，至于逵路⑨。

【注释】

①旬：10日为1旬，此指循环一周之意。②行成：寻求议和。③临：哭悼死者。全国皆哭悼，谓之大临。大（tài）宫：诸侯太祖之庙。④巷出车：车陈于街巷。⑤陴：城墙上呈凹凸状的矮墙，也称女墙。⑥楚子退师：楚庄王见郑守城者皆哭，以为郑有国丧，故撤围而退。⑦三月：历时3个月，非指季春三月。⑧皇门：郑国都指城门名。⑨逵路：四通八达的大路。

【译文】

宣公十二年春季，楚庄王带兵围攻郑国。十七天后，郑国人为向楚国寻求和解占卜，不吉利；为在太庙号哭和出车于街巷去占卜，吉利。于是郑国的老百姓都号啕大哭，就连驻守在城墙上的士兵也大哭。楚庄王见郑国守城者皆哭，以为郑有国丧，故撤围而退。郑国人修缮加固城墙，这时楚国再一次进军并包围了郑国，三个月后就攻下了郑国。楚军从郑国皇门进入，来到了城中的大路上。

【原文】

郑伯肉袒牵羊以逆①,曰:"孤不天②,不能事君,使君怀怒以及敝邑③,孤之罪也。敢不唯命是听。其俘诸江南以实海滨④,亦唯命。其翦以赐诸侯⑤,使臣妾之,亦唯命。若惠顾前好⑥,徼福于厉、宣、桓、武,不泯其社稷,使改事君,夷于九县⑦,君之惠也,孤之愿也,非所敢望也。敢布腹心⑧,君实图之。"左右曰:"不可许也,得国无赦。"王曰:"其君能下人⑨,必能信用其民矣⑩,庸可几乎⑪?"退三十里而许之平⑫。潘尪入盟,子良出质。

【注释】

①郑伯:郑襄公。肉袒:脱去上衣,裸露肢体。牵羊:表示臣服。逆:迎。②不天:不能顺承上天的旨意,因而不为上天所保佑。③及:到,达。敝邑:古称己国的谦词。④其:如果。实:充实,实与虚相对,指到原先无人或人烟稀少的地方去居住。⑤翦:剪灭,指灭亡郑国。⑥惠:求人时的敬辞,有赐的意思。顾:顾惜。前好:指郑、楚以前有过的友好关系。⑦夷:等同于。九县:九为个位数之最大者,古以其表示多数。⑧布:陈述。腹心:指心里话。⑨下人:屈己尊人。⑩信用:以诚信任用。⑪庸:难道。⑫平:媾和。

【译文】

郑襄公光着上身,牵着羊来迎接楚庄王,说:"我不能顺承上天的旨意,不能为君王效劳,致使君王带着怒气来到敝邑,这是我的罪过,岂敢不唯命是听?如果君王把我俘虏到人烟稀少的边远地带,我也会听从君王的命令。如果君王灭掉郑国,把郑地分封给诸侯,把我当作奴隶来使唤,我也会遵从君王的吩咐。如果君王还能顾惜以前郑楚两国的友好,祈福于周厉王、宣王、郑桓公、武公,而不灭绝我们郑国,让郑国重新为君王效劳,作为楚国的一个诸县,这是君王的恩惠,也是我的心愿,除此之外,不敢再有其他的奢望了。在此斗胆说出自己的心里话,请君王斟酌。"楚庄王的左右随从说:"不能答应他,得到了国家没有赦免国君的。"楚庄王说:"他的国君能够屈居他人之下,必然能够以诚信取得百姓的拥护,恐怕还是很有希望的吧!"于是楚军退兵三十里而允许郑国讲和。潘尪入郑国结盟,子良到楚国作为人质。

【评析】

　　楚庄王在得知郑国背盟的消息后，决心要制服这个近邻，于是这一年开春，他就亲率大军向郑国进发。楚军在对郑国围困三个月后，攻进城中，他看到郑襄公肉袒牵羊，听到郑襄公"敢不唯命是听"，以此表示臣服，听凭君王处置。在这时候，虽然楚庄王的随从极力主张除掉郑襄公，但楚庄王很明白这是郑襄公迫不得已的无奈之举，绝非出于真心。郑襄公可不是夏征舒，夏征舒失了民心，可以杀之无赦；郑襄公国难当头，能屈己忍辱，独自承担罪责，楚庄王深感他"必能信用其民"，如能宽赦他，可以得郑民心。另外，要灭郑宗庙社稷，把郑变成楚国的一个县，这都是令下即成的事。但是，灭郑而县之，楚国和晋国中间就没有了缓冲地带，出现了二强毗邻，直接对峙的局面。这就更时刻处在了与强敌决一死战的边缘，即使没有战争，也要耗费大量物力和财力重兵把守，楚国上下从此就将有张无弛，而弦绷得太紧会断的。如此一来，楚庄王便毫不犹豫地退军三十里，允许与郑国立盟讲和。

晋楚邲之战 （宣公十二年）

【题解】

　　晋、楚为争夺郑国大战于邲。晋军将帅对和战问题争论不休，步调不一，迟疑不进，在楚军突然进攻下大败，诸军争舟渡河，自相砍杀。邲之战后，楚庄王饮马黄河，雄视北方。鲁、宋、郑、陈诸小国又相继依附楚国，楚庄王一时称霸中原。

【原文】

　　夏六月，晋师救郑。荀林父将中军，先縠佐之。士会将上军，郤克佐之。赵朔将下军，栾书佐之。赵括、赵婴齐为中军大夫。巩朔、韩穿为上军大夫。荀首、赵同为下军大夫。韩厥为司马。

【译文】

　　夏天的六月，晋国军队去解救郑国。荀林父率领中军，先縠为辅佐；士会率领上军，郤克辅佐；赵朔率领下军，栾书作为辅佐。赵括、赵婴齐担任中军大夫，巩朔、韩穿担任上军大夫，荀首、赵同担任下军大夫。韩厥担任司马。

【原文】

及河①，闻郑既及楚平，桓子欲还，曰："无及于郑而剿民②，焉用之？楚归而动，不后。"随武子曰："善。会闻用师，观衅而动③。德刑政事典礼不易④，不可敌也，不为是征⑤。楚军讨郑，怒其贰而哀其卑，叛而伐之，服而舍之，德刑成矣。伐叛，刑也；柔服，德也。二者立矣。昔岁入陈，今兹入郑，民不罢劳⑥，君无怨讟⑦，政有经矣。荆尸而举⑧，商农工贾不败其业，而卒乘辑睦，事不奸矣⑨。蒍敖为宰，择楚国之令典⑩，军行，右辕，左追蓐⑪，前茅虑无，中权，后劲⑫，百官象物而动，军政不戒而备，能用典矣。

【注释】

①河：黄河。②无及于郑：指来不及救郑。剿：劳。③观衅：即待机，寻找机会。衅，间隙。④不易：合乎其道。⑤不为是征：不攻打这样的国家。⑥罢：同疲。⑦怨讟（dú）：怨恨。⑧荆尸：楚国的一种阵法。⑨奸：犯。⑩令典：好的法典。⑪追蓐：割草以备休息用。⑫后劲：以精兵为殿后。

【译文】

刚来到黄河，就听说郑国已经和楚国讲和，荀林父想要回去，说："还没有到达郑国，而又劳扰百姓，这次出兵有什么用呢？待楚军撤兵以后，我军再进入郑国，那个时候也不算晚。"士会说："好。我听说用兵之道，观察敌人的间隙而后行动，德行、刑罚、政令、事务、典则、礼仪合乎常道，就是不可抵挡的，不能进攻这样的国家。楚国的军队讨伐郑国，是因为讨厌郑国有二心，又可怜郑国的卑下，郑国背叛就讨伐他，郑国顺服就赦免他，德行、刑罚都完成了。讨伐背叛，这是刑罚；安抚顺服，这是德行，这二者树立起来了。往年讨伐陈国，现在讨伐郑国，百姓并没有因此而感觉疲劳，国君也没有因此而受到怨恨，这样政令就合于常道了。楚军摆成荆尸之阵而后发兵，井然有序，商贩、农民、工匠、店主都不废时失业，步兵车兵关系和睦，事务就互不相犯了。蒍敖做令尹时，选择实行楚国好的法典，军队出征时，右军跟随主将的车辕积极作战，左军打草以备休息之用，前面的军队以旌旗开路以防不测，中军为战事出谋划策，后军以精锐部队断后。各级将领根据旌旗的指示而采取相应的行动，这样一来军事政务不必等待命令就能妥善安排好，这就是能够运用典则了。

【原文】

"其君之举也^①，内姓选于亲，外姓选于旧；举不失德，赏不失劳；老有加惠，旅有施舍^②；君子小人，物有服章，贵有常尊，贱有等威；礼不逆矣。德立，刑行，政成，事时，典从，礼顺，若之何敌之？见可而进，知难而退，军之善政也。兼弱攻昧^③，武之善经也^④。子姑整军而经武乎，犹有弱而昧者，何必楚？仲虺有言曰：'取乱侮亡。'兼弱也。《汋》曰：'于铄王师^⑤，遵养时晦^⑥。'耆昧也^⑦。《武》曰：'无竞惟烈^⑧。'抚弱耆昧以务烈所，可也。"

【注释】

①举：选拔人才。②施舍：赐予。③昧：昏暗。④武：用兵。善经：好规则。⑤于：发语词。铄：美。⑥遵：率。养：取。时：此。⑦耆昧：攻昧。⑧无竞惟烈：意为功业举世无双。竞，强。烈，功业。

【译文】

"他们的国君在选拔人才时，同姓中会选择亲近的支系，异姓中会选择曾经有功绩的臣子；提拔人才不会忘记有德行的人，赏赐属下不会遗漏有功劳的人。对老人有优待，对居无定所者有赐予。君子和小人，都有各自规定的服饰。对尊贵的有一定的礼节示以尊重，对低贱的有一定的等级示以威严。这样礼节就没有不顺的了。德行树立，刑罚施行，政事成就，事务合时，典则执行，礼节顺当，我们拿什么来抵挡这样的楚国呢？看到可能就前进，遇到困难就后退，这是治军的好办法。兼并弱小讨伐昏暗，这是用兵的好规则。您姑且整顿军队、谋划出兵吧！还有弱小并且昏暗的国家存在，为什么一定要攻打楚国呢？仲虺曾经说过：'攻取动乱的国家，欺侮会灭亡的国家。'这就是所说的兼并衰弱。《诗经·周倾·酌》篇说：'天子的军队多么神气，率领他们把昏昧的国家占取。'说的就是进攻昏昧。《武》篇说：'武王的功业举世无双。'安抚衰弱进攻昏暗，以致力于功业所在，这样做就可以了。"

【原文】

彘子曰："不可。晋所以霸，师武臣力也。今失诸侯，不可谓力。有敌而不从，不可谓武。由我失霸，不如死。且成师以出，闻敌强而退，非夫也①。命为军师，而卒以非夫，唯群子能，我弗为也。"以中军佐济②。

【注释】

①夫：丈夫。②济：渡河。

【译文】

先縠说："不可以这样做。晋国之所以能够称霸，靠的是军队的勇武和臣子们的鼎力相助。现在失去了诸侯的支持，不能说是得力；有了敌人而不去追杀，不能说是勇敢。若是因为我们而丢掉霸主的地位，还不如去死呢。而且晋国整顿军队出外讨伐，听到敌人强大就退下阵来，这不是大丈夫所为。任命为军队的统帅，而做出了不是大丈夫所做的事，这只有你们能办到，我肯定不会这么做的。"说完，就带领中军渡过黄河。

【原文】

知庄子曰①："此师殆哉。《周易》有之，在《师》☷☵之《临》☷☱，曰：'师出以律②，否臧凶③。'执事顺成为臧，逆为否，众散为弱，川壅为泽，有律以如己也④，故曰律。否臧，且律竭也⑤。盈而以竭，夭且不整，所以凶也。不行谓之《临》，有帅而不从，临孰甚焉！此之谓矣。果遇，必败，彘子尸之⑥。虽免而归，必有大咎。"韩献子谓桓子曰："彘子以偏师陷，子罪大矣。子为元师，师不用命，谁之罪也？失属亡师，为罪已重，不如进也。事之不捷，恶有所分，与其专罪，六人同之，不犹愈乎？"师遂济。

【注释】

①知庄子：即荀首。②律：法。③否臧：不善。④有律以如己也：谓有法律号令者，以其能指挥三军如一人，犹自己指挥自己。如，从。⑤竭：尽，穷。⑥尸：主。

【译文】

荀首说:"先縠这些军队危险了。《周易》上有这样的卦象,从《师》卦变成《临》卦,爻辞说:'出兵用法令治理,法令不严明,结果必凶。'执行顺当而成功就是'臧',反过来就是'否'。众人不能团结在一起就是柔弱,流水堵塞就成为沼泽。有法制指挥三军如同指挥自己一样,所以叫作律。执行不顺当,法制治理就穷尽而无用。从充满到穷尽,阻塞而且不整齐,就是凶险的征兆了。不能流动叫作'临',有统帅而不服从,还有比这更严重的'临'吗?说的就是先縠的这个行为了。如果真的和敌人相遇,一定会失败,这是彘子的主要责任。即使免于战死而回国,一定有大的灾祸。"韩厥对荀林父说:"彘子率领一部分军队失陷,您的罪过大了。您作为一个国家的最高统帅,军队不听从您的命令,这是谁的罪过呢?失去属国丢掉军队,您的罪过已经很大了,这样的话,还不如进军打仗。假如作战不能得胜,失败的罪过可以共同分担,与其一个人承担罪责,还不如六个人共同承担,这样不是更好一点吗?"于是晋国的军队就渡过了黄河。

【原文】

楚子北师次于郔,沈尹将中军,子重将左,子反将右,将饮马于河而归。闻晋师既济,王欲还,嬖人伍参欲战。令尹孙叔敖弗欲,曰:"昔岁入陈,今兹入郑,不无事矣。战而不捷,参之肉其足食乎?"参曰:"若事之捷,孙叔为无谋矣。不捷,参之肉将在晋军,可得食乎?"令尹南辕反旆①,伍参言于王曰:"晋之从政者新,未能行令。其佐先縠刚愎不仁②,未肯用命。其三帅者专行不获,听而无上,众谁适从?此行也,晋师必败。且君而逃臣,若社稷何?"王病之,告令尹,改乘辕而北之,次于管以待之。

【注释】

①南辕反旆:回车南向,掉转大旗。言回楚。②刚愎:刚且狠。

【译文】

楚庄王率军北上,军队驻扎在郔地。沈尹率领中军,子重率领左军,子反率领右军,准备在黄河饮马以后就回国。他们听说晋国军队已经渡过了黄河,楚庄王想回国，但他的宠臣伍参认为应该打仗。令尹孙叔敖不认同，说："往年进攻陈国，现又进攻郑国，不是没有战争。如果发生战事而又不能取胜，难道吃了你的肉就可以了吗？"伍参说："如果战争取得胜利，那就是你孙叔敖没有谋略了；如果战争没能胜利，我伍参就会被晋军俘获，你又怎能吃得到我的肉呢？"说完，令尹便掉转车头，倒转旌旗准备回楚国。伍参对楚庄王说："晋国执政的荀林父是新人，不能行使命令。他的副手先縠刚愎不仁，不肯听从命令。他们的三个统帅，想要专权行事而不能办到。想要听从命令而没有上级，大军听从谁的命令？如果这时攻打晋国，晋军一定失败。况且我军只有国君统领，撤退就是国君逃避臣下，国君怎能蒙受这番耻辱？"庄王无言对答，命令尹调转车头北上，大军驻扎在管地待命。

【原文】

晋师在敖、鄗之间①。郑皇戌使如晋师②，曰："郑之从楚，社稷之故也，未有贰心。楚师骤胜而骄，其师老矣，而不设备，子击之，郑师为承③，楚师必败。"彘子曰："败楚服郑，于此在矣，必许之。"

【注释】

①敖、鄗（hào）：二山名，在河南荥阳市北。②皇戌：郑卿。③承：后继。

【译文】

晋国军队驻在敖、鄗两山之间。郑卿皇戌出使到晋军中，说："郑国跟随楚国，是为了保存国家的缘故，对晋国并没有二心。楚军连连得胜而产生骄傲，且楚军长期在外战争已疲惫不堪，对他国军队又不加防备，如果这时候晋军攻打楚军，我们郑国军队作为后继，则楚军必败。"先縠说："打败楚军，降服郑国，就在此一举了，一定要答应皇戌的请求。"

【原文】

栾武子曰："楚自克庸以来①，其君无日不讨国人而训之于民生之不易②，祸至之无日，戒惧之不可以怠。在军，无日不讨军实而申儆之于胜之不可保③，纣之百克，而卒无后。训以若敖、蚡冒，筚路蓝缕④，以启山林。箴之曰：'民生在勤，勤则不匮。'不可谓骄。先大夫子犯有言曰：'师直为壮，曲为老。'我则不德,而徼怨于楚,我曲楚直,不可谓老。其君之戎,分为二广,广有一卒⑤,卒偏之两⑥。右广初驾,数及日中⑦;左则受之,以至于昏。内官序当其夜⑧,以待不虞,不可谓无备。子良,郑之良也。师叔,楚之崇也。师叔入盟,子良在楚,楚、郑亲矣。来劝我战,我克则来,不克遂往,以我卜也,郑不可从。"

【注释】

①克庸:楚灭庸国为文公十六年(前611)事。②讨:治,教训。于:以。③军实:军中官兵。④筚路:柴车。蓝缕:破旧衣服。⑤广有一卒:谓每部一卒之车,即三十辆车。⑥卒偏之两:即每卒分为两偏。⑦数:漏刻之数。此指时间。⑧内官:王左右亲近的臣子。序:依次序。

【译文】

栾书说:"自从楚国降伏庸国以后,楚国的国君没有一天不提醒他的子民:百姓的生活不容易,不知道哪天就会有灾难,戒备警惕不能放松。在军队里,没有一天不告诫他的士兵:一朝的胜利不会长久,纵使有一百次的胜利,终究也没有什么好结果。君王还用若敖、蚡冒乘柴车、穿破衣开辟山林的事迹来训导他们。告诫说:'百姓的生计在于勤劳,勤劳就不会匮乏。'这就不能说他们骄傲。先大夫子犯说过:'出兵作战,是正义之战就气壮,非正义之战就气衰。'我们的战争是非正义之战,而又和楚军结怨,是我们理屈,楚国理直,不能说他们气衰。他们国君的战车分为左右二广,每广有战车一卒三十辆,每卒又分左右两偏。右广先套好战车,等时间到了中午,左广就来接替他,一直到晚上。君王左右亲近的臣子依照次序值夜,以防备意外发生,这就不能说没有防备。子良,是郑国的杰出人物;师叔,是楚国地位崇高的人物。师叔在郑国,以示结盟之诚意;子良在楚国,以表楚郑之亲近。郑国来劝我们与楚国作战,我们战胜就归顺我们;如果我们不能取胜,他们就会去投靠楚国,郑国这是用我们作为筹码。所以郑国的话不可听从。"

【原文】

赵括、赵同曰:"率师以来,唯敌是求。克敌得属,又何矣?必从彘子。"知季曰:"原、屏,咎之徒也①。"赵庄子曰:"栾伯善哉,实其言②,

必长晋国③。"

【注释】

①咎之徒也：谓二人自取祸患。②实：实践。③长：长久。

【译文】

赵括、赵同说："领兵而来，就是为了寻找敌人。战胜敌人，得到属国，又等待什么？一定要听从彘子的话。"荀首说："赵同、赵括是自取祸患。"赵庄子说："栾伯好啊！按照他的话来做，一定能使晋国长久。"

【原文】

楚少宰如晋师，曰："寡君少遭闵凶，不能文①。闻二先君之出入此行也②，将郑是训定，岂敢求罪于晋。二三子无淹久。"随季对曰："昔平王命我先君文侯曰：'与郑夹辅周室，毋废王命。'今郑不率③，寡君使群臣问诸郑，岂敢辱候人④？敢拜君命之辱。"彘子以为谄，使赵括从而更之，曰："行人失辞。寡君使群臣迁大国之迹于郑⑤，曰：'无辟敌。'群臣无所逃命⑥。"

【注释】

①不能文：谦词，谓不善辞令。②二先君：谓成王与穆王，均曾攻打郑国。出入此行：在这里来往。③率：遵循。④候人：送往迎来之官。此句言不劳楚人迎送。⑤迁大国之迹：外交辞令，意为赶走你们。⑥无所逃命：即非战不可。

【译文】

楚国的少宰到晋军中去，说："我们的国君年轻时遭到忧患，不善于辞令。听说成王和穆王在这里来往，就是打算教导和安定郑国，岂敢得罪晋国？您几位不要待得太久了！"士会回答说："以前周平王命令我们的先君晋文侯说：'和郑国共同辅佐周王室，不要废弃天子的命令。'现在郑国没有遵从天子的命令，我们君王派臣子们前来询问郑国，岂敢劳驾楚国官吏来迎送？恭敬地拜谢君王的命令。"先縠认为这是奉承楚国，就派赵括跟上去更正说："刚才我们的人的说法不恰当。我们国君让臣子们把楚国从郑国赶出去，说：'不要躲避敌人!'臣下们没有地方可以逃避命令。"

【原文】

楚子又使求成于晋,晋人许之,盟有日矣。楚许伯御乐伯,摄叔为右,以致晋师①,许伯曰:"吾闻致师者,御靡旌摩垒而还②。"乐伯曰:"吾闻致师者,左射以菆③,代御执辔,御下两马④,掉鞅而还⑤。"摄叔曰:"吾闻致师者,右入垒,折馘⑥,执俘而还。"皆行其所闻而复⑦。晋人逐之,左右角之⑧。乐伯左射马而右射人,角不能进,矢一而已。麋兴于前⑨,射麋丽龟⑩。晋鲍癸当其后,使摄叔奉麋献焉,曰:"以岁之非时,献禽之未至,敢膳诸从者。"鲍癸止之,曰:"其左善射,其右有辞,君子也。"既免。

【注释】

①致晋师:古代战前先使勇士犯敌称致师,即单车挑战。②靡旌:车疾行则旗必斜披,因代指快速驾车。摩:迫近。③菆(zōu):好箭。④两:整齐。⑤掉鞅:拔掉马颈上的皮带。⑥折馘:杀死敌人,割掉耳朵。⑦行其所闻:照所说的做了。⑧左右角之:谓张两角左右夹攻。⑨兴:出现。⑩丽:中。龟:背部。

【译文】

楚庄王又派使者向晋国求和,晋国人答应了,已约定了结盟的日期。楚国的许伯替乐伯驾御战车,摄叔作为车右,向晋军单车挑战。许伯说:"我听说单车挑战,驾车人快速驾车使旌旗倾斜,快逼近敌营时,然后回来。"乐伯说:"我听说单车挑战,车左用锋利的箭射向敌人,并代替驾车人执掌马缰,驾车人则下车整齐马匹,拔掉马脖子上的皮带,然后回来。"摄叔说:"我听说单车挑战,车右攻入敌人营地,杀死敌人并割取左耳,抓住俘虏,然后回来。"他们都按照他们所听到的去做了,然后回来。晋国人追杀他们,并对他们两面夹攻。乐伯的车左射杀马匹,车右射杀敌人,这样晋军不能对他们左右两边夹击。这时乐伯他们只剩下一支箭了。有麋鹿出现在前面,乐伯射麋鹿正中背部。晋国的鲍癸正在后面,乐伯让摄叔拿着麋鹿献给他,说:"由于今年还不到时令,应当奉献的禽兽没有来,谨把它奉献给您的随从作为膳食。"鲍癸阻止部下,不再追赶,说:"他们的车左善于射箭,车右善于辞令,都是君子啊。"因此许伯等三人都免于被俘。

【原文】

晋魏锜求公族未得，而怒，欲败晋师。请致师，弗许。请使，许之。遂往，请战而还。楚潘党逐之，及荥泽，见六麋，射一麋以顾献曰①："子有军事，兽人无乃不给于鲜②，敢献于从者。"叔党命去之③。赵旃求卿未得，且怒于失楚之致师者。请挑战④，弗许，请召盟。许之。与魏锜皆命而往⑤。郤献子曰："二憾往矣，弗备必败。"彘子曰："郑人劝战，弗敢从也。楚人求成，弗能好也。师无成命，多备何为。"士季曰："备之善。若二子怒楚，楚人乘我⑥，丧师无日矣。不如备之。楚之无恶，除备而盟，何损于好？若以恶来，有备不败。且虽诸侯相见，军卫不彻，警也。"彘子不可。

【注释】

①顾：回头。②兽人：掌打猎的官。给：足。③去之：不再追赶。④挑战：率军队出战。⑤皆命：一起受命。⑥乘：乘势掩杀。

【译文】

晋国的魏锜寻求公族大夫一职没有得到，因而恼怒，于是想让晋军失败。请求单车挑战，没有得到允许。请求出使，允许了。于是就来到楚军中，请战以后而回国。楚国的潘党追赶他，到达荥泽时，看见六只麋鹿，魏锜就射杀了其中的一只，并回车把它献给了潘党，说："您有军事在身，打猎的人恐怕不会给您新鲜的野兽吧？这个麋鹿就奉献给您的随从人员。"潘党下令不再追赶魏锜。赵旃请求做卿没有达到目的，而且对于失掉楚国单车挑战的人很生气，就请求挑战，没有得到允许。请求召请楚国人前来结盟，允许了。赵旃和魏锜一起受命前往。郤克说："这两个心怀不满的人去了，不加防备，必然失败。"先縠说："郑国人劝我们作战，不敢听从；楚国人求和，又不能实行友好。带兵没有固定的策略，多加防备做什么？"士会说："防备他们为好。如果这两位激怒了楚国，楚国人乘势掩杀，不知道哪天就丧失了军队。不如防备他们。如果楚国没有恶意，放弃戒备和我国结为盟军，哪里会损害友好？如果楚国带有恶意，我国有了防备也不会惨败。况且即使是诸侯相见，军队的守备也不加撤除，这就是警惕。"先縠不同意。

【原文】

士季使巩朔、韩穿帅七覆于敖前①，故上军不败。赵婴齐使其徒先具舟于河，故败而先济。

【注释】

①七覆：七处伏兵。

【译文】

士会让巩朔、韩穿带领士兵在敖山之前设了七处埋伏，所以上军不败。赵婴齐派他的部下在黄河处早就备好了船只，所以赵婴齐战败后就渡过黄河逃跑了。

【原文】

潘党既逐魏锜，赵旃夜至于楚军，席于军门之外①，使其徒入之。楚子为乘广三十乘，分为左右。右广鸡鸣而驾，日中而说②。左则受之，日入而说。许偃御右广，养由基为右。彭名御左广，屈荡为右。乙卯，王乘左广以逐赵旃。赵旃弃车而走林，屈荡搏之③，得其甲裳。晋人惧二子之怒楚师也，使軘车逆之④。潘党望其尘，使骋而告曰："晋师至矣。"楚人亦惧王之入晋军也，遂出陈。孙叔曰："进之。宁我薄人⑤，无人薄我。《诗》云：'元戎十乘，以先启行⑥。'先人也。《军志》曰：'先人有夺人之心'。薄之也。"遂疾进师，车驰卒奔，乘晋军⑦。桓子不知所为，鼓于军中曰："先济者有赏⑧。"中军、下军争舟，舟中之指可掬也⑨。

【注释】

①席：铺席并登席而坐。②说：同税，御车。③搏：搏斗。④軘车：专用于屯守的兵车。⑤薄：迫，靠近。⑥元戎：大戎，冲锋陷阵的兵车。启行：冲破敌军，打开缺口。⑦乘：掩袭。⑧济：渡河。此指渡河退回。⑨掬：捧。此言兵士争舟，先乘者以刀断攀船舷欲上船的人的手指，以免船载人太多。

【译文】

潘党已经赶走了魏锜，赵旃在夜里来到了楚军营地，在楚军营地门外铺席而坐，并派他的部下进入楚军驻地。楚庄王的战车一广三十辆，共分为左右两广。右广在早晨鸡叫的时候套车，太阳到了中天卸车；这时候左广就接替右广，到太阳落山后才卸车。许偃驾御右广的战车，养由基作车右；彭名驾御左广的战车，屈荡任车右。六月十四日，楚庄王乘坐左广的战车来追杀赵旃。赵旃丢弃战车逃跑到树林里，车右屈荡和他搏斗，扯下了他的铠甲。晋国人担心这两个人会激怒楚军，就派屯守的兵车去接他们。潘党望着飞扬的尘土，派战车快速去报告说："晋国的军队过来了。"楚国人也担心楚庄王会陷入晋军之中，于是就出兵迎战。孙叔敖说："进攻！宁可是我们逼近敌军，也不能让敌人靠近我们。《诗》说：'冲锋陷阵的十辆兵车在前面开路'，这是要抢在敌人的前面。《军志》说：'抢在敌人前面，可以夺去敌人的士气。'这是要主动迫近敌人。"于是很快的向前进军，战车疾驰，士兵飞奔，围攻晋军。荀林父不知该如何是好，就在军中击鼓说："先渡河撤回的有奖赏。"中军、下军互相争夺船只，争先恐后，先上船的人用刀砍断后来者攀着船舷的手指，船中砍断的手指头多得可以用手捧起来。

【原文】

晋师右移①，上军未动。工尹齐将右拒卒以逐下军②。楚子使唐狡与蔡鸠居告唐惠侯曰："不榖不德而贪，以遇大敌，不榖之罪也。然楚不克，君之羞也，敢藉君灵以济楚师。"使潘党率游阙四十乘③，从唐侯以为左拒，以从上军。驹伯曰："待诸乎？"随季曰："楚师方壮，若萃于我，吾师必尽，不如收而去之。分谤生民④，不亦可乎？"殿其卒而退⑤，不败。

【注释】

①右移：黄河在右，晋军向右逃走渡河。②右拒：右边方阵。③游阙：指用作机动的兵车。④分谤生民：分担罪责，保存实力。⑤殿其卒：为上军作后卫。

【译文】

晋军向右渡过黄河逃走，上军没有行动。工尹齐率领右方阵的士兵，以追逐晋国的下军。楚庄王派唐狡和蔡鸠居报告唐惠侯说："我无功无德而贪婪，所以遭遇强敌，这是我的罪过呀。如果楚军不能取胜，这是君王的羞辱。谨借重各位君王的福佑来帮助楚军取得胜利。"于是派遣潘党率领后备战车四十辆，跟随唐侯作为左方阵，来迎战晋国的上军。驹伯说："对抗楚军吗？"士会说："现在楚军的士气正旺盛，如果楚军集中兵力来攻打我们上军，我们的上军必定被消灭，不如收兵离开。分担战败的罪责，以保全士兵的性命，不也是可以的吗？"于是，士会就亲自作为上军殿后而退兵，因此没有被打败。

【原文】

　　王见右广，将从之乘。屈荡户之①，曰："君以此始，亦必以终。"自是楚之乘广先左。

【注释】

　　①户：止。

【译文】

　　楚庄王看到右广战车，便准备去乘坐。屈荡拦住了楚庄王说："君王乘坐左广开始作战，也一定要乘坐它结束战争。"从此以后楚军乘坐的战车改以左广为先。

【原文】

　　晋人或以广队不能进①，楚人惎之脱扃②，少进，马还③，又惎之拔旆投衡④，乃出。顾曰："吾不如大国之数奔也。"

【注释】

　　①广：兵车。队：同坠，指陷入坑内。②惎（jì）：教。扃：车前横木。③还：盘旋不进。④衡：车辄。辕前横木以轭马颈者。

【译文】

　　晋军中有兵车陷入坑内而不能前行，楚国人教他们把车前的横木撤掉，向前走了没多远，马盘旋不能前进，楚国人又教他们拔掉旌旗，抽出车辕头上的横木，这样才逃了出去。晋军转过头来说："我们可不像大国的人有多次逃跑的经验。"

【原文】

赵旃以其良马二，济其兄与叔父，以他马反，遇敌不能去，弃车而走林。逢大夫与其二子乘，谓其二子无顾。顾曰："赵傻在后①。"怒之，使下，指木曰："尸女于是②。"授赵旃绥③，以免。明日以表尸之④，皆重获在木下⑤。

【注释】

①傻：同叟。②尸：收尸。③绥：挽以上车的绳索。④以表：按照标志。⑤重获在木下：谓在那树下找到了他两个儿子叠在一起的尸体。

【译文】

赵旃用他的两匹好马，帮助他的哥哥和叔父逃跑，而他用其他的马驾车回来，遭遇敌人不能逃脱，就丢掉战车逃到树林中。正好遇到晋国大夫和他的两个儿子乘坐战车逃跑，大夫对他的两个儿子说不要回头看。他的儿子回头望说："赵老头在后面。"大夫大怒，让他的两个儿子下车，并指着树林说："在这儿给你们收尸。"大夫把上车的缰绳给了赵旃，赵旃得以逃脱。第二天，按照标志前去收尸，在树下找到了大夫两个儿子叠压在一起的尸首。

【原文】

楚熊负羁囚知罃。知庄子以其族反之，厨武子御，下军之士多从之。每射，抽矢，菆，纳诸厨子之房①。厨子怒曰："非子之求而蒲之爱②，董泽之蒲，可胜既乎③？"知季曰："不以人子④，吾子其可得乎？吾不可以苟射故也⑤。"射连尹襄老，获之，遂载其尸。射公子榖臣，囚之。以二者还。

【注释】

①房：箭房，即箭袋。②非子之求：不去救自己的儿子。蒲：蒲柳，是制箭杆的材料。③胜：尽。既：取。④不以人子：捉不到敌人的儿子。⑤不可以苟射：不随意把好箭用掉。

【译文】

楚国的熊负羁俘获了知罃。荀首率领他的部属回来战斗，魏锜驾御战车，

· 148 ·

下军的士兵大多跟着回来。荀首每次射箭,抽箭,如果是利箭,就放在魏锜的箭袋里。魏锜发怒说:"不去寻找儿子,反而爱惜蒲柳,董泽的蒲柳,难道可以用得完吗?"荀首说:"不捉到敌人的儿子,我的儿子就能得到了吗?这就是我不能随便把好箭射出去的缘故。"荀首射中了连尹襄老,得到他的尸首,就用战车装上;射中公子榖臣,把他囚禁起来。荀首带了这两个人回去。

【原文】

及昏,楚师军于邲,晋之余师不能军,宵济,亦终夜有声①。

【注释】

①终夜有声:谓军队无法约束,吵闹不停。

【译文】

等到黄昏,楚军就驻扎在邲地,晋国剩余的士兵已经溃不成军,夜里渡河,喧吵了一整夜。

【原文】

丙辰,楚重至于邲①,遂次于衡雍。潘党曰:"君盍筑武军②,而收晋尸以为京观③。臣闻克敌必示子孙,以无忘武功。"楚子曰:"非尔所知也。夫文,止戈为武。武王克商。作《颂》曰:'载戢干戈,载櫜弓矢④。我求懿德,肆于时《夏》⑤,允王保之。'又作《武》,其卒章曰'耆定尔功⑥'。其三曰:'铺时绎思,我徂求定⑦。'其六曰:'绥万邦⑧,屡丰年。'夫武,禁暴、戢兵、保大、定功、安民、和众、丰财者也。故使子孙无忘其章。今我使二国暴骨,暴矣;观兵以威诸侯,兵不戢矣。暴而不戢,安能保大?犹有晋在,焉得定功?所违民欲犹多,民何安焉?无德而强争诸侯,何以和众?利人之几⑨,而安人之乱,以为己荣,何以丰财?武有七德,我无一焉,何以示子孙?其为先君宫,告成事而已⑩。武非吾功也。古者明王伐不敬,取其鲸鲵⑪而封之,以为大戮,于是乎有京观,以惩淫慝⑫。今罪无所,而民皆尽忠以死君命,又可以为京观乎?"祀于河,作先君宫,告成事而还。

【注释】

①重：辎重。②武军：谓军营或坟墓。③京观：高丘，坟山。④戢：收藏兵器。櫜（gāo）：弓衣，此作动词。⑤肆：陈设。⑥耆：致。⑦铺：今诗作"敷"，布。绎：思：语末助词。徂：往。⑧绥：安抚。⑨几：危。⑩成事：战胜。⑪鲸鲵：海中大鱼。⑫淫慝：不敬。

【译文】

六月十五这一天，楚军的辎重到达邲地，军队就驻扎在衡雍。潘党说："君王为什么不建筑起军营以显示武功，收集晋国人的尸首建立一个大坟堆？下臣听说战胜了敌人一定要有纪念物给子孙看，表示不忘记武功。"楚庄王说："这不是你所知道的。说到文字，止戈二字合起来是个武字。武王战胜商朝，作《周颂》说：'收拾干戈，包藏弓箭。我追求那美德，陈于这《夏》乐之中，成就王业而保有天下。'又作《武》篇，它的最后一章说：'得以巩固你的功业。'《周颂》的第三章说：'布陈先王的美德而加以发扬，我前去征讨只是为了求得安定。'它的第六章说：'安定万邦，常有丰年。'武功，是用来禁止强暴、消灭战争、保持强大、巩固功业、安定百姓、调和大众、丰富财物的，所以要让子孙不要忘记他的大功。现在我让两国士兵暴露尸骨，这是强暴了；显耀武力以使诸侯畏惧，战争不能消灭了；强暴而不消灭战争，哪里能够保持强大？还有晋国存在，如何能够巩固功业？违背百姓愿望的事还很多，百姓如何能够安定？没有德行而勉强和诸侯相争，用什么调和大众？乘别人之危谋取自己的利益，趁人之乱谋取自己的安定，如何能丰富财物？武功具有七种美德，我对晋国用兵却没有一项美德，用什么来昭示子孙后代？还是为楚国的先君修建宗庙，把成功的事祭告先君罢了。用武不是我追求的功业。古代圣明的君王征伐对上不恭敬的国家，抓住它的罪魁祸首杀掉埋葬，作为一次大杀戮，这样才有了坟堆以惩戒罪恶。眼下并不能明确指出晋国的罪恶在哪里，士卒都尽忠为执行国君的命令而死，又难道能建造坟堆来惩戒吗？"楚庄王说完，就在黄河边上祭祀了河神，修建了先君的神庙，报告战争胜利，然后回国。

【原文】

是役也，郑石制实入楚师①，将以分郑而立公子鱼臣。辛未，郑杀仆叔子服。君子曰："史佚所谓毋怙乱者②，谓是类也。《诗》曰：'乱离瘼矣，爰其适归③？'归于怙乱者也夫。"

【注释】

①入楚师：招楚师入郑。②怙乱：凭借动乱。③乱离：兵荒马乱。瘼：疾苦。爰其适归：何处可去，何处可归宿。

【译文】

这次战役，都是因为郑国的石制招惹楚军入郑而导致的，楚国企图分裂郑国并立公子鱼臣为国君。七月二十九日，郑国人杀死了鱼臣和石制。君子说："史佚所说的'不要凭借动乱的人'，说的就是这一类人。《诗》说：'到处兵荒马乱，人们生活疾苦，有什么地方可以归宿呢？'这就要归罪于靠动乱来谋私利的人吧！"

【原文】

郑伯、许男如楚。

【译文】

郑襄公、许昭公到楚国去。

【原文】

秋，晋师归，桓子请死，晋侯欲许之。士贞子谏曰："不可。城濮之役，晋师三日谷，文公犹有忧色。左右曰：'有喜而忧，如有忧而喜乎？'公曰：'得臣犹在，忧未歇也。困兽犹斗，况国相乎！'及楚杀子玉，公喜而后可知也，曰：'莫余毒也已。'是晋再克而楚再败也①。楚是以再世不竞②。今天或者大警晋也，而又杀林父以重楚胜，其无乃久不竞乎？林父之事君也，进思尽忠，退思补过，社稷之卫也，若之何杀之？夫其败也，如日月之食焉，何损于明？"晋侯使复其位。

【注释】

①再克：再次胜利。败其军为一胜，杀其国相为一胜。②再世：两世，指成

王、穆王两世。不竞：不强。

【译文】

秋天的时候，晋军回到晋国，荀林父向晋国国君晋景公请求处以死罪，晋景公正准备答应他。这时候，士贞子劝谏说："不能这么做，晋楚城濮之战时，楚军留下来的粮食让晋军吃了三天，文公仍神色忧郁。左右随从说：'有了喜事而忧愁，假如有了忧事反倒喜悦吗？'文公说：'楚国得力的臣子还在，我的忧愁还不能算完结。被围困的野兽还要争斗，更何况是一国的宰相呢？'等到楚国杀了得臣，文公喜形于色说：'现在已经没有人对抗我了。'这是晋国的再次胜利，也是楚国的再次失败，楚国由此两世都不能强大起来。现在或许是上天要给晋国一个警告吧，再把荀林父处死让楚国得到双重的胜利，这样恐怕晋国很久都不会有与其他国家抗衡的力量了！荀林父事奉国君，进，就忠心耿耿报效君主；退，就反省自己，以弥补过失，是捍卫国家的忠义之士，又怎么能杀他呢？他这次带军失败，就像日蚀月蚀一样，怎么会损害日月的光明呢？"于是晋景公就命令荀林父官复原职。

【评析】

楚国是南方地区的大国，地广民众，物产丰富，兵源充足。虽然在城濮之战中遭遇失败，但仍具有东山再起的实力。于是此后不久，楚国便与晋国讲和，以缓解晋国对楚国造成的压力。在此基础上，楚国积极发展军力，伺机再次北上中原，同晋国争夺春秋霸主之位。

邲之战，即是晋、楚之间争霸中原的一次较量。在作战中，楚军利用晋军内部分歧、指挥无力等弱点，适时出击，战胜对手，从而一洗城濮之战中失败的耻辱，也成就了楚庄王的霸主地位。邲之战让楚国在中原地区暂时占了上风，于是郑襄公、许昭公亲自前往楚国，表示归从。这也就是在当时大国争霸的战乱形势下，小国为了保住自己的一席之地而不得不奉行的生存之道吧。

晋国自城濮之战胜利后，便放松了对楚国的警戒，与此同时，和以前的同盟国秦产生了矛盾。矛盾的不断激化，使两国间战事频繁，其中最为著名的便是邲之战。邲之战中晋军大获全胜，然而这却为以后的战略布局埋下隐患，使得本是盟国的秦军由于兵戎相见而不得不向楚国示好。楚国得到秦军的支持，也就在很大程度上牵制了晋军的力量，这也为楚国再次北进中原提供了客观上的帮助。

宋及楚平　　（宣公十四年、十五年）

【题解】

　　楚军围宋，宋即求救于晋国。晋国派解扬向宋国传达"晋师悉起，将至矣"的消息，以鼓励宋军坚守到底。然而解扬落入楚军之手，一波三折，解扬以自己的智慧完成了晋侯的使命，并逃出楚国。然而宋军没有得到晋国的支援，心生恐惧。华元受命潜入楚营，威逼子反就范，楚遂撤军三十里，订盟而去。

【原文】

　　楚子使申舟聘于齐，曰："无假道于宋①。"亦使公子冯聘于晋，不假道于郑。申舟以孟诸之役恶宋，曰："郑昭宋聋②，晋使不害，我则必死。"王曰："杀女，我伐之。"见犀而行③。及宋，宋人止之，华元曰："过我而不假道，鄙我也④。鄙我，亡也。杀其使者必伐我，伐我亦亡也。亡一也。"乃杀之。楚子闻之，投袂而起⑤，屦及于窒皇⑥，剑及于寝门之外，车及于蒲胥之市。秋九月，楚子围宋。

【注释】

　　①假道：借路。无假道，即不打招呼，径趋而过。②昭：眼明。此与下聋借指处事方法，言郑国解事，懂得权衡利害，宋国则否。③见：引见。④鄙我：以我为边鄙县邑。⑤投袂：即奋袂，甩衣袖。⑥窒皇：从堂到宫门的甬道。此句意为侍从送鞋的追到前庭才追上楚王。

【译文】

　　楚庄王派申舟到齐国访问，说："不要向宋国借路。"同时，楚庄王又派公子冯到晋国访问，也不让向郑国借路。申舟因为在孟诸打猎时得罪了宋国，就对楚庄王说："郑国是明白的，宋国是糊涂的；去晋国的使者不会受害，而我却定会被杀。"楚王说："要是杀了你，我就攻打宋国。"申舟把儿子申犀托付给楚王后就出发了。申舟到了宋国，宋国就把他扣留了。华元说：

·153·

"经过我国而不向我们借路，这是把我们的国土当成了楚国的边鄙县邑。把我国当成楚国的边邑，这是视我为被灭亡之国。杀了楚国的使臣，楚国一定会攻打我们。攻打我们也是亡国，反正都是一样亡国。"于是便杀了申舟。楚庄王听到申舟被杀的消息，甩袖起身便跑，随从人员追到寝宫甬道上才送上鞋子，追到寝宫门外才送上佩剑，追到蒲胥街市才让他坐上车子。这年秋天九月，楚庄王派兵包围了宋国。

【原文】

冬，公孙归父会齐侯于谷。见晏桓子，与之言鲁乐①。桓子告高宣子曰："子家其亡乎，怀于鲁矣②。怀必贪，贪必谋人。谋人，人亦谋己。一国谋之，何以不亡？"

【注释】

①鲁乐：在鲁的快乐。②怀：留恋宠信。

【译文】

宣公十四年冬季，公孙归父在谷地会见齐襄公。见到晏桓子，和他聊起在鲁国的快乐。晏桓子告诉高宣子说："归父恐怕会逃亡吧！他留恋鲁国。留恋必然贪婪，贪婪必然算计别人。算计别人，别人也算计他自己。一个国家里的人算计他，怎么会不逃亡？"

【原文】

孟献子言于公曰："臣闻小国之免于大国也①，聘而献物，于是有庭实旅百②。朝而献功③，于是有容貌采章④，嘉淑而有加货⑤。谋其不免也。诛而荐贿⑥，则无及也。今楚在宋，君其图之。"公说。

【注释】

①免：免罪。②庭实旅百：指所献的礼物。③献功：献治国征伐之功。④容貌采章：指充作装饰的羽毛齿革等物品。⑤嘉淑：美好。加货：额外的礼物。⑥诛：受到责备。荐：进。

【译文】

孟献子对鲁宣公说:"臣听说小国能免罪于大国,是去聘问又进献财物,因此就有庭中陈列的礼物上百件;去朝见并进献功劳,因此就有各色各样的装饰品,美好而且加之以额外礼物,这是为了谋求免除不能赦免的罪过。当大国加以责罚后再进奉财货,就来不及了。现在楚国正屯兵在宋国,君王应该考虑一下!"鲁宣公很高兴。

【原文】

宋人使乐婴齐告急于晋。晋侯欲救之。伯宗曰:"不可。古人有言曰:'虽鞭之长,不及马腹。'天方授楚,未可与争。虽晋之强,能违天乎?谚曰:'高下在心①。'川泽纳污②,山薮藏疾③,瑾瑜匿瑕④,国君含垢⑤,天之道也,君其待之。"乃止。使解扬如宋,使无降楚,曰:"晋师悉起,将至矣。"郑人囚而献诸楚,楚子厚赂之,使反其言,不许,三而许之。登诸楼车⑥,使呼宋人而告之。遂致其君命⑦。楚子将杀之,使与之言曰:"尔既许不穀而反之,何故?非我无信,女则弃之,速即尔刑。"对曰:"臣闻之,君能制命为义⑧,臣能承命为信,信载义而行之为利⑨。谋不失利,以卫社稷,民之主也。义无二信,信无二命。君之赂臣,不知命也。受命以出,有死无霣⑩,又可赂乎?臣之许君,以成命也。死而成命,臣之禄也⑪。寡君有信臣,下臣获考死⑫,又何求?"楚子舍之以归。

【注释】

①高下在心:谓处理事情高下屈伸,都在乎心中有数。意为劝晋侯忍耐谨慎。②污:污垢。③薮:草野。疾:指毒害人的虫蛇。④瑾瑜:均为美玉。⑤含垢:忍受耻辱。⑥楼车:装有望敌楼的兵车。⑦致:传达。⑧制命:制定发布正确的命令。⑨信载义:以信实去承受道义。⑩霣:同陨,毁弃。⑪禄:福。考:成。⑫考死,谓完成命令而死。

【译文】

宋国人派乐婴齐去晋国告急求援,晋景公想救助宋国。伯宗说:"不可以,古人说过:'虽鞭之长,不及马腹。'上天护佑楚国,不能同它争斗。晋国虽然强盛,能够违背天意吗?俗话说:'处理事情高下屈伸,都在乎心中有数。'河流湖泊能容纳污秽，山林草莽隐藏着毒虫猛兽，美玉中也隐匿着瑕疵，国君也要忍受耻辱，这是上天的常规，君王还是等一等吧。"晋景公便停止了出兵救宋。晋国派解扬到宋国去，告诉宋国不要向楚国投降，解扬对宋国说："晋军已经出发，快要到宋国了。"解扬路过郑国时，郑国人囚禁了解扬并把他献给楚国。楚庄王用重礼收买他，让他对宋国人说相反的话。解扬没有答应。楚庄王再三劝说，他才答应了。楚庄王让解扬登上楼车，对宋国人说晋军不来救宋国，但解扬借机传达了晋君要宋人坚守待援的命令。楚庄王要杀解扬，派人对他说："你既然已经答应了我，却又反悔，是什么缘故？这不是我不讲信用，而是你丢弃了它，快去接受你该受的刑罚吧！"解扬回答说："臣听说，国君能制定正确的命令就叫道义，臣子能奉行国君命令就叫信用，信用贯彻了道义然后去做就是利益。有谋略而不丢失利益，以此捍卫国家，这才是百姓的主人。道义不能有两种信用，信用不能接受两种命令。君王收买臣下，就是不懂"信无二命"的道理。我奉国君之命出使，宁可一死而不能废弃命令，难道可以用财物收买吗？我之所以答应君王，是为了有机会完成我国君赋予我的使命。即使死了，能够完成使命，那也是我的福分。我们国君有诚信的臣下，臣下又能死得其所，还有什么可求的呢？"楚庄王赦免了解扬，放他回去。

【原文】

夏五月，楚师将去宋。申犀稽首于王之马前，曰："毋畏知死而不敢废王命，王弃言焉。"王不能答。申叔时仆，曰："筑室反耕者①，宋必听命。"从之。宋人惧，使华元夜入楚师，登子反之床，起之曰："寡君使元以病告②，曰：'敝邑易子而食，析骸以爨。虽然，城下之盟，有以国毙③，不能从也。去我三十里，唯命是听。'"子反惧，与之盟而告王。退三十里。宋及楚平，华元为质。盟曰："我无尔诈，尔无我虞④。"

【注释】

①筑室：建筑房舍。反耕者：叫回耕田的农民。这样做表示楚国将长久留在此地。②病：困境。③有以国毙：宁可让国家灭亡。④虞：欺骗。

【译文】

夏天五月,楚国军队要撤离宋国,申犀在楚庄王的马前叩头说:"无畏明知会死,但不敢背弃君王的命令,现在君王您食言了。"楚王无法回答。申叔时正为楚庄王驾车,他说:"修建房屋,把种田的人叫回来,宋国必然会听从君王的命令。"楚庄王听从了。宋人害怕,派华元在夜里潜入楚军营地,上了子反的床,叫他起来说:"我们国君派我来把宋国的困难告诉你,说:'敝国人已经在交换孩子杀了吃,劈开尸骨烧火做饭。即使这样,兵临城下被逼签订的盟约,就算让国家灭亡,也不能答应。如果你们撤兵三十里,宋国就唯命是听。'"子反很害怕,就与华元定了盟誓,并报告了楚庄王。楚军退兵三十里,宋国与楚国讲和。华元当了人质。盟誓上说:"我不欺你,你不骗我。"

【评析】

楚庄王轻视宋国,使者过境而不借道,为宋所杀。楚庄王为此兴师围宋。宋人求救于晋景公。当时正值楚国国力强盛,又天方授楚,虽晋之强,能违天乎?且有古人言"虽鞭之长,不及马腹",又"高下在心",望"国君含垢"。于是晋景公暂时放弃了出兵救宋的打算。

晋国虽然没有派兵为宋解围之意,但希望宋国能够坚守到底。于是派解扬前往宋国,传达宋兵将至的消息,以鼓舞宋军士气。然而解扬却落入楚人之手,楚君赐以厚礼希望他向宋人传达相反的消息。在楚君的再三威逼之下,解扬只能佯装同意。然而当他向宋军喊话时,却传达了晋君的意旨。楚庄王大怒欲杀之。解扬则认为自己所受之命应是晋侯之命,既已受命,有死而已;所说的信,应是对晋侯的忠信。解扬临危不惧,誓死捍卫晋侯之使命,这着实让楚王感动,于是舍之以归。

楚国对宋国的长期围困,使宋人大为恐惧。华元受命潜入楚营,以咄咄逼人之势迫使子反退兵,说即使城内易子而食,析骸以爨,也不会接受城下之盟,屈膝投降。于是楚军便后退三十里,订立"我无尔诈,尔无我虞"之盟。

七 宣公

八 成公

齐晋鞌之战

（成公二年）

【题解】

本文通过对几个主要人物的细节描写，展示了鞌之战的整个过程，揭示了这场战争胜负的原因是由于齐军骄傲轻敌，晋军同仇敌忾。

【原文】

师从齐师于莘。六月壬申，师至于靡笄之下。齐侯使请战，曰："子以君师，辱于敝邑，不腆敝赋①，诘朝请见②。"对曰："晋与鲁、卫，兄弟也。来告曰：'大国朝夕释憾于敝邑之地③。'寡君不忍，使群臣请于大国，无令舆师淹于君地④。能进不能退，君无所辱命⑤。"齐侯曰："大夫之许，寡人之愿也；若其不许，亦将见也。"齐高固入晋师，桀石以投人⑥，禽之而乘其车，系桑本焉⑦，以徇齐垒⑧，曰："欲勇者贾余余勇⑨。"

【注释】

①不腆敝赋：外交谦词，不强大的军队。②诘朝：明天早晨。③朝夕：早晚。意为不断。释憾：发泄怨气。④淹：久留。⑤无所：无须。⑥桀：举。⑦桑本：桑树根。⑧徇：遍行。⑨贾：卖。

【译文】

晋、鲁、卫联军在莘地追上齐军。六月十六日，军队到达靡笄山下。齐顷公派人请战，说："您带领国君的军队光临敝邑，敝国的士兵不强，也请在明天早晨相见决战。"郤克回答说："晋和鲁、卫是兄弟国家，他们前来告诉我们说：'大国不分早晚都在敝邑的土地上发泄气愤。'寡君不忍，派下臣们前来向大国请求，同时又不让我军长久留在贵国。我们只能前进不能后退，您的命令是不会不照办的。"齐顷公说："大夫允许，正是齐国的愿望；如果不允许，也要兵戎相见。"齐国的高固攻打晋军，拿起石头扔向晋军，抓住晋军战俘，然后坐上他的战车，把桑树根子系在车上，巡行到齐营说："想要勇气的人可以来买我剩下的勇气！"

【原文】

癸酉，师陈于鞌。邴夏御齐侯，逢丑父为右。晋解张御郤克，郑丘缓为右。齐侯曰："余姑翦灭此而朝食。"不介马而驰之①。郤克伤于矢，流血及屦，未绝鼓音，曰："余病矣②！"张侯曰："自始合，而矢贯余手及肘，余折以御，左轮朱殷③，岂敢言病。吾子忍之！"缓曰："自始合，苟有险，余必下推车，子岂识之？然子病矣！"张侯曰："师之耳目，在吾旗鼓，进退从之。此车一人殿之④，可以集事⑤，若之何其以病败君之大事也？擐甲执兵⑥，固即死也。病未及死，吾子勉之！"左并辔⑦，右援枹而鼓⑧，马逸不能止，师从之。齐师败绩。逐之，三周华不注⑨。

【注释】

①介：甲。②病：伤。③朱殷：殷红，深红。④殿：镇守。⑤集事：成事。⑥擐（huàn）：穿。⑦并辔：驾车本双手挽辔，以一手双辔称并辔。⑧枹（fú）：鼓槌。郤克受伤，故解张帮他击鼓。⑨三周：绕了三圈。

【译文】

十七日，齐、晋两军在鞌地摆开阵势。邴夏为齐顷公驾车，逢丑父作为车右。晋国的解张为郤克驾车，郑丘缓作为车右。齐顷公说："我暂且消灭了这些人再吃早饭。"马不披甲，驰向晋军。郤克受了箭伤，血流到鞋子上，但是鼓声不断，说："我受伤了！"解张说："从一开始交战，箭就射穿了我的手和肘，我折断了箭杆仍驾车，左边的车轮都染成深红色，哪里敢说受伤？您忍着点吧！"郑丘缓说："从一开始交战，如果遇到危险，我必定下车推车，您难道了解吗？不过您真是受伤了！"解张说："军队的耳目，在于我的旗子和鼓声，前进后退都要听从它。这辆车子由一个人镇守，战事就可以完成。为什么要为了一点痛苦而败坏国君的大事呢？身披盔甲，手执武器，本来就抱定必死的决心，受伤还没有到死的程度，你还是尽力而为吧！"于是就左手一把握着马缰，右手拿着鼓槌击鼓。马奔跑不能停止，全军就跟着上去。齐军大败，晋国追赶齐军，绕了华不注山三圈。

【原文】

韩厥梦子舆谓己曰："且辟左右①。"故中御而从齐侯②。邴夏曰："射其御者，君子也。"公曰："谓之君子而射之，非礼也。"射其左，越于车下③。射其右，毙于车中，綦毋张丧车，从韩厥，曰："请寓乘。"从左右，皆肘之，使立于后。韩厥俛④，定其右⑤。逢丑父与公易位。将及华泉，骖絓于木而止⑥。丑父寝于轏中⑦，蛇出于其下，以肱击之，伤而匿之，故不能推车而及⑧。韩厥执絷马前⑨，再拜稽首，奉觞加璧以进，曰："寡君使群臣为鲁、卫请，曰：'无令舆师陷入君地。'下臣不幸，属当戎行，无所逃隐。且惧奔辟而忝两君⑩，臣辱戎士，敢告不敏，摄官承乏⑪。"丑父使公下，如华泉取饮。郑周父御佐车⑫，宛茷为右，载齐侯以免。韩厥献丑父，郤献子将戮之。呼曰："自今无有代其君任患者⑬，有一于此，将为戮乎！"郤子曰："人不难以死免其君⑭。我戮之不祥，赦之以劝事君者。"乃免之。

【注释】

①左右：车左或车右。②从：追赶。③越：坠落。④俛：弯下身子。⑤定：放妥当。右：指车右的尸体。⑥骖：车前两侧的马。絓：绊住。⑦轏：栈车，以竹木做成的车。⑧及：被追上。以上事为交战前事。⑨执絷：握着马缰。⑩奔辟：奔走逃避。忝：辱。⑪摄官承乏：暂时充当这个职位。⑫佐车：副车。⑬任患：承受祸患。⑭不难：不畏惧一死。

【译文】

韩厥梦见他父亲子舆对他说："明天不要站在战车左右两侧。"因此韩厥就在中间驾战车而追赶齐顷公。邴夏说："射那位驾车人，他是君子。"齐顷公说："认为他是君子而射他，这不合于礼。"射车左，车左死在车下。射车右，车右死在车中。綦毋张丢失了战车，跟上韩厥说："请允许我搭乘您的战车。"上车，准备站在左边或右边，韩厥用肘推他，使他站在身后。韩厥弯下身子，放稳车右的尸体。逢丑父和齐顷公乘机互换位置。将要到达华泉，骖马被树木绊住了。头几天,逢丑父睡在栈车里,有一条蛇爬到他身边,他用小臂去打蛇,小臂受伤,但隐瞒了这件事,由于这样,他不能用臂推车前进,这样才被韩厥追上。韩厥拿着马缰走向马前,跪下叩头,捧着酒杯加上玉璧献上,说:"寡君派臣下们替鲁、卫两国请求,说:'不要让军队进入齐国的土地。'下臣不幸,正好在军队服役,不能逃避服役。而且也害怕奔走逃避成为两国国君的耻辱。下臣身为一名战士,谨向君王报告我的无能,但由于人手缺乏,只好承当这个官职。"逢丑父要齐顷公下车,到华泉去取水。郑周父驾御副车,宛茷作为车右,带着齐顷公逃走而免于被俘。韩厥献上逢丑父,郤克要杀死逢丑父。逢丑父喊叫说:"从今以后再没有代替他国君受难的人了,有一个在这里,还要被杀死吗?"郤克说:"一个人不怕用死来使国君免于祸患,我杀了他,不吉利。赦免了他,用来勉励事奉国君的人。"于是就赦免了逢丑父。

【评析】

齐国从齐桓公之后,虽然国势有所削弱,但仍旧是东方大国,晋国和楚国经常过来笼络它。齐国有时侵略周边国家,晋、楚也不大干预。因此,鞌之战的导火索固然是晋国要给鲁、卫解围,其实晋国的战略目标是趁楚庄王新近去世,楚国不便发兵之计,把齐国彻底收服到自己的阵营来,增加跟楚国角逐中原的资本。

这场仗的远因,还包含一场个人恩怨:晋国使臣郤克多年前出使齐国,曾经被齐侯侮辱。此时他担任了晋国的中军元帅,自然极力主张伐齐。国仇家恨,一起了断。

在久经沙场的晋军阵前,齐军仅仅凭借匹夫之勇冲锋陷阵,结果只能是一败涂地,晋军依靠团结和血战到底的精神,赢得了胜利。而晋人在战场上刀光剑影的间隙,仍旧恪守君臣礼节,让我们领略到古人克制和雍容的风度。

楚归知罃　　　（成公三年）

【题解】

晋楚邲之战时,晋国俘虏穀臣,射死襄老;楚国俘虏了知罃。楚欲用知䓨换回縠臣和襄老的尸体，企图用私恩打动知䓨，换取回报。知䓨不卑不亢，应对有节，表达了忠君爱国的立场。

【原文】

晋人归公子縠臣与连尹襄老之尸于楚，以求知䓨。于是荀首佐中军矣，故楚人许之。

【译文】

晋国人把楚国公子縠臣和连尹襄老尸首归还给楚国，以此要求换回知䓨。当时荀首已经是中军副帅，所以楚国人答应了。

【原文】

王送知䓨，曰："子其怨我乎？"对曰："二国治戎①，臣不才，不胜其任，以为俘馘②。执事不以衅鼓，使归即戮，君之惠也。臣实不才，又谁敢怨？"王曰："然则德我乎？"对曰："二国图其社稷，而求纾其民③，各惩其忿以相宥也④，两释累囚以成其好⑤。二国有好，臣不与及⑥，其谁敢德？"王曰："子归，何以报我？"对曰："臣不任受怨⑦，君亦不任受德，无怨无德，不知所报。"王曰："虽然，必告不穀。"对曰："以君之灵，累臣得归骨于晋⑧，寡君之以为戮，死且不朽。若从君之惠而免之，以赐君之外臣首；首其请于寡君而以戮于宗，亦死且不朽。若不获命，而使嗣宗职，次及于事⑨，而帅偏师以修封疆，虽遇执事，其弗敢违⑩。其竭力致死，无有二心，以尽臣礼，所以报也。"王曰："晋未可与争。"重为之礼而归之。

【注释】

①治戎：治兵，作战。②俘馘：这里仅为俘虏的意思。③纾：舒缓。④惩：懊悔。⑤累囚：拘禁的囚犯。⑥臣不与及：与臣无关。⑦任：担负。⑧累臣：被拘禁的臣子。⑨次及于事：轮到我担任国家政事。⑩违：避。

【译文】

楚共王送别知䓨，说："您恐怕怨恨我吧！"知䓨回答说："两国交战，下臣没有才能，不能胜任所当职务，所以做了俘虏。君王左右的人没有用我的血来祭鼓，而让我回国去接受杀戮，这是君王的恩惠啊。下臣实在没有才能，又敢怨恨谁？"楚共王说："那么感激我吗？"知罃回答说："两国为自己的国家打算，希望让百姓得到安宁，各自抑止自己的愤怒，求得互相原谅，两边都释放被俘的囚犯，以结成友好。两国友好，下臣不曾与谋，又敢感激谁？"楚共王说："您回去，用什么报答我？"知罃回答说："下臣既不怨恨，君王也不值得感恩，没有怨恨，没有恩德，就不知道该报答什么。"楚共王说："尽管这样，也一定把您的想法告诉我。"知罃回答说："承君王的福佑，被囚的下臣能够带着这把骨头回晋国，寡君如果加以诛戮，死得幸运。如果由于君王的恩惠而赦免下臣，把下臣赐给您的外臣荀首，荀首向我君请求，而把下臣杀戮在自己的宗庙中，也死得幸运。如果得不到寡君诛戮的命令，而让下臣继承宗子的地位，按次序承担晋国的大事，率领一部分军队以保卫边疆，虽然碰到君王的左右，我也不敢违背礼义回避，要竭尽全力以至于死，没有二心，以尽到为臣的职责，这就是所报答于君王的。"楚共王说："晋国是不可以和它相争的。"于是就对知罃重加礼遇而放他回晋国去。

【评析】

知罃在邲之战被楚军俘虏。九年之后，他父亲做了晋国的中军副统帅，所以楚国同意把他交换回晋国。这一段是知罃回国前跟楚共王的对话。他丝毫没有因为俘虏的身份而低声下气，也不为获释回国而感激涕零。他不卑不亢的态度，有礼有节的回答，维护了自己和晋国的尊严。他的对答，与重耳对楚成王的答复有异曲同工之妙。

返回晋国之后的知罃，果然备受重用，参加了多次对楚作战。

巫臣教吴叛楚 （成公七年）

【题解】

对于巫臣的为人，年轻的楚共王的评价是最为公允的。大意是说，巫臣在取得夏姬这个问题上有点不择手段，为自己算计得也太过分了；但是他在国家大事上为先君庄王出谋划策则是忠心耿耿的。这个鉴定，优点不抹杀，缺点不掩盖也不夸大，做得相当客观。但是，重权在握的令尹子重和司马子反私心却重了点，在处理巫臣的问题上不仅心胸狭窄，感情用事，而且干脆是发泄私愤，满足私欲。

【原文】

楚围宋之役，师还，子重请取于申、吕以为赏田①，王许之。申公巫臣曰："不可。此申、吕所以邑也②，是以为赋③，以御北方。若取之，是无申、吕也④。晋、郑必至于汉⑤。"王乃止。子重是以怨巫臣。子反欲取夏姬，巫臣止之，遂取以行，子反亦怨之。

【注释】

①赏田：对有功的人奖励赏赐的田，也称赏地。②邑：指公邑。春秋时邑分为公邑、私邑，公邑为诸侯所领有，私邑为诸侯封给卿大夫的采邑，也称食邑。③赋：指兵赋，按田赋所出的军用人力物力。④无申、吕：指申、吕若成了赏田或部分成了赏田，楚国就将失去防御北方的大门。⑤汉：汉水。

【译文】

楚国包围宋国那一次战役，楚军回国，子重请求取得申邑、吕邑土地作为赏田。楚共王答应了。申公巫臣说："不行。申、吕两地之所赖以成为城邑的，是因为从这里征发兵赋，以抵御北方。如果私人占有它，这就不能成为申邑和吕邑了。晋国和郑国一定可以到达汉水。"楚庄王就不给了。子重因此怨恨巫臣。子反想娶夏姬。巫臣阻止他，自己反而娶了夏姬逃到晋国，子反因此也很怨恨巫臣。

【原文】

及共王即位，子重、子反杀巫臣之族子阎、子荡及清尹弗忌及襄老之子黑要①，而分其室②。子重取子阎之室，使沈尹与王子罢分子荡之室，子反取黑要与清尹之室。巫臣自晋遗二子书③，曰："尔以谗慝贪惏事君④，而多杀不辜⑤。余必使尔罢于奔命以死⑥。"

【注释】

①巫臣之族：指屈氏一族，包括下述之子阎、子荡及弗忌三人。清尹：楚国

官职名。②室：家财。③遗（wèi）：致送。二子：指子重、子反。书：信。④谮：说人坏话。慝（tè）：邪恶。⑤不辜：无罪之人。⑥罢（pí）：同疲。奔命：奉命而奔驰。

【译文】

等到楚共王即位，子重、子反杀了巫臣的族人子阎、子荡和清尹弗忌以及襄老的儿子黑要，并且瓜分他们的家产。子重取得了子阎的家产，让沈尹和王子罢瓜分子荡的家产，子反取得黑要和清尹弗忌的家产。巫臣从晋国写信给子反、子重两个人，说："你们用邪恶贪婪事奉国君，杀了很多无罪的人，我一定要让你们疲于奔命而死。"

【原文】

巫臣请使于吴，晋侯许之①。吴子寿梦说之②。乃通吴于晋。以两之一卒适吴③，舍偏两之一焉④。与其射御，教吴乘车，教之战陈，教之叛楚。置其子狐庸焉⑤，使为行人于吴。吴始伐楚、伐巢、伐徐。子重奔命。马陵之会，吴入州来。子重自郑奔命。子重、子反于是乎一岁七奔命。蛮夷属于楚者⑥，吴尽取之，是以始大，通吴于上国⑦。

【注释】

①晋侯：晋景公。②说（yuè）：同悦。③两之一卒：合两偏之一卒。一卒为战车30辆，分为两偏，每偏15辆。适：前往。④舍：指留下给吴国。偏两之一：15辆战车。⑤置：安排，也可释为留下。⑥蛮夷属于楚者：即指巢、徐、州来等。⑦通：交往，建立国与国之间的关系。上国：指中原诸华夏国。

【译文】

巫臣请求出使到吴国去，晋景公允许了。吴子寿梦喜欢他。于是巫臣就使吴国和晋国通好，带领了楚国的三十辆兵车到吴国做教练，留下十五辆给吴国。送给吴国射手和御者，教吴国人使用兵车，教他们安排战阵，教他们背叛楚国。巫臣又把自己的儿子狐庸留在那里，让他在吴国做外交官。吴国开始进攻楚国、进攻巢国、进攻徐国。子重奉命奔驰。在马陵会见的时候，吴军进入州来，子重从郑国奉命赶去救援。子重、子反在这种情况下，一年之中七次奉

八 成公

·165·

命奔驰以抵御吴军。蛮夷属于楚国的，吴国全部加以占取，因此吴国开始强大，吴国才得以和中原诸国往来。

【评析】

令尹相当于后世宰相，肚里撑不得船，这宰相怎么能做得好？要知巫臣之举，并非叛逃，用他自己的话说，不过是"好色为淫"罢了。政策如果宽松点，在道德上作些谴责就可以了。甚至宽容到家，听之任之也并无不可，反而能起以德服人之效，巫臣自己也会对故国故人怀有负疚之感。毕竟为了一个女人要尽花招擅离职守避居他国，并不是男子汉能引以为豪的事。子重、子反以通敌罪严加惩处，不仅夷其族人，连毫无关联的夏姬前夫之家也不能幸免，违背了实事求是的原则，把巫臣逼到了敌对的位置上去，矛盾因此而激化为对抗。

巫臣恨的只是子重、子反，但是他削弱的、为害的却是生他养他的楚国。从这一点讲，他比之三个世纪以后同是屈氏一族的大诗人屈原，在精神上和人格上就要逊色很多，简直不可同日而语了。

晋归钟仪

（成公九年）

【题解】

楚国钟仪作为俘虏，应对晋侯有礼有节，不忘维护本国形象，因此赢得晋国君臣的尊敬与信赖，获释回国。

【原文】

晋侯观于军府，见钟仪，问之曰："南冠而絷者，谁也？"有司对曰："郑人所献楚囚也。"使税之①，召而吊之②。再拜稽首。问其族，对曰："泠人也③。"公曰："能乐乎？"对曰："先父之职官也，敢有二事？"使与之琴，操南音。公曰："君王何如？"对曰："非小人之所得知也。"固问之，对曰："其为大子也，师保奉之④，以朝于婴齐而夕于侧也。不知其他。"

【注释】

①税：通脱，释放出来。②吊：慰问。③泠人：乐官。④师保：二者都是教育辅导太子的官。

【译文】

晋景公视察军用仓库，见到钟仪，问人说："戴着南方的帽子而被囚禁的人是谁？"官吏回答说："是郑国人所献的楚国俘虏。"晋景公让人把他释放出来，召见并且慰问他。钟仪再拜，叩头。晋景公问他在楚国的族人，他回答说："是乐人。"晋景公说："能够奏乐吗？"钟仪回答说："这是先人的职责，岂敢从事于其他工作呢？"晋景公命令把琴给钟仪，他弹奏的是南方乐调。晋景公说："你们的君王怎样？"钟仪回答说："这不是小人能知道的。"晋景公再三问他，他回答说："当他做太子的时候，师保侍奉着他，每天早晨向婴齐请教，晚上向侧去请教。我不知道别的事。"

【原文】

公语范文子，文子曰："楚囚，君子也。言称先职，不背本也。乐操土风①，不忘旧也。称大子②，抑无私也③。名其二卿，尊君也。不背本，仁也。不忘旧，信也。无私，忠也。尊君，敏也。仁以接事④，信以守之⑤，忠以成之，敏以行之。事虽大，必济。君盍归之，使合晋、楚之成。"公从之，重为之礼，使归求成。

【注释】

①土风：本土乐曲，指楚乐。②称：列举。③私：私心。④接事：处理事情。⑤守：保持。

【译文】

晋景公把这些告诉了范文子。文子说："这个楚囚，是君子啊。说话中举出先人的职官，这是不忘记根本；奏乐奏家乡的乐调，这是不忘记故旧；举出楚君做太子时候的事，这是没有私心；称二卿的名字，这是尊崇君王。不背弃根本，这是仁；不忘记故旧，这是守信；没有私心，这是忠诚；尊崇君王，这是敏达。用仁来办理事情，用信来守护，用忠来成就，用敏来执行。事情虽然大，必然会成功。君王何不放他回去，让他结成晋、楚的友好。"晋景公听从了，对钟仪重加礼遇，让他回国去替晋国求和。

【评析】

成公七年，楚伐郑，郑国俘虏了楚方的钟仪，把他献给晋国。至此，钟仪已被晋国囚禁两年。钟仪作为战争俘虏，头戴南冠，以此表示他心系故国，时刻不忘自己是楚人，却也因此引起了晋景公的注意。

晋景公向钟仪询问楚王的情况，钟仪先是不肯回答，再三追问之下，他才讲述了楚共王为太子时的所作所为。避开现实而追溯他即位之前的为人处世，意谓年少时尚且如此，当下的情况不言而喻。这是一种应对技巧，也是当时经常见到的特殊表达方式。

钟仪被囚期间头戴南冠，后来南冠成为囚徒的代称。但南冠不是一般的囚徒，而是有很高文化素质的囚徒。

吕相绝秦 （成公十三年）

【题解】

本文记载了吕相出使秦国时的言辞，是春秋时代一篇著名的外交辞令。文中追述了两国交兵的历史，列举了大量的资料，指责秦国二三其德，有负于晋。全文言辞犀利，气势逼人。但其中的某些指责，实属强词夺理，自我开脱，委过于秦。

【原文】

夏四月戊午，晋侯使吕相绝秦①，曰："昔逮我献公②，及穆公相好，戮力同心③，申之以盟誓，重之以昏姻。天祸晋国，文公如齐，惠公如秦。

【注释】

①吕相：魏錡之子魏相。②昔逮：自从。③戮力：并力，合力。

【译文】

夏季，四月初五日，晋厉公派遣吕相去和秦国断绝外交关系，说："从前我先君晋献公和贵国先君秦穆公互相友好，合力同心，用盟誓来表明友好，再用婚姻加深两国关系。上天降祸于晋国，文公到了齐国，惠公到了秦国。

【原文】

"无禄①，献公即世，穆公不忘旧德，俾我惠公用能奉祀于晋②。又不能成大勋，而为韩之师。亦悔于厥心，用集我文公③，是穆之成也。文公躬擐甲胄④，跋履山川，逾越险阻，征东之诸侯，虞、夏、商、周之胤，而朝诸秦，则亦既报旧德矣。郑人怒君之疆埸⑤，我文公帅诸侯及秦围郑。秦大夫不询于我寡君，擅及郑盟。诸侯疾之，将致命于秦⑥。文公恐惧，绥静诸侯⑦，秦师克还无害⑧，则是我有大造于西也⑨。

【注释】

①无禄：没有福禄，即不幸。②奉祀：主持祭祀。③集：成就，成全。④擐（huàn）：穿。⑤怒：侵犯。疆埸（yì）：边境。⑥致命：拼死决战。⑦绥静：安抚。⑧克还无害：得以安全返回。⑨造：功劳。西：指秦国，在晋国之西。

【译文】

"不幸，献公去世。穆公不忘记过去的恩德，使我们惠公因此能在晋国主持祭祀，但又不能完成重大的勋劳，却和我国有了韩地之战。后来心里又有些懊悔，因此成就了我们文公回国为君，这都是秦穆公的功劳。文公亲自身披甲胄，跋山涉水，经历艰难险阻，征服东方的诸侯，虞、夏、商、周的后代都向秦国朝见，也就已经报答过去的恩德了。郑国人侵犯君王的边界，我们文公率领诸侯和秦国共同包围郑国，秦国的大夫不和我们国君商量，擅自和郑国订立了盟约。诸侯痛恨这件事，打算和秦国拚命，文公恐惧，安抚诸侯，使秦军得以平安回国而没有受到损害，这就是我国有大功劳于西方秦国之处。

【原文】

"无禄，文公即世，穆为不吊①，蔑死我君②，寡我襄公③，迭我殽地④，奸绝我好⑤，伐我保城⑥，殄灭我费滑，散离我兄弟⑦，挠乱我同盟，倾覆我国家。我襄公未忘君之旧勋，而惧社稷之陨，是以有殽之师。犹愿赦罪于穆公⑧，穆公弗听，而即楚谋我。天诱其衷⑨，成王殒命，穆公是以不克逞志于我⑩。

【注释】

①吊：吊唁。②蔑：轻视。③寡：少，这里是欺侮的意思。④迭：同轶，突然进犯。⑤奸绝：遏绝，断绝。⑥保城：谓边境小城。⑦散离我兄弟：秦伐郑灭滑，二国与晋国同为姬姓国，故云。⑧赦罪：即释罪，求和解。⑨天诱其衷：当时俗语，即天心在我。⑩逞：满足。

【译文】

"不幸，文公去世，穆公不善，蔑视我们故去的国君，以我们晋襄公为软弱可欺，突然侵犯我们的殽地，断绝我们同友好国家的往来，攻打我们的城堡，绝灭我们的滑国，离散我们的兄弟之邦，扰乱我们的同盟之国，颠覆我们的国家。我们襄公没有忘记君王过去的勋劳，而又害怕国家的颠覆，这样才有殽地的这一战役，但还是愿意在穆公那里解释以求赦免罪过。穆公不听，反而亲近楚国来谋害我们。天意保佑我国，楚成王丧命，穆公因此不能在我国称心如意。

【原文】

"穆、襄即世，康、灵即位。康公，我之自出①，又欲阙翦我公室②，倾覆我社稷，帅我蟊贼③，以来荡摇我边疆。我是以有令狐之役。康犹不悛④，入我河曲，伐我涑川，俘我王官，翦我羁马⑤，我是以有河曲之战。东道之不通⑥，则是康公绝我好也。

【注释】

①我之自出：秦康公为晋献公女伯姬所生。②阙翦：损害。③蟊贼：二者均为食苗的害虫，此喻危害国家的人。④悛（quān）：悔改。⑤翦：掠夺。⑥东道之不通：指两国不相往来。

【译文】

"穆公、襄公去世,康公、灵公即位。康公,是我国穆姬所生的,但又想损害我们的公室,颠覆我们的国家,率领我国的内奸,以动摇我们的边疆,因此我国才有了令狐这一战役。秦康公还是不肯改悔,又进入我国河曲,攻打我国涑川,掠取我国王官,掠夺我国的羁马,因此我国才有了河曲这一战役。东边的道路不通,那是由于康公同我们断绝友好所造成的。

【原文】

"及君之嗣也①,我君景公引领西望曰:'庶抚我乎!'君亦不惠称盟②,利吾有狄难③,入我河县,焚我箕、郜,芟夷我农功④,虔刘我边陲⑤。我是以有辅氏之聚⑥。君亦悔祸之延,而欲徼福于先君献、穆,使伯车来,命我景公曰:'吾与女同好弃恶,复修旧德,以追念前勋。'言誓未就,景公即世,我寡君是以有令狐之会。

【注释】

①君:指秦穆公。②称盟:举行盟会。③狄难:时晋军入赤狄作战。④芟夷:收割。农功:指庄稼。⑤虔刘:劫掠、杀戮。⑥辅氏之聚:辅氏之战。

【译文】

"等到君王继位以后,我们的国君晋景公伸着脖子望着西边说:'也许要安抚我们了吧!'但君王也不考虑和我们结盟,却利用我国有狄人的祸难,侵入我国的河县,焚烧我国的箕地、郜地,抢割我国的庄稼,骚扰我国边境,我国因此而有辅氏的战役。君王也后悔战祸的蔓延,而想求福于先君晋献公和秦穆公,派遣伯车前来命令我们景公说:'我跟你重修旧好、丢弃怨恨,恢复以往的关系,以追念以前的勋劳。'盟誓还没有完成,我晋景公就去世了,因此我们国君才和秦国有令狐的会见。

【原文】

"君又不祥①,背弃盟誓。白狄及君同州,君之仇仇,而我之昏姻也②。君来赐命曰:'吾与女伐狄。'寡君不敢顾昏姻,畏君之威,而受命于吏③。

君有二心于狄④，曰：'晋将伐女。'狄应且憎，是用告我。楚人恶君之二三其德也，亦来告我曰：'秦背令狐之盟，而来求盟于我："昭告昊天上帝、秦三公、楚三王曰⑤：'余虽与晋出入⑥，余唯利是视。'不穀恶其无成德⑦，是用宣之，以惩不壹。"诸侯备闻此言，斯是用痛心疾首，昵就寡人。寡人帅以听命，唯好是求。君若惠顾诸侯，矜哀寡人，而赐之盟，则寡人之愿也。其承宁诸侯以退⑧，岂敢徼乱。君若不施大惠，寡人不佞⑨，其不能以诸侯退矣。敢尽布之执事，俾执事实图利之⑩！"

【注释】

①不祥：不善。②我之昏姻：白狄女子曾嫁晋文公。③受：同授。④有：同又。⑤秦三公：穆、康、共。楚三王：成、穆、庄。⑥出入：往来。⑦成德：应有的德行。⑧承宁：宁静，平息。⑨不佞：即不才。⑩实图利之：仔细权衡一下利弊。

【译文】

"君王又不善，背弃了盟誓。白狄和君王同在雍州境内，他们是君王的仇敌，却是我们的亲戚。君王前来命令说：'我跟你攻打狄人。'寡君不敢顾及亲戚，畏惧君王的威严，就给官吏下令攻打狄人。但君王又对狄人有了别的念头，告诉他们说：'晋国将要攻打你们。'对君王的做法，狄人接受而又厌恶，因此就告诉了我们。楚国人讨厌君王的反复无常，也来告诉我们说：'秦国背弃了令狐的盟约，而来向我国请求结盟，'对着皇天上帝、秦国的三位先公、楚国的三位先王发誓：我虽然和晋国有往来，我只是唯利是图。'楚国人讨厌秦君反复无常，因此把事情公布出来，以惩戒言行不一的人。'诸侯都感到痛心疾首，都来亲近寡人，寡人率诸侯以听从君王的命令，所要求的仅仅是友好，君王如果友好仁慈，顾念诸侯，哀怜寡人，赐我们以盟约，那可真是寡人的愿望。我们将接受君王的命令，使诸侯安宁并让其退兵，哪里还敢造成战乱？君王若不愿施予恩惠，寡人不才，也就无法让诸侯退兵了。我大胆将我们的意见全都告诉给君王的办事人员，以便让办事人员认真考虑。"

【评析】

公元前580年，秦桓公与晋厉公约定在晋国的令狐会盟，当晋厉公到达令狐之后，秦桓公不肯过黄河来参与盟会，只派大夫史颗与晋侯会盟，于是晋国就派繛到河西与秦伯会盟。不久，秦桓公背弃盟约，暗中挑拨狄族、楚国与晋国的关系，企图利用狄、楚攻打晋国。于是，公元前578年晋侯派大夫吕相出使秦国，与秦国绝交，随后晋军及诸侯之师在麻隧打败了秦军。

吕相的辞令向对方申明，晋文公即位以前，秦国有恩于晋。晋文公称霸之后，晋国已经把欠秦国的旧债还清。从此以后，都是秦国有负于晋，欠下晋国一笔又一笔的债。在列举秦国背信弃义的事实时，往往从人之常情切入，揭露秦国的寡恩少义。晋文公刚刚逝世，秦穆公就进犯殽地，灭掉与晋国同姓的滑，是不顾丧期而采取的军事行动。秦康公是晋国的外甥，但他不顾甥舅之情，屡次进犯晋国。吕相的这篇辞令还特别突出晋国的宽大。

殽之战，释放秦军三帅。晋景公即位，希望与秦国和好。但这些恩惠都没有使秦国弃恶从善，而是继续与晋国为敌。吕相的这篇外交辞令还列举秦、晋之外第三方的反映，显示秦国的薄情寡义。狄人把秦国与它的盟誓告诉给晋国，楚国同样如此。这表明，秦国多行不义，已经众叛亲离。

吕相列举事实简明扼要，重在数量，以数量压倒对方。辞令把秦国当作被告，晋国作为主持正义的原告出现，因此，难免有些夸大其词。

晋楚鄢陵之战　　（成公十六年）

【题解】

公元前578年，晋国取得对秦麻隧之战的胜利后，已处于争霸的最有利的战略地位和历史时期。这时，秦国被打败，一时无力东顾；齐、晋同盟正处于巩固阶段；中原中小诸侯国都臣服于晋国；南方的吴国和晋国携手，与楚国为敌。晋国只等待有利时机的出现，便可以与楚国一战，以进一步巩固自己在中原地区的霸权。鄢陵之战就是在这一历史背景下的必然产物。

【原文】

六月，晋、楚遇于鄢陵。范文子不欲战，郤至曰："韩之战，惠公不振旅[①]。箕之役，先轸不反命[②]，邲之师，荀伯不复从[③]。皆晋之耻也。子亦见先君之事矣。今我辟楚[④]，又益耻也。"文子曰："吾先君之亟战也[⑤]，有故。

秦、狄、齐、楚皆强，不尽力，子孙将弱。今三强服矣，敌楚而已。唯圣人能外内无患，自非圣人⑥，外宁必有内忧。盍释楚以为外惧乎⑦？"

【注释】

①不振旅：溃败。②反命：回复命令。不反命，指战死。③不复从：没有原路回兵。指失败。④辟：同避。⑤亟：屡次。⑥自：如果。⑦外惧：外部引起警戒者。

【译文】

六月，晋、楚两军在鄢陵相遇。范文子不想作战。郤至说："韩地这一战，惠公失败归来；箕地这一役，先轸不能回国复命；邲地这一仗，荀伯又失败，这都是晋国的耻辱。您也了解先君时代的情况了。现在我们逃避楚国，这又是增加耻辱。"范文子说："我们先君的屡次作战，是有原因的。秦国、狄人、齐国、楚国都很强大，如果我们不尽自己的力量，子孙将会被削弱。现在三强已经顺服，敌人仅楚国而已。只有圣人才能够外部内部都没有祸患。如果不是圣人，外部安定，内部必然还有忧患，何不放掉楚国把它作为外部的戒惧呢？"

【原文】

甲午晦，楚晨压晋军而陈①。军吏患之。范匄趋进，曰："塞井夷灶②，陈于军中，而疏行首③。晋、楚唯天所授，何患焉？"文子执戈逐之，曰："国之存亡，天也。童子何知焉？"栾书曰："楚师轻窕④，固垒而待之，三日必退。退而击之，必获胜焉。"郤至曰："楚有六间⑤，不可失也。其二卿相恶⑥。王卒以旧。郑陈而不整⑦。蛮军而不陈⑧。陈不违晦⑨，在陈而嚣⑩，合而加嚣⑪，各顾其后，莫有斗心。旧不必良⑫，以犯天忌。我必克之。"

【注释】

①压：迫近。②夷：平。③疏行首：将行列间道路隔宽。④轻窕：同轻佻，浮躁。⑤间：空间，缺点。⑥相恶：不和。⑦陈：列阵。⑧蛮：指随楚而来的各部落。⑨违晦：避开月底。当时认为月底不宜作战。⑩嚣：喧闹。⑪合：与敌交战。⑫不必：不一定。

【译文】

二十九日（阴历月终），楚军在清早逼近晋军而摆开阵势。晋国的军吏担心这种情况。范匄快步向前，说："填井平灶，就在军营摆开阵势，把行列间的距离放宽。晋、楚两国都是上天的赐予，有什么可担心的？"范文子拿起戈来驱逐他，说："国家的存亡，这是天意，小孩子知道什么？"栾书说："楚军轻佻，加固营垒而等待他们，三天一定退军。乘他们退走而加以追击，一定可以得胜。"郤至说："楚国有六个空子，我们不可失掉时机：楚国的两个卿不和；楚共王的亲兵们从旧家中选拔，都已衰老；郑国虽然摆开阵势却不整齐；蛮人虽有军队却没有阵容；楚军摆阵不避讳月底；士兵在阵中就喧闹，各阵式相联合后就更加喧闹，各军彼此观望依赖，没有战斗意志。旧家子弟的士兵不一定是强兵，所以这些都触犯了天意和兵家大忌。我们一定能战胜他们。"

【原文】

楚子登巢车以望晋军①，子重使大宰伯州犁侍于王后。王曰："骋而左右，何也？"曰："召军吏也。""皆聚于军中矣！"曰："合谋也。""张幕矣。"曰："虔卜于先君也。""彻幕矣！"曰："将发命也。""甚嚣，且尘上矣！"曰："将塞井夷灶而为行也。""皆乘矣，左右执兵而下矣！"曰："听誓也②。""战乎？"曰："未可知也。""乘而左右皆下矣！"曰："战祷也。"伯州犁以公卒告王③。苗贲皇在晋侯之侧，亦以王卒告。皆曰："国士在④，且厚，不可当也。"苗贲皇言于晋侯曰："楚之良，在其中军王族而已。请分良以击其左右，而三军萃于王卒，必大败之。"公筮之，史曰："吉。其卦遇《复》三，曰：'南国蹙⑤，射其元王中厥目⑥。'国蹙王伤，不败何待？"公从之。有淖于前，乃皆左右相违于淖。步毅御晋厉公，栾鍼为右。彭名御楚共王，潘党为右。石首御郑成公，唐苟为右。栾、范以其族夹公行，陷于淖⑦。栾书将载晋侯，鍼曰："书退！国有大任⑧，焉得专之？且侵官，冒也；失官，慢也；离局⑨，奸也⑩。有三不罪焉，可犯也。"乃掀公以出于淖⑪。

【注释】

①巢车：上有瞭望台的战车。②听誓：听取军令。③以公卒告王：把晋军

亲兵的情况告诉楚共王。④国士：指伯州犁。⑤蹙：局迫。可引申为削弱。⑥元王：元首，指国王。⑦陷于淖：晋厉公的车陷入泥沼。⑧大任：大事。⑨离局：离开岗位。⑩奸：不忠。⑪掀：抬。

【译文】

楚共王登上楼车瞭望晋军。子重让大宰伯州犁侍立在楚共王身后。楚共王说："车子向左右驰骋，干什么？"伯州犁说："这是召集军官们。"楚共王说："那些人都集合在中军了。"伯州犁说："这是一起谋议。"楚共王说："帐幕张开了。"伯州犁说："这是在先君的神主前占卜。"楚共王说："帐幕撤除了。"伯州犁说："这是将要发布命令了。"楚共王说："喧闹得厉害。而且尘土飞扬起来了。"伯州犁说："这是准备填井平灶摆开阵势。"楚共王说："都登上战车了，将帅和车右都拿着武器下车了。"伯州犁说："这是宣布号令。"楚共王说："他们要作战吗？"伯州犁说："还不能知道。"楚共王说："晋军上了战车，将帅和车右又下来了。"伯州犁说："这是战前的祈祷。"伯州犁把晋厉公亲兵的情况向楚共王报告。苗贲皇在晋厉公的旁边，也把楚共王亲兵的情况向晋厉公报告。晋厉公左右的将士们都说："国家中杰出的人物在那里，而且军阵厚实，不能抵挡。"苗贲皇对晋厉公说："楚国的精兵在于他们中军的王族而已。请求把我们的精兵分开去攻击他们的左右军，再集中三军攻打楚王的亲兵，一定可以把他们打得大败。"晋厉公让太史占筮。太史说："吉利。得到《复》三，卦辞说：'南方的国家局促，射它的国王，箭头中目。'国家局促，国王受伤，不失败，还等待什么？"晋厉公听从了。晋军营前头有泥沼，于是晋军都或左或右地避开泥沼而行。步毅驾御晋厉公的战车，栾鍼作为车右。彭名驾御楚共王的战车，潘党作为车右。石首驾御郑成公的战车，唐苟作为车右。栾、范领着他们私族部队左右护卫着晋厉公前进。战车陷在泥沼里。栾书打算将晋厉公装载在自己车上。他儿子栾鍼说："书退下去！国家有大事，你哪能一人揽了？而且侵犯别人的职权，这是冒犯；丢弃自己的职责，这是怠慢；离开自己的部下，这是扰乱。有三件罪名，不能违犯啊。"于是就掀起晋厉公的战车离开泥沼。

【原文】

癸巳①，潘尫之党与养由基蹲甲而射之②，彻七札焉③。以示王，曰："君有二臣如此，何忧于战？"王怒曰："大辱国。诘朝，尔射，死艺④。"吕锜梦射月，中之，退入于泥。占之，曰："姬姓，日也。异姓，月也，必楚王也。射而中之，退入于泥，亦必死矣。"及战，射共王，中目。王召养由基，与之两矢，使射吕锜，中项，伏弢⑤。以一矢复命。

【注释】

①癸巳：为甲午前一天。②蹲甲：叠起披甲。③彻：贯穿。七札：七层甲。④死艺：死在卖弄技艺上。指他有勇无谋，夸口轻敌。⑤伏：倒伏。弢：弓套。

【译文】

六月二十八日，潘尪的儿子党和养由基把皮甲重叠而射它，穿透了七层。拿去给楚共王看，说："君王有这样两个臣下在这里，还有什么可怕的？"楚共王发怒说："真丢人！明早作战，你们射箭，将会死在这武艺上。"吕锜梦见自己射月亮，射中，自己却退进了泥塘里。占卜，说："姬姓，是太阳；异姓，是月亮，这一定是楚共王了。射中了他，自己又退进泥里，就一定会战死。"等到作战时，吕锜射中了楚共王的眼睛。楚王召唤养由基，给他两支箭，让他射吕锜。结果射中吕锜的脖子，伏在弓套上死了。养由基拿了剩下的一支向楚共王复命。

【原文】

郤至三遇楚子之卒，见楚子，必下，免胄而趋风①。楚子使工尹襄问之以弓②，曰："方事之殷也③，有韎韦之跗注④，君子也。识见不穀而趋⑤，无乃伤乎？"郤至见客，免胄承命，曰："君之外臣至，从寡君之戎事，以君之灵，间蒙甲胄⑥，不敢拜命，敢告不宁君命之辱，为事之故，敢肃使者⑦。"三肃使者而退。

【注释】

①趋风：向前快走。以表示尊敬。②问：问候。古代问候必送礼，所以此用弓作礼物。③方事之殷：正当战斗激烈的时候。④韎（mèi）韦：赤黄色柔皮，古用以制军服。跗注：衣裤相连的军服。⑤识：适，刚才。⑥间：参加。蒙甲胄：披甲的行列。⑦肃：肃拜，即站立，身俯折，两手合拢当心下移。

【译文】

郤至三次碰到楚共王的士兵，见到楚共王时，一定下车，脱下头盔，快步向前而走。楚共王派工尹襄送上一张弓去问候，说："正当战事激烈的时候，有一位身穿浅红色牛皮军服的人，是君子啊！刚才见到我而快走，恐怕是受伤了吧！"郤至见到客人，脱下头盔接受命令，说："贵国君王的外臣郤至跟随寡君作战，托君王的福，参与了披甲的行列，不敢拜谢命令。谨向君王报告没有受伤，感谢君王惠赐给我的命令。由于战事的缘故，谨向使者敬礼。"于是，三次向使者肃拜以后才退走。

【原文】

晋韩厥从郑伯，其御杜溷罗曰："速从之！其御屡顾，不在马①，可及也。"韩厥曰："不可以再辱国君②。"乃止。郤至从郑伯，其右茀翰胡曰："谍辂之③，余从之乘而俘以下。"郤至曰："伤国君有刑。"亦止。石首曰："卫懿公唯不去其旗，是以败于荥。"乃旃于弢中。唐苟谓石首曰："子在君侧，败者壹大④。我不如子，子以君免，我请止⑤。"乃死。

【注释】

①不在马：不专心驾车。②再辱国君：成公二年（前589）韩厥曾追及齐顷公。③谍辂之：派轻车绕道追击。④败者壹大：战败了更应该一心保护君主。⑤止：止而抵御晋军。谓死战。

【译文】

晋国的韩厥追赶郑成公，他的车夫杜溷罗说："是否赶快追上去？他们的御者屡屡回头看，注意力不在马上，可以赶上。"韩厥说："不能再次羞辱国君。"于是就停止追赶。郤至追赶郑成公，他的车右茀翰胡说："另外派轻车从小道迎击，我追上他的战车而把他俘虏下来。"郤至说："伤害国君要受到刑罚。"也停止了追赶。石首说："从前卫懿公由于不去掉他的旗子，所以才在荥地战败。"于是就把旗子放进弓袋里。唐苟对石首说："您在国君旁边，战败者应该一心保护国君。我不如您，您带着国君逃走，我请求留下。"于是唐苟就战死了。

【原文】

楚师薄于险①，叔山冉谓养由基曰："虽君有命②，为国故，子必射！"乃射。再发，尽殪。叔山冉搏人以投，中车，折轼。晋师乃止。囚楚公子伐。

【注释】

①薄：迫。②虽君有命：楚共王前叱责养由基，当同时禁止他射箭。

【译文】

楚军被逼在险阻的地带，叔山冉对养由基说："虽然国君有命令，为了国家的缘故，您一定要射箭。"养由基就射晋军，再射，被射的人都被射死。叔山冉举起晋国人投掷过去，掷中战车，折断了车前的横木。晋军于是停下来。囚禁了楚国的公子伐。

【原文】

栾鍼见子重之旌，请曰："楚人谓夫旌，子重之麾也。彼其子重也。日臣之使于楚也①，子重问晋国之勇。臣对曰：'好以众整②。'曰：'又何如？'臣对曰：'好以暇③。'今两国治戎，行人不使，不可谓整。临事而食言，不可谓暇。请摄饮焉④。"公许之。使行人执榼承饮⑤，造于子重⑥，曰："寡君乏使，使鍼御持矛⑦。是以不得犒从者，使某摄饮。"子重曰："夫子尝与吾言于楚，必是故也，不亦识乎⑧！"受而饮之。免使者而复鼓⑨。

【注释】

①日：往日。②好：喜欢。众整：人多而有纪律。③暇：从容不迫。④摄饮：送酒去。⑤榼：酒器。⑥造：到。⑦持矛：为车右。古车战，车左善射，车右持矛戟善战。⑧识：记。谓栾鍼记性很好。⑨免使者：让使者回去。

【译文】

栾鍼见到子重的旌旗，请求说："楚国人说那面旌旗是子重的旗号，他恐怕就是子重吧。当初下臣出使到楚国，子重问起晋国的勇武表现在哪里，下臣回答说：'喜好整齐，按部就班。'子重说：'还有什么？'下臣回答说：'喜好从容不迫。'现在两国兴兵，不派遣使者，不能说是按部就班；临到事情而不讲信用，不能说是从容不迫。请君王派人替我给子重进酒。"晋厉公答应了，派遣使者拿着酒器奉酒，到了子重那里，说："寡君缺乏使者，让栾鍼执矛侍立在他左右，因此不能犒赏您的从者，派我前来代他送酒。"子重说："他老人家曾经跟我在楚国说过一番话，送酒来一定是这个原因。他的记忆力不也是很强吗？"受酒而饮，不留难使者而重新击鼓。

【原文】

旦而战，见星未已。子反命军吏察夷伤①，补卒乘，缮甲兵，展车马②，鸡鸣而食，唯命是听。晋人患之。苗贲皇徇曰③："搜乘补卒，秣马利兵，修陈固列，蓐食申祷④，明日复战。"乃逸楚囚⑤。王闻之，召子反谋。榖阳竖献饮于子反，子反醉而不能见。王曰："天败楚也夫！余不可以待。"乃宵遁。晋入楚军，三日谷。范文子立于戎马之前⑥，曰："君幼，诸臣不佞⑦，何以及此？君其戒之！《周书》曰'唯命不于常⑧'，有德之谓⑨。"

【注释】

①夷伤：创伤。②展：陈列。③徇：宣令。④蓐食：犹饱餐。申：再次。⑤逸楚囚：故意让楚国俘虏逃跑。⑥戎马：晋厉公的车马。⑦不佞：没有才能。⑧唯命不于常：意谓天命不会常在不变。⑨有德之谓：是说上天只保佑有德行的人。

【译文】

早晨开始作战，直到黄昏还没有结束战争。子反命令军官视察伤情，补充步兵车兵，修理盔甲武器，陈列战车马匹，鸡叫的时候吃饭，唯主帅的命令是听。晋国因此担心。苗贲皇通告全军说："检阅战车、补充士卒，喂好马匹，磨快武器，整顿军阵、巩固行列，饱吃一顿、再次祷告，明天再战！"就故意放松楚国的俘虏让他们逃走。楚共王听到这些情况，召子反一起商量。榖阳竖献酒给子反，子反喝醉了不能进见。楚共王说："这是上天要让楚国失败啊！我不能等待了。"于是就夜里逃走了。晋军进入楚国军营，吃了三天楚军留下的粮食。范文子站在兵马前面，说："君王年幼，下臣们不才，怎么能到这个地步？君王还是要警惕啊！《周书》说，'天命不能常在不变'，说的是有德的人才可以享有天命。"

【原文】

楚师还，及瑕①，王使谓子反曰："先大夫之覆师徒者，君不在②。子无以为过，不穀之罪也。"子反再拜稽首曰："君赐臣死，死且不朽。臣之卒实奔，臣之罪也。"子重复谓子反曰："初陨师徒者③，而亦闻之矣④！盍图之？"对曰："虽微先大夫有之，大夫命侧⑤，侧敢不义？侧亡君师，敢忘其死。"王使止之，弗及而卒。

【注释】

①瑕：在今安徽蒙城县县北。②君不在：国君不在军中。③初陨师徒者：指子玉。④而：同尔。⑤侧：子反名侧。

【译文】

楚军回去，到达瑕地，楚共王派人对子反说："先大夫让军队覆没，当时国君不在军中。现在您没有过错，这是我的罪过。"子反再拜叩头说："君王赐下臣去死，死而不朽。下臣的士兵的确败逃了，这是下臣的罪过。"子重也派人对子反说："当初让军队覆没的人，他的结果你也听到过了。何不自己打算一下！"子反回答说："即使没有先大夫自杀谢罪的事，大夫命令侧死去，侧岂敢贪生而陷于不义？侧使国君的军队败亡，岂敢忘记一死？"楚共王派人阻止他，没来得及，子反就自杀了。

【评析】

公元前577年，郑国兴兵攻打许国，攻入许都外城，许国被迫割地求和。许国是楚国的附庸国，郑国的行动自然要引起楚国的干涉。于是，第二年楚国便起兵攻打郑国，迫使它臣服于自己。郑国叛离晋国后，仰仗有楚国做后盾，兴兵攻打宋国。郑国的所作所为，直接违反了诸侯的盟约，并且为楚国势力的北上提供了便利条件。对此晋国自然不能坐视不管，便下决心讨伐郑国。于是公元前575年，晋国以栾书为中军帅，并联合齐、鲁、卫等国一道出兵郑国。

楚共王听说晋国出兵，也不甘示弱，亲自统率楚军及郑军、夷兵，以司马子反为中军帅，迅速北上援救郑国，两国军队在郑国的鄢陵遭遇。

鄢陵之战，是继城濮之战、邲之战之后，晋、楚争霸中第三次，也是最后一次两国军队的主力会战，在历史上具有重要的意义。它标志着楚国对中原的争夺从此走向颓势；晋国方面虽然借此得以重整霸业，即所谓的晋悼公复霸，但其对中原诸侯的控制力也逐渐减弱了。

九　襄公

祁奚请老

（襄公三年）

【题解】

祁奚本为中军尉，因年纪老迈欲退隐归田。于是悼公就向他咨询，谁可接替他的职务，他就推荐了自己的宿仇解狐。本文为我们形象地刻画了一个胸怀坦荡、公正无私的君子形象。祁奚在举荐人才的时候，不避亲人或仇人，只以德行和才能作为推荐的标准。这样的人古往今来实在是太少了。正因为稀少，大多数人都做不到，祁奚才会成了榜样，才更值得我们称赞。

【原文】

祁奚请老，晋侯问嗣焉。称解狐①，其仇也，将立之而卒。又问焉，对曰："午也可②。"于是羊舌职死矣，晋侯曰："孰可以代之？"对曰："赤也可③。"于是使祁午为中军尉，羊舌赤佐之。

【注释】

①称：称道，推荐。②午：祁午，祁奚之子。③赤：羊舌赤，羊舌职之子，字伯华。

【译文】

祁奚请求告老退休，晋悼公问谁来接替他。祁奚称道解狐。解狐，是祁奚的仇人，晋悼公打算任命解狐，他却死了。晋悼公又问祁奚，祁奚回答说："祁午也可以胜任。"这时羊舌职死了，晋悼公说："谁可以接代他？"祁奚回答说："羊舌赤也可以胜任。"因此，晋悼公就派遣祁午做中军尉，羊舌赤为副职。

【原文】

君子谓："祁奚于是能举善矣。称其仇，不为谄。立其子，不为比①。举其偏②，不为党③。《商书》曰：'无偏无党，王道荡荡④。'其祁奚之谓矣！解狐得举，祁午得位，伯华得官，建一官而三物成⑤，能举善也夫！唯善，故能举其类。《诗》云：'惟其有之，是以似之⑥。'祁奚有焉。"

【注释】

①比：勾结偏私。②偏：副职。③党：结党。④荡荡：平正无私。⑤一官：一个部门的官员，指中军尉。三物：三件事，指得举、得位、得官。⑥惟其有之，是以似之：意为只有有德行的人，才能举荐与自己相似的人。

【译文】

君子认为："祁奚在这种情况下能够推举有德行的人。举荐他的仇人而不是谄媚，推荐他的儿子而不是自私，推举他的副手而不是结党。《商书》说：'不偏私不结党，君王之道浩浩荡荡。'这说的就是祁奚啊。解狐得到推荐，祁午得到安排，羊舌赤能有官位，建立一个官位而成全三件事，这是由于能够推举贤能的人的缘故啊。唯其有德行，才能推举类似他的好人。《诗》说，'正因为具有美德，推举他的人才能和他相似'，祁奚就是这样的人。"

【评析】

晋悼公即位后，任命祁奚为中军尉，羊舌职做他的副将。公元前570年，祁奚因年龄老迈，于是申请退休。祁奚推荐自己的继任者，第一个提到的就是他的宿敌解狐。他的这种做法是把公与私严格区分开来，没有因私而废公。祁奚的这个举措，显示出其具有坦荡的胸怀以及高尚的爱国情操。

有了推荐解狐这个契机，后来他推荐自己的儿子继任中军尉，推荐副手之子接替父亲的职务，人们就没有怀疑他结党营私，反而赞扬他"举贤"。人际关系中的远近亲疏，通常都会成为推荐人才的干扰因素，或因疏远敌对而不愿推荐，或因顾及亲近而不敢推荐，结果都是以私害公，影响人尽其才。

作品通过君子之口对祁奚大加赞扬，认为他善于推荐人才。结尾又以同类相从的理念来阐释祁奚的善举,认为他本人是善人,因此能举善。

晋灭偪阳 （襄公十年）

【题解】

　　在与晋国交往的友好国家中,宋国在当时是最为忠诚的,这与宋国的执政者向戌密切相关。为了表达对向戌的奖赏,晋国的荀偃、士匄请求攻打偪阳,攻下后送给向戌作为自己的私邑。

【原文】

　　晋荀偃、士匄请伐偪阳,而封宋向戌焉。荀罃曰:"城小而固,胜之不武,弗胜为笑。"固请。

【译文】

　　晋国的荀偃、士匄请求进攻偪阳而把它作为向戌的封邑。荀罃说:"城小而坚固,攻下来不算勇敢,攻它不下被人讥笑。"荀偃等人坚决请求。

【原文】

　　丙寅,围之,弗克。孟氏之臣秦堇父辇重如役①。偪阳人启门,诸侯之士门焉②。县门发③,郰人纥抉之以出门者④。狄虒弥建大车之轮而蒙之以甲以为橹⑤,左执之,右拔戟⑥,以成一队。孟献子曰:"《诗》所谓'有力如虎'者也。"主人县布,堇父登之,及堞而绝之⑦。队则又县之,苏而复上者三。主人辞焉⑧,乃退,带其断以徇于军三日⑨。

【注释】

　　①辇重:人力拉着装辎重的车。役:指交战之地。②门:此指攻进门去。③县门:城上的闸门。④郰(zōu)人:即郰邑大夫。纥:叔梁纥,孔子之父。抉:高举。出门者:让攻城门的人撤出。⑤狄虒(sī)弥:鲁勇士。大车:平地行驶的载重车,轮大于常车。橹:大盾。⑥拔戟:执戟。⑦堞:城垛。⑧辞:辞谢。偪阳人服其勇,故辞谢,表示不用再试。⑨断:断布。

【译文】

初九日,包围偪阳,不能攻克。孟氏的家臣秦堇父用人力拉了装备车到达战地,偪阳人打开城门,诸侯的将士乘机进攻。内城的人把闸门放下,郰县长官叔梁纥双手举门,把进攻城里的将士放出来。狄虒弥把大车轮子立起来,蒙上皮甲作为大盾牌,左手拿着它,右手拔戟,领兵单成一队。孟献子说:"这就是《诗》所说的'像老虎一样有力气'的人啊。"偪阳的守城人把布挂下来,秦堇父拉着布登城,刚到墙垛,守城人就把布割断。秦堇父跌落在地,守城人又把布挂下来。秦堇父醒过来重新上去,这样三次,守城人表示钦佩他的勇敢,不再挂布。这才退兵,把割的布做了带子在军内游行示众三天。

【原文】

诸侯之师久于偪阳,荀偃、士匄请于荀罃曰:"水潦将降,惧不能归,请班师。"知伯怒,投之以机①,出于其间②,曰:"女成二事而后告余③。余恐乱命④,以不女违。女既勤君而兴诸侯,牵帅老夫以至于此,既无武守⑤,而又欲易余罪,曰:'是实班师,不然克矣'。余羸老也,可重任乎⑥?七日不克,必尔乎取之⑦!"

【注释】

①机:即几。②出于其间:从两人中间穿过。③二事:指伐偪阳,封向戌。④乱命:军中将帅各执己见则乱军令,故云乱命。⑤武守:坚守武攻。此指二人没能成就武功。⑥重任:再次承担罪责。⑦必尔乎取之:一定要拿你们问罪。

【译文】

诸侯的军队在偪阳很久了,荀偃、士匄请示荀罃说:"快下雨了,恐怕到时不能回去,请您退兵吧。"荀罃发怒,把弩机向他们扔过去,机从两个人中间飞过,说:"你们把这两件事情办成了再来跟我说话,原来我恐怕意见不一而扰乱了军令,所以不违背你们。你们既已使国君勤劳而发动了诸侯的军队,牵着我老头子到了这里,既没有坚持进攻,而又想归罪于我,回去说:'就是他下令退兵。不这样,攻下来了。'我已经衰老了,还能再承担一次罪责吗?七天攻不下来,一定要取你们的脑袋!"

【原文】

　　五月庚寅，荀偃、士匄帅卒攻偪阳，亲受矢石。甲午，灭之。书曰"遂灭偪阳"，言自会也①。以与向戌，向戌辞曰："君若犹辱镇抚宋国，而以偪阳光启寡君②，群臣安矣，其何贶如之③？若专赐臣，是臣兴诸侯以自封也，其何罪大焉？敢以死请。"乃予宋公。

【注释】

　　①自会：是接着盟会发生的。②光启：扩大疆土。③贶（kuàng）：赐予。

【译文】

　　五月初四日，荀偃、士匄率领步兵攻打偪阳，亲身受到箭和石块的攻击，初八日，灭亡了偪阳。《春秋》记载说"遂灭偪阳"，说的是从柤地盟会以后就进攻了偪阳。把偪阳封给向戌。向戌辞谢说："如果还承蒙君王安抚宋国，而用偪阳来扩大寡君的疆土，下臣们就安心了，还有什么比得上这样的赐予呢？如果专门赐给下臣，那就是下臣发动诸侯的军队而为自己求得封地了，还有什么罪过比这再大呢？谨以一死来请求。"于是就把偪阳给了宋平公。

【评析】

　　在攻打偪阳这件事上，晋军一开始就有两种不同的意见。荀偃、士匄主战，军队统帅荀罃主和。从荀罃的角度来看，声势浩荡的诸侯联军攻打芝麻点大的偪阳，胜了没什么好炫耀的，输了反而会被嘲笑，不值得大动干戈。

　　荀偃、士匄开始是主战派，然而，当军队遇到挫折进展不顺时，他们又请求班师回朝。这使得荀罃甚是恼怒，气得把几案都投向了对方，并且严加训斥。他之所以没有一再坚持自己的主和意愿，是怕晋国内部出现矛盾。事情发展到现在，二人主张撤兵，荀罃断然拒绝。在荀罃看来，二人既然在和战问题上出尔反尔，到时候班师，必定把撤军的责任全都推到自己身上。因此荀罃向二人下了最后通牒，必须在七天之内攻下偪阳，要不然的话，就拿二人是问。经过五天的激战，终于占领了偪阳。

　　偪阳是个小国，可是强盛无比的晋国带着十一国联军，居然围攻了一个月才勉强攻下来。这固然由于偪阳人众志成城，联军缺乏默契的配合，然而也可想见当时攻城是难度极大的战法。

鲁国的两个勇士在此战中成为世人皆知的名人，一个是攀着布条奋勇登城的秦堇父，一个是徒手托起闸门的叔梁纥——他就是孔子的父亲。

师旷论卫人出其君 （襄公十四年）

【题解】

师旷的这番言辞，是针对卫国百姓驱逐了残暴昏庸的卫献公而说的。卫国百姓赶走了卫献公，可以说是"水可以覆舟"的一个事例，假如站在统治者的角度，就称得上是真正的"犯上作乱"了。然而从另一个角度来看的话，这是不是就是乱世之中的一线光明呢？

【原文】

祁师旷侍于晋侯①。晋侯曰："卫人出其君②，不亦甚乎？"对曰："或者其君实甚。良君将赏善而刑淫，养民如子，盖之如天，容之如地；民奉其君，爱之如父母，仰之如日月，敬之如神明，畏之如雷霆，其可出乎？夫君，神之主而民之望也。若困民之主，匮神之祀③，百姓绝望，社稷无主，将安用之？弗去何为？天生民而立之君，使司牧之④，勿使失性。有君而为之贰⑤，使师保之⑥，勿使过度。是故天子有公⑦，诸侯有卿⑧，卿置侧室⑨，大夫有贰宗⑩，士有朋友⑪，庶人、工、商、皂、隶、牧、圉皆有亲眼昵⑫，以相辅佐也。善则赏之⑬，过则匡之，患则救之，失则革之⑭。

【注释】

①师旷：晋国乐师。晋侯：指晋悼公。②出：驱逐。③匮：缺乏。④司牧：统治，治理。⑤贰：辅佐大臣。⑥师保：本指教育和辅导天子的师傅，这里的意思是教导保护。⑦公：仅次于天子的最高爵位。⑧卿：诸侯的执政大臣。⑨侧室：庶子。这里指侧室之官。⑩大夫：比卿低一等的爵位。贰宗：官名。由大夫的宗室子弟担任。⑪士：大夫以下、庶民以上的人。朋友指志同道合的人。⑫皂、隶：都是奴隶中的一个等级。牧：养牛人。圉：养马的人。⑬赏：赞扬。⑭革：改。

【译文】

师旷随侍在晋悼公身边。晋悼公说："卫国人驱逐了他们的国君，这不是太过分了吗？"师旷回答说："也许是他们的国君确实太过分了。贤明的国君要奖赏好人而惩罚恶人，抚育百姓像抚育儿女一样；容纳他们像大地一样；民众侍奉他们的国君，热爱他像热爱父母一样，敬仰他如对日月一样；崇敬他如对神明一样，畏惧他如对雷霆一样，难道能把他驱逐出去吗？国君是神明的主祭人，是民众的希望。如果使民众的生计困乏，神明失去祭祀，老百姓绝望，国家失去主人，哪里还用得着他？不驱逐他干什么？上天生下百姓并为他们立了国君，让国君治理他们，不让他们丧失天性。有了国君又替他设置了辅佐的人，让他们教导保护他，不让他越过法度。所以天子有公，诸侯有卿，卿设置侧室，大夫有贰宗，士有朋友，平民、工匠、商人、奴仆、养牛人和养马人都有亲近的人，以便互相帮助。善良的就赞扬，有过错则纠正，有患难就救援，有过失就改正。

【原文】

"自王以下各有父子兄弟以补察其政。史为书①，瞽为诗②，工诵箴谏③，大夫规诲④。士传言⑤，庶人谤⑥，商旅于市⑦，百工献艺⑧。故《夏书》曰：'遒人以木铎徇于路⑨，官师相规⑩，工执艺事以谏。'正月孟春⑪，于是乎有之⑫，谏失常也⑬。天之爱民甚矣，岂其使一人肆于民上⑭，以从其淫而弃天地之性？必不然矣。"

【注释】

①史：太史。为书：记录国君的言行。②瞽：古时用盲人作乐师。为诗：作诗讽谏。③工：乐工。诵：唱或诵读。箴谏：用来规劝讽谏的文辞。④规诲：规劝开导。⑤传言：传话。⑥谤：公开议论。⑦商旅：商人。于市：指在市场上议论。⑧百工：各种工匠、手艺人。⑨道人：行令官，指宣令官。木铎：木舌的铃。徇：巡行宣令。⑩官师：官员。⑪孟春：初春。⑫有之：指有道人宣令。⑬失常：丢掉常规。⑭肆：放肆，放纵。⑮从：同纵，放纵。

【译文】

"从天子以下，人们各自有父兄子弟来观察和补救他们行事的得失。太

九 襄公

·189·

史记录国君的言行，乐师写作讽谏的歌诗，乐工吟诵规谏的文辞，大夫规劝开导。士向大夫传话，平民公开议政，商人在市场上议论，各种工匠呈献技艺。所以《夏书》说：'宣令官摇着木舌铃沿路宣告，官员们进行规劝，工匠呈献技艺当作劝谏。'正月初春，这时就有了宣令官沿路宣令，这是因为劝谏失去了常规。上天十分爱护百姓，难道会让一个人在百姓头上任意妄为、放纵淫乱而背弃天地的本性吗？一定不是这样的。"

【评析】

国君从来都被塑造成神的形象，仿佛他就是真理和神明的代言人；只有他是聪敏无敌的，百姓则是愚蠢笨拙的一群人。卫国国君被赶走，说明百姓同样也是可以给国君上课，教他怎样行使权力的。法度的有效范围不仅包括百姓，同样也应当包括国君及其臣僚。只讲国君的高贵，只讲他们才有至高无上的权力，实际上就是让他们逍遥于法度之外，让他们有超越法度的特权，这就失去了社会公正的基本前提。

能像师旷那样，在君权神圣、各国君主忙于扩充自己实力的时代，敢于当着国君的面提出民贵君轻的观点，的确难能可贵。

齐晋平阴之战 （襄公十八年）

【题解】

襄公十六年，晋国召集诸侯在湨梁会盟，齐国的使者表现得傲慢无礼，于是两年后，晋国便召集了十几个国家组成联军共同讨伐齐国。

【原文】

冬十月，会于鲁济，寻湨梁之言①，同伐齐。齐侯御诸平阴，堑防门而守之②，广里。夙沙卫曰："不能战，莫如守险。"弗听。诸侯之士门焉，齐人多死。范宣子告析文子曰："吾知子，敢匿情乎？鲁人、莒人皆请以车千乘自其乡入③，既许之矣。若入，君必失国。子盍图之？"子家以告公，公恐。晏婴闻之曰："君固无勇，而又闻是，弗能久矣。"

【注释】

①渠梁之言：指渠梁会盟时的盟誓"同讨不庭"。②堑：挖壕沟。防门：在平阴东北。③乡：通向。鲁在齐西南，莒在齐东南，从其向入，即从二国经过合击齐国。

【译文】

冬季，十月，鲁襄公和晋平公、宋平公、卫殇公、郑简公、曹成公、莒子、邾子、滕子、薛伯、杞伯、小邾子在鲁国济水上会见，重温渠梁的盟誓，一起进攻齐国。齐灵公在平阴抵御，在防门外挖壕据守，壕沟的长度有一里。夙沙卫说："如果不能作战，还不如扼守险要为好。"齐灵公不听。诸侯的士兵进攻防门，齐军战死很多人。范宣子告诉析文子说："我了解您，难道敢隐瞒情况吗？鲁国人、莒国人都请求带一千辆战车从他们那里一往西北，一往东北打进去，我们已经答应了。如果攻进来，贵国君王必然丢掉国家。您何不考虑一下！"析文子把这些话告诉齐灵公，齐灵公听了十分恐惧。晏婴听到了，说："国君本来没有勇气，而又听到了这些话，活不了多久了。"

【原文】

齐侯登巫山以望晋师。晋人使司马斥山泽之险①，虽所不至，必旗而疏陈之②。使乘车者左实右伪③，以旗先，舆曳柴而从之。齐侯见之，畏其众也，乃脱归④。丙寅晦，齐师夜遁。师旷告晋侯曰："鸟乌之声乐⑤，齐师其遁。"邢伯告中行伯曰："有班马之声⑥，齐师其遁。"叔向告晋侯曰："城上有乌，齐师其遁。"

【注释】

①斥：开拓，排除。②旗而疏陈之：插上军旗稀疏地布成军阵的样子。③左实右伪：左边用真人，右边用假人。④脱归：脱离前线逃回国都。⑤乌乌：即乌鸦。⑥班马：马匹盘桓。

【译文】

齐灵公登上巫山观望晋军。晋国人派司马排除山林河泽的险阻，虽然是军队达不到的地方，也一定树起大旗而稀疏地布置军阵。让战车左边坐上真人

九 襄公

而右边放上伪装的人，用大旗前导，战车后面拖上木柴跟着走。齐灵公看到，害怕晋军人多，就离开军队脱身回去。二十九日，齐军夜里逃走。师旷告诉晋平公说："乌鸦的声音愉快，齐军恐怕逃走了。"邢伯告诉中行献子说："有马匹盘旋不进的声音，齐军恐怕逃走了。"叔向告诉晋平公说："城上有乌鸦，齐军恐怕逃走了。"

【原文】

十一月丁卯朔，入平阴，遂从齐师①。夙沙卫连大车以塞隧而殿②。殖绰、郭最曰："子殿国师，齐之辱也。子姑先乎！"乃代之殿。卫杀马于隘以塞道。晋州绰及之，射殖绰，中肩，两矢夹脰，曰："止，将为三军获。不止，将取其衷③。"顾曰④："为私誓⑤。"州绰曰："有如日！"乃弛弓而自后缚之⑥。其右具丙亦舍兵而缚郭最⑦，皆衿甲面缚⑧，坐于中军之鼓下。

【注释】

①从：追赶。②隧：山中小路。殿：殿后，后卫。③衷：中心。④顾：回头。⑤私誓：个人间的誓言。⑥弛弓：松下弓弦。⑦舍兵：放下武器。⑧衿甲：披着甲。面缚：反绑。

【译文】

十一月初一日，晋军进入平阴，于是就追赶齐军。夙沙卫拉着大车，堵塞山里的小路然后自己作为殿后。殖绰、郭最说："您来作为国家军队的殿后，这是齐国的耻辱。您姑且先走吧！"便代他殿后。夙沙卫杀了马匹放在狭路上来堵塞道路。晋国的州绰追上来，用箭射殖绰，射中肩膀，两枝箭夹着脖子。州绰说："停下别跑，你还可以被我军俘虏；不停，我将会向你心口射一箭。"殖绰回过头来说："你发誓。"州绰说："有太阳为证！"于是就把弓弦解下来而从后边捆绑殖绰的手，他的车右具丙也放下武器而捆绑郭最，都不解除盔甲从后面捆绑，他们坐在中军的战鼓下边。

【原文】

晋人欲逐归者，鲁、卫请攻险。己卯，荀偃、士匄以中军克京兹①。乙酉，魏绛、栾盈以下军克邿②。赵武、韩起以上军围卢，弗克。十二月戊戌，及秦周③，伐雍门之萩④。范鞅门于雍门，其御追喜以戈杀犬于门中。孟庄子斩其橁以为公琴⑤。己亥，焚雍门及西郭、南郭。刘难、士弱率诸侯之师焚申池之竹木⑥。壬寅，焚东郭、北郭。范鞅门于扬门⑦。州绰门于东闾，左骖迫⑧，还于门中⑨，以枚数阖⑩。

【注释】

①京兹：在今山东平阴县东。②郔（shī）：在平阴县西。③秦周：在齐都临淄附近。④萩：即楸，落叶乔木。⑤橁：木名，可制琴、车辕。⑥申池：在齐都南门申门外。⑦扬门：齐都西北门。⑧迫：由于路窄无法前进。⑨还：盘旋。⑩以枚数阖：数城门上的枚数。枚，门上铁钉。此谓州绰有意表示闲暇。

【译文】

晋国人要追赶逃兵，鲁国、卫国请求进攻险要的地方。十三日，荀偃、士匄带领中军攻下京兹。十九日，魏绛、栾盈带领下军攻下郔地；赵武、韩起带领上军包围卢地，没有攻下。十二月初二日，到达秦周地方，砍伐了雍门外边的萩木。范鞅进攻雍门，他的御者追喜用戈在门里杀死一条狗。孟庄子砍下橁木制作颂琴。初三日，放火烧毁了雍门和西边、南边的外城。刘难、士弱率领诸侯的军队放火烧了申池边上的竹子树木。初六日，放火烧了东边、北边的外城。范鞅攻打扬门。州绰攻打东闾，左边的骖马由于拥挤而不能前进，回到门里盘旋，停留很久，把城门门扇上的铜钉都数清楚了。

【原文】

齐侯驾，将走邮棠。大子与郭荣扣马①，曰："师速而疾，略也②。将退矣，君何惧焉！且社稷之主，不可以轻③，轻则失众。君必待之。"将犯之④，大子抽剑断鞅，乃止。甲辰，东侵及潍，南及沂。

【注释】

①大子：太子光。扣：拉，牵。②略：夺取物资。③轻：轻举妄动。④犯：突，冲。

【译文】

齐灵公驾了车，准备逃到邮棠去。太子和郭荣牵住马，说："诸侯的兵行动快速而且勇敢，这是在掠取物资，将要退走了，君王害怕什么？而且国家之主不能逃走，逃走就会失去大众。君王一定要等着！"齐灵公准备冲向前去，太子抽出剑来砍断马缰，这才停了下来。初八日，诸侯的军队向东边进攻到达潍水，南边到达沂水。

【评析】

晋军的智谋与英勇善战在平阴一战中再次得到发扬光大。首先是交战之前，在各险要地段都插上旌旗，同时在每辆战车上只安排两名武士，而不是以前的三名，以增加战车数量，然后又在战车后面拖上树枝来回奔跑。这些虚张声势的举动果然起到了作用，齐军一开战就闻风丧胆。

晋将州绰在此战后威名远播。双方交战时，他先是两箭射下齐将殖绰，逼得殖绰要他发誓不杀自己才敢投降；接着是冲到齐都城的城门底下，居然有工夫数清楚门板上的门钉。仗着此战中的战绩，州绰在三年后逃到齐国时，才敢当面耻笑殖绰、郭最这两位齐庄公的"大内高手"，顺便创造了"食肉寝皮"这个成语。

祁奚请免叔向 （襄公二十一年）

【题解】

这篇文章为我们描述了叔向和祁奚两个君子的形象。祁奚因为国家社稷的需要而说服宣子，救了叔向，这里没有什么所谓的个人恩惠。叔向因自己的才华而获得赦免，所以也没必要对祁奚抱有感恩之心。公对公，生活在时下的人们，有几个人能有这般境界？

【原文】

秋，栾盈出奔楚。宣子杀箕遗、黄渊、嘉父、司空靖、邴豫、董叔、邴师、申书、羊舌虎、叔罴。囚伯华、叔向、籍偃。人谓叔向曰："子离于罪[1]，其为不知乎[2]？"叔向曰："与其死亡若何[3]？《诗》曰：'优哉游哉，聊以卒岁[4]。'知也。"

【注释】

①离：同罹。②知：同智。③与其：比其。死亡：死去和逃亡。④聊以卒岁：就这样度过一年又一年。

【译文】

秋季，栾盈逃亡到楚国。宣子杀了箕遗、黄渊、嘉父、司空靖、邴豫、董叔、邴师、申书、羊舌虎、叔罴，同时囚禁了伯华、叔向、籍偃。有人对叔向说："您得到了罪过，恐怕是不聪明吧！"叔向说："比起死去和逃亡来怎么样？《诗》说，'悠闲啊多么逍遥自在，聊且这样来度过岁月'，这才是聪明啊。"

【原文】

乐王鲋见叔向曰："吾为子请！"叔向弗应。出，不拜。其人皆咎叔向。叔向曰："必祁大夫。"室老闻之，曰："乐王鲋言于君无不行，求赦吾子，吾子不许。祁大夫所不能也，而曰'必由之'，何也？"叔向曰："乐王鲋，从君者也，何能行？祁大夫外举不弃仇，内举不失亲，其独遗我乎？《诗》曰：'有觉德行①，四国顺之。'夫子，觉者也。"晋侯问叔向之罪于乐王鲋，对曰："不弃其亲，其有焉②。"

【注释】

①觉：直，正直。②不弃其亲，其有焉：意谓叔向不会背弃亲人，可能参与了策划叛乱。

【译文】

乐王鲋去见叔向，说："我为您去请求免罪。"叔向不回答。乐王鲋退出，叔向不拜送。叔向的手下人都责备叔向。叔向说："一定要祁大夫才行。"家臣头子听到了，说："乐王鲋对国君说的话，没有不被采纳的，他想请求赦免您，您又不答应。这是祁大夫所做不到的，但您说一定要由他去办，这是为什么？"叔向说："乐王鲋，是一切都顺从国君的人，怎么能行？祁大夫举拔宗族外的人不放弃仇人，举拔宗族内的人不失掉亲人，难道只会留下我吗？《诗》说：'有正直的德行，使四方的国家归顺。'他老人家是正直的人啊。"晋平公向乐王鲋询问叔向的罪过，乐王鲋回答说："叔向不丢弃他的亲人，他可能是同谋的。"

【原文】

于是祁奚老矣，闻之，乘驲而见宣子，曰："《诗》曰：'惠我无疆，子孙保之。'《书》曰：'圣有谟勋，明征定保①。'夫谋而鲜过，惠训不倦者，叔向有焉，社稷之固也②。犹将十世宥之，以劝能者。今壹不免其身，以弃社稷，不亦惑乎？鲧殛而禹兴。伊尹放大甲而相之③，卒无怨色。管、蔡为戮，周公右王④。若之何其以虎也弃社稷？子为善，谁敢不勉？多杀何为？"宣子说，与之乘，以言诸公而免之。不见叔向而归。叔向亦不告免焉而朝。

【注释】

①圣有谟勋，明征定保：圣贤有谋略训诲，应该对他的保护有明确地表示。谟：谋略。征：证明。②社稷之固：国家的栋梁。③大甲：太甲，汤之孙，即位后荒淫，伊尹把他放逐到桐宫，使改过后复位，己为相，太甲终无怨色。④右：同佑，辅佐。

【译文】

当时祁奚已经告老回家，听说这情况，坐上快车而去拜见范宣子，说："《诗》说：'赐给我们无边的恩惠，子子孙孙永远保持它。'《书》说：'智慧的人有谋略训诲，应当相信保护。'说到谋划而少有过错，教育别人而不知疲倦的，叔向是这样的，他是国家的栋梁。即使他的十代子孙有过错还要赦免，用这样来勉励有能力的人。现在一旦自身不免于祸而死，放弃国家，这不也会使人困惑吗？鲧被诛戮而禹兴起；伊尹放逐太甲又做了他的宰相，太甲始终没有怨色；管叔、蔡叔被诛戮，周公仍然辅佐成王。为什么叔向要为了叔虎而被杀？您做了好事，谁敢不努力？多杀人做什么？"宣子高兴了，和祁奚共坐一辆车子，向晋平公劝说而赦免了叔向。祁奚不去见叔向就回去了，叔向也不向祁奚报告他已得赦，而就去朝见晋平公。

【评析】

晋国在公元前552年发生内乱，栾盈被迫逃往楚国。叔向的弟弟羊舌虎与栾盈关系非常密切，所以叔向也被牵连入狱。

　　叔向平时以聪慧著称，无辜入狱之后依然淡定，显出他的睿智。当别人向他询问是否因不明智而获罪时，叔向并没有直接作答，而是引诗来说明什么是智。"优哉游哉，聊以卒岁。"这两句诗表达了他所具有的超脱的人生态度。叔向入狱前从没参与到各家族的纷争中，受牵连入狱则是自己始料不及的事。对于自己没有办法掌控的东西，不要做过多的担忧，这就是智慧。叔向相信自己不会因牵连入狱而被判死刑，所以入狱后他也是泰然处之，用他自己的话来说就是："与其死亡若何？"真有些视死如归的意思。

　　叔向的睿智还表现在料事如神上。乐王鲋主动提出要帮叔向求情，叔向理都不理。叔向对这种小人的认识还是很深刻的。他一贯阿谀奉承、溜须拍马，假如晋侯要杀叔向，他是不可能违背晋侯的意思的；若晋侯不想杀叔向的话，乐王鲋也不敢对叔向怎么样。最终救自己的必定是公而忘私的祁奚。事情的发展证明了叔向是正确的，一个智者的形象跃然纸上。

叔孙豹论三不朽　　（襄公二十四年）

【题解】

　　在叔孙豹看来，不朽不是子孙世代享受高官厚禄，而是能够立德、立言、立功，为后世留下精神财富。

【原文】

　　二十四年春，穆叔如晋。范宣子逆之，问焉，曰："古人有言曰，'死而不朽'，何谓也？"穆叔未对。宣子曰："昔匄之祖①，自虞以上，为陶唐氏，在夏为御龙氏②，在商为豕韦氏，在周为唐杜氏，晋主夏盟为范氏③，其是之谓乎？"穆叔曰："以豹所闻，此之谓世禄，非不朽也。鲁有先大夫曰臧文仲，既没，其言立④。其是之谓乎！豹闻之，大上有立德⑤，其次有立功，其次有立言，虽久不废，此之谓不朽。若夫保姓受氏，以守宗祊⑥，世不绝祀，无国无之，禄之大者，不可谓不朽。"

【注释】

①丐：士丐，即范宣子。②御龙氏：陶唐氏之后刘累，赐氏御龙。③夏：指中原诸侯。④立：不废绝。⑤大上：太上。最上等的。⑥宗祊：宗庙。

【译文】

二十四年的春天，穆叔到了晋国，范宣子迎接他，询问他，说："古人有话说，'死而不朽'，这是说的什么？"穆叔没有回答。范宣子说："从前丐的祖先，从虞舜以上是陶唐氏，在夏朝是御龙氏，在商朝是豕韦氏，在周朝是唐杜氏，晋国主持中原的盟会的时候是范氏，恐怕所说的不朽就是这个吧！"穆叔说："据豹所听到的，这叫作世禄，不是不朽，鲁国有一位先大夫叫臧文仲，死了以后，他的话世代不废，所谓不朽，说的就是这个吧。豹听说：'最高的是树立德行，其次是树立功业，再其次是树立言论。'能做到这样，虽然死了也久久不会废弃，这叫作不朽。像这样保存姓、接收氏，用业守住宗庙，世世代代不断绝祭祀。没有一个国家没有这种情况，这只是官禄中的大的，不能说是不朽。"

【评析】

一个人的生命很短暂，可是人类从没停止过追求不朽。那么，所谓的不朽到底是个什么样子呢？范宣子和叔孙豹对不朽的理解，在一定程度上折射出人类前进的脚步。

范氏是个地位与声势都很显赫的家族，其祖先可以追溯到黄帝、唐尧。从唐尧虞舜时代开始，历经夏商周三代，范氏都是达官贵人，位高权重。范宣子以此为荣，认为这就是不朽的表现。叔孙豹对不朽有着自己的看法，他认为范氏昌盛只能算"世禄"，称不上不朽。真正的不朽是像鲁国臧文仲那样的贤人，尽管人已故去，然而其言论却广为流传，为世所用。

范氏的不朽与臧文仲的不朽可从两个方来区别对待。第一，范氏不朽的含义是，家族禄位世代相传。上一代把禄位传递给下一代，人是速朽的，不过是禄位的载体，永恒不变的只是禄位。叔孙豹称之为"世禄"，可谓一语中的。臧文仲所说的不朽是指精神、智慧的永存。言论是一个人生命精神的外在表现，言论长存即生命精神长存。范宣子和叔孙豹谈论的不是一个层面的问题。第二，范宣子是以家庭为本位，他列举的是家族兴盛史，而不是个人的建树。叔孙豹则不一样，他是以个人为本位，宣扬个人建树。范宣子强调家族利益，叔孙豹则强调个人对社会的贡献。

子产告范宣子轻币 （襄公二十四年）

【题解】

子产执政的时候，郑国内部名门望族众多，矛盾重重；同时郑国还是一个无险可守的小国。郑国南面受到来自强大的楚国的威胁，西面有称霸的晋国的压迫，外部环境也十分险恶。正是在这种情况下，子产在内政方面积极推行改革，缓解了内部矛盾；在外交方面巧妙地处理了与晋、楚之间的关系。郑国在子产执政以前，几乎是摇摇欲坠，正是由于子产的执政，郑国才得以转危为安。本文叙述的就是子产怎样妥善地与大国周旋，并为已谋利的一次外交交锋。

【原文】

范宣子为政，诸侯之币重①，郑人病之。

【注释】

①币：指诸侯向晋国贡献的礼物。

【译文】

范宣子主持政事，诸侯朝见晋国的贡品很重，郑国人对这件事感到忧虑。

【原文】

二月，郑伯如晋。子产寓书于子西以告宣子①，曰："子为晋国，四邻诸侯，不闻令德，而闻重币，侨也惑之。侨闻君子长国家者，非无贿之患，而无令名之难。夫诸侯之贿聚于公室，则诸侯贰。若吾子赖之②，则晋国贰。诸侯贰，则晋国坏。晋国贰，则子之家坏。何没没也③！将焉用贿？

【注释】

①寓书：托，请捎带书信。②赖：利。指占为己有。③没没：即昧昧，昏聩，糊涂。

【译文】

二月，郑简公去到晋国，子产托子西带信给范宣子，说："您治理晋国，四邻的诸侯不听说有美德，而听说要很重的贡品，侨对这种情况感到迷惑。侨听说君子治理国和家，不是担心没有彩礼，而是害怕没有好名声。诸侯的财货，聚集在国君家里，内部就分裂。如果您把这个作为利己之物，晋国的内部就不和，您的家就受到损害。为什么那么糊涂呢！还哪里用得着财货？

【原文】

"夫令名，德之舆也。德，国家之基也。有基无坏，无亦是务乎①！有德则乐，乐则能久。《诗》云：'乐只君子②，邦家之基。'有令德也夫！'上帝临女，无贰尔心。'有令名也夫！恕思以明德③，则令名载而行之，是以远至迩安。毋宁使人谓子'子实生我'，而谓'子浚我以生'乎④？象有齿以焚其身，贿也。"

【注释】

①无亦是务：为什么不尽力去谋取这一切。②乐只君子：得到君子真快乐。③恕思：以宽厚的心情。④浚：搜刮。

【译文】

"好名声，是装载德行的车子。德行，是国家和家族的基础。有基础才不至于毁坏，您不也应该这么做吗？有了德行就快乐，快乐了就能长久。《诗》说，'快乐啊君子，是国家和家族的基础'，这就是有美德吧。'天帝在你的上面，你不要有二心'，这就是有好名声吧！用宽恕来发扬德行，那么好的名声就会自然传布天下，因此远方的人会因仰慕而来，近处的人也会获得安宁。您是宁可使人对您说'您确实养活了我'，还是说'您剥削了我，来养活自己'呢？象有了象牙而毁了自己，这是由于象牙值钱的缘故。"

【原文】

宣子说，乃轻币。是行也，郑伯朝晋，为重币故，且请伐陈也。郑伯稽首，宣子辞。子西相，曰："以陈国之介恃大国而陵虐于敝邑①，寡君是以请罪焉。敢不稽首。"

【注释】

①介恃：依恃。

【译文】

范宣子听了子产的这番道理之后很高兴，就减轻了贡品。这一趟，郑简公朝见晋国，是为了贡品太重的缘故，同时请求进攻陈国。郑简公行叩首礼，范宣子辞谢不敢当。子西相礼，说："由于陈国依恃大国而欺凌侵害敝邑，寡君因此请求向陈国问罪，岂敢不叩头？"

【评析】

晋国是当时的诸侯盟主，范宣子执政期间，向前来晋见的诸侯国家索要许多礼品，使各诸侯国不堪重负。在这种情况下，子产写信劝谏范宣子，希望范宣子能改变以往的做法。

文章一开始就提出令德、令名和财货有无问题。子产认为范宣子有索贿之举，而无令德、令名，很替他担心。接着，子产分析了重币、索贿的危害性。财货作为腐蚀剂，会让诸侯丧失民心，让晋国受害，从而殃及范宣子本人。

唤起范宣子的忧患意识后，子产开始从正面加以劝谏。子产两次引用《诗经》的句子，以此来揭示令德和令名的内涵。作为晋国执政者，成为"邦家之基"就是有令德；得到百姓的爱戴，就是有令名。通过形象贴切的比喻，说明了令德和令名的关系，以及令德的重要性。要想做一个合格的执政者，就必须有令德，有了令德才会有令名，即得到百姓以及诸侯的拥戴。这样，子产就把问题归结到立德上。

接着提出有德和无德两种选择。是行德，让人对你心存感激呢？还是不行德，让人怨恨你呢？答案很明显，只等范宣子去选择了。

张骼、辅跞挑战楚军　　（襄公二十四年）

【题解】

春秋时代打仗的时候有这样一个前奏，就是两军正式交战之前，先派出猛将前往敌阵挑战，冲杀一气，一来打探一下对方的虚实，二来壮大自己的军威。这次棘泽之战，晋军方面的将领张骼、辅跞就摊上了这个任务。

【原文】

冬，楚子伐郑以救齐，门于东门，次于棘泽。诸侯还救郑。晋侯使张骼、辅跞致楚师，求御于郑①。郑人卜宛射犬，吉。子大叔戒之曰："大国之人，不可与也②。"对曰："无有众寡，其上一也③。"大叔曰："不然，部娄无松柏④。"二子在幄，坐射犬于外，既食而后食之。使御广车而行⑤，己皆乘乘车⑥。将及楚师，而后从之乘，皆踞转而鼓琴⑦。近，不告而驰之。皆取胄于橐而胄，入垒，皆下，搏人以投，收禽挟囚。弗待而出。皆超乘，抽弓而射。既免，复踞转而鼓琴，曰："公孙！同乘，兄弟也。胡再不谋⑧？"对曰："曩者志入而已⑨，今则怯也。"皆笑，曰："公孙之亟也⑩。"

【注释】

①求御于郑：向郑国要求派遣驾车的人。因在郑国作战，郑国人熟悉地形、道路。②与：敌，抗礼。③上：指在车左车右之上。④部娄：小土山。⑤广车：攻敌之车。⑥乘车：平时所乘的战车。⑦转：车轸，即车后横木。⑧再不谋：连续两次不商量。⑨曩：前一次。⑩亟：急。意为马上进行报复。

【译文】

冬天的时候，楚康王进攻郑国以救援齐国，进攻东门，驻扎在棘泽。诸侯回军救援郑国。晋平公派遣张骼、辅跞向楚军单车挑战，向郑国求取驾驭战车的人。郑国人占卜的结果是派遣宛射犬去吉利。子太叔告诫宛射犬说："对大国的人不能和他们平行抗礼。"宛射犬回答说："不论兵多兵少，御者的地位在车左车右之上是一样的。"太叔说："不是这样。小土山上没有松柏。"张骼、辅跞两个人在帐篷里，让宛射犬坐在帐篷外，吃完饭，才让宛射犬吃。

让宛射犬驾驭进攻的车前进，张、辅二人却各自坐着自己平日的战车，将要到达楚军营盘，然后才登上宛射犬的车子，二人均蹲在车后边的横木上弹琴。车子驶进楚营，宛射犬没有告诉这两个人就疾驰而进。这两个人都从袋子里拿出头盔戴上，进入营垒，都下车，把楚兵抓起来扔出去，把俘虏的楚兵捆绑好或者挟在腋下。宛射犬不等待这两个人而独自驱车出来，这两个人就都跳上车，抽出弓箭来射向追兵。脱险以后，张、辅二人又蹲在车后边横木上弹琴，说："公孙，同坐一辆战车，就是兄弟，为什么两次都不打一下招呼？"宛射犬回答说："从前一心想着冲入敌营，这次是心理害怕敌军多，顾不上商量。"两个人都笑了，说："公孙是个急性的人啊！"

【评析】

通常情况下，进行挑战的战车成员都是合作过多年的战友，并且配合得很默契。然而这次晋军派出的挑战战车，却由晋、郑两国人员组成。车左和车右由晋国出，车御则由郑国出。用郑国的车御，本来是打算弥补晋国不熟悉地形的缺陷，不曾想却引出来挑战成员之间的矛盾。

晋国是大国，更何况这次专门为救郑国而来，所以颐指气使、趾高气扬。两国将士合作，晋国人小看郑国的车御，这样的话很容易导致失败。郑国的子大叔从大局出发，告诫车御宛射犬不要与晋人较劲。宛射犬则是从将士的个人尊严出发，认为乘同一辆战车，协同作战，就应该平等。

后来发生的事情果然不出子大叔所料，晋国人在宛射犬面前，态度骄横无礼。晋人的傲慢行为，让宛射犬很是郁闷，既然晋人旁若无人，宛射犬驾车也就自行其是。他驶入敌阵前事先没告诉晋人，返回时也不等待，弄得晋人很被动。幸亏二人也是英勇善战之辈，要不然的话，能否回得来还真是不好说。

宛射犬戏弄了二人，其实也被二人的勇武折服。张、辅二人脱险后，也认识到宛射犬也非等闲之辈。因此，二人一改先前骄横无礼的态度，开始以平等的态度与宛射犬对话。

晏子不死君难　　（襄公二十五年）

【题解】

　　齐国国君齐庄公与大臣崔武子的妻子有奸情。崔武子既是齐国的大贵族也是重臣，权力非常大，他不堪这样的耻辱，便杀了齐庄公。当时有人询问晏子会不会与庄公同生共死时，晏子的回答论证了君臣各守其道的道理。在晏子看来，在维护国家利益的前提下，君与臣才可能共同进退，除此而外，他就是他，我就是我，所以他最后只是尽了枕庄公之尸痛哭的臣礼。

【原文】

　　齐棠公之妻，东郭偃之姊也。东郭偃臣崔武子。棠公死，偃御武子以吊焉。见棠姜而美之，使偃取之。偃曰："男女辨姓①，今君出自丁，臣出自桓，不可。"武子筮之，遇《困》三之《大过》三。史皆曰："吉。"示陈文子，文子曰："夫从风②，风陨妻③，不可娶也。且其《繇》曰：'困于石，据于蒺藜，入于其宫，不见其妻，凶。'困于石，往不济也。据于蒺藜，所恃伤也。入于其宫，不见其妻，凶，无所归也。"崔子曰："嫠也何害？先夫当之矣。"遂取之。庄公通焉，骤如崔氏④。以崔子之冠赐人，侍者曰："不可。"公曰："不为崔子⑤，其无冠乎？"崔子因是，又以其间伐晋也⑥，曰："晋必将报。"欲弑公以说于晋，而不获间。公鞭侍人贾举而又近之⑦，乃为崔子间公⑧。

【注释】

　　①辨：区别。②夫从风：坎为中男，故曰夫。变为巽，巽为风，故曰从风。③风陨妻：兑在上，故象征坠落。④骤：屡。⑤不为崔子：意为不用崔氏的帽子。⑥间：此指晋国内乱的机会。⑦贾举：庄公近臣有二贾举，一为侍人，一后死难。⑧间：窥伺机会。

【译文】

　　齐国棠公的妻子，是东郭偃的姐姐。东郭偃是崔武子的家臣。棠公死，东郭偃为崔武子驾车去吊唁。崔武子看到棠姜很美，便很喜爱她，让东郭偃为他娶过来。东郭偃说:"男女婚配要辨别姓氏。现在您是丁公的后代,下臣是桓公的后代,这可不行。"崔武子占筮,得到《困》卦三变成《大过》三。太史都说"吉利"。拿给陈文子看,陈文子说:"丈夫跟从风,风坠落妻子,不能娶的。而且它的繇辞说:'为石头所困,据守在蒺藜中,这意味着所依靠的东西会使人受伤。走进屋,不见妻,凶,这意味无所归宿。"崔武子说:"她是寡妇,有什么妨碍?死去的丈夫已经承担过这凶兆了。"于是崔武子就娶了棠姜。齐庄公和棠姜私通,经常到崔家去,把崔武子的帽子赐给别人。侍者说:"不能这样做。"齐庄公说:"不用崔子的帽子,难道就没有帽子了?"崔武子由此怀恨齐庄公,又因为齐庄公乘晋国的动乱而进攻晋国,说:"晋国必然要报复。"崔武子想要杀死齐庄公来讨好晋国,而又没有得到机会。齐庄公鞭打了侍人贾举,后来又亲近贾举,贾举就为崔武子找机会杀死齐庄公。

【原文】

　　夏五月,莒为且于之役故,莒子朝于齐。甲戌,飨诸北郭。崔子称疾,不视事。乙亥,公问崔子①,遂从姜氏。姜入于室,与崔子自侧户出。公拊楹而歌②。侍人贾举止众从者,而入闭门。甲兴,公登台而请,弗许;请盟,弗许;请自刃于庙,勿许。皆曰:"君之臣杼疾病③,不能听命。近于公宫,陪臣干掫有淫者④,不知二命。"公逾墙。又射之,中股,反队⑤,遂弑之。贾举、州绰、邴师、公孙敖、封具、铎父、襄伊、偻堙皆死。祝佗父祭于高唐,至,复命。不说弁而死于崔氏⑥。申蒯侍渔者⑦,退,谓其宰曰:"尔以帑免⑧,我将死。"其宰曰:"免,是反子之义也⑨。"与之皆死。崔氏杀融蔑于平阴。

【注释】

　　①问:探望。②拊楹:敲打着柱子。③疾病:病重。④陪臣:臣子的臣子。干掫(zōu):保卫巡夜。此指捉拿。⑤反队:翻身跌入墙内。队,通坠。⑥说:同脱。弁:祭祀时所戴的帽子。⑦侍渔者:掌管渔业的官。⑧帑:妻与子。⑨反子之义:违背了你所持的道义。

【译文】

　　夏季的五月份,莒国由于且于这次战役的缘故,莒子到齐国朝见。十六日,齐庄公在北城设享礼招待他,崔武子推说有病,不办公事。十七日,齐庄公去问候崔武子，乘机又与棠姜幽会。姜氏进入室内，和崔武子从侧门出去。齐庄公拍着柱子唱歌。侍人贾举禁止庄公的随从入内，自己走进去，关上大门。甲士们一哄而起，齐庄公登上高台请求免死，众人不答应；请求在太庙自杀，还不答应。都说："君王的下臣崔杼病得厉害，不能听取您的命令。这里靠近君王的宫室，陪臣巡夜搜捕淫乱的人，此外不知道有其他命令。"齐庄公跳墙，有人用箭射他，射中大腿，掉在墙内，于是就杀死了他。贾举、州绰、邴师、公孙敖、封具、铎父、襄伊、偻堙都被杀了。祝佗父在高唐祭祀，到达国都，复命，还没有脱掉官帽，就在崔武子家里被杀死。申蒯是管理渔业的人，退出来，对他的家臣头子说："你带着我的妻子儿女逃走，我准备一死。"他的家臣头子说："如果我逃走，这是违背了您的道义了。"就和申蒯一起自杀。崔氏在平阴杀死了融蔑。

【原文】

　　晏子立于崔氏之门外，其人曰："死乎？"曰："独吾君也乎哉？吾死也。"曰："行乎？"曰："吾罪也乎哉？吾亡也①。"曰："归乎？"曰："君死，安归？君民者，岂以陵民？社稷是主。臣君者，岂为其口实②，社稷是养。故君为社稷死，则死之；为社稷亡，则亡之。若为己死而为己亡，非其私昵③，谁敢任之？且人有君而弑之④，吾焉得死之，而焉得亡之？将庸何归？"门启而入，枕尸股而哭。兴⑥，三踊而出⑦。人谓崔子："必杀之！"崔子曰："民之望也！舍之，得民。"卢蒲癸奔晋，王何奔莒。

【注释】

　　①亡：与上"行"同意，指逃往国外。②口实：指俸禄。③私昵：为个人所宠爱的人。④有君：立了君。庄公为崔杼所立。⑥兴：起来。⑦三踊：跳跃了三次，表示哀痛。

【译文】

　　晏子站在崔家的门外，左右的人说："死吗？"晏子说："是我一个人的国君吗，我为什么去死？"左右的人说："出走吗？"晏子说；"是我的罪过吗，我为什么逃走？"左右的人说："回去吗？"晏子说："国君死了，回哪儿去？作百姓君主的人，岂可凌驾于百姓之上？而是要管理国家。作国君臣子的人，岂是为了自己的俸禄？而是要保养国家。所以国君为国家而死，就跟着他去死；为国家而逃亡，就跟着他逃亡。如果为自己而死，或为自己而逃亡，不是国君私人所宠爱的人，谁敢承担这件事？况且人家拥立了国君又杀掉他，我怎能为他而死？怎能为他而逃亡？又回到哪里去呢？"门开了，晏子就进去，头枕在尸首的大腿上大声地哭。哭毕起来，蹦了三次，然后走出去。有人对崔武子说："一定要杀了他！"崔武子说："他是百姓所向往的人，放了他，可以得民心。"卢蒲癸逃亡到晋国，王何逃亡到莒国。

【原文】

　　叔孙宣伯之在齐也，叔孙还纳其女于灵公。嬖，生景公。丁丑，崔杼立而相之。庆封为左相。盟国人于大宫①，曰："所不与崔、庆者②。"晏子仰天叹曰："婴所不唯忠于君利社稷者是与，有如上帝。"乃歃。辛巳，公与大夫及莒子盟。

【注释】

　　①大宫：太公庙。②不与：不亲附。这句誓词未终，被晏子打断。

【译文】

　　叔孙宣伯在齐国的时候，把自己的女儿嫁给了齐灵公，受到宠爱，生了齐景公。十九日，崔武子拥立景公为国君而自己出任宰相，庆封做左相，和国内的人们在太公的宗庙结盟，说："有不依托崔氏、庆氏的……"晏子向天叹气道："婴如果不依附忠君利国的人，有上帝为证！"于是就歃血为盟。二十三日，齐景公和大夫以及莒子结盟。

【原文】

　　大史书曰："崔杼弑其君。"崔子杀之。其弟嗣书而死者①，二人。其弟又书，乃舍之。南史氏闻大史尽死，执简以往。闻既书矣，乃还。

【注释】

　　①嗣：接着。

【译文】

太史记载说："崔杼杀了他的国君。"崔武子杀死了太史。他的弟弟接着这样写，因而死了两人。太史还有一个弟弟又这样写，崔武子就没杀了。南史氏听说太史都死了，拿了照样写好的竹简前去，听到已经如实记载了，这才回去。

【评析】

春秋时期，国君和大家族之间的权力之争火药味很浓，这回崔杼杀死齐庄公就是其中典型的案例。这起事件中，最出彩的既不是杀人犯也不是受害者，而是以矮小机智闻名的晏婴。他在崔家门口"逃还是不逃"的对白，在盟会上公然对抗崔杼的誓词，都极大地增添了他作为"贤相"的道德光彩。

崔杼遭到后人的猛烈唾骂，固然是因为他以臣子的身份杀了国君，触犯了三纲五常；更重要的原因则是他杀掉了敢于记录真相的史官，这让以舆论监督为己任的知识分子十分愤怒。枪杆子只能夺去一次人的生命，笔杆子却能让人遭受无数遍的道德处决，崔杼就是极好的反面典型。前仆后继、以身殉职的三位无名史官也因而把自己写进了历史。

伯州犁问囚

（襄公二十六年）

【题解】

想知道什么叫阴险吗，伯州犁的做法就是最好的诠释。这种人就像隐藏在犄角旮旯里的敌人，危害性比公开拿枪站出来的敌人要大很多，更让人痛恨厌恶。

【原文】

楚子、秦人侵吴①，及雩娄②，闻吴有备而还。遂侵郑，五月，至于城麇。郑皇颉戍之，出，与楚师战，败。穿封戌囚皇颉，公子围与之争之。正于伯州犁④，伯州犁曰："请问于囚。"乃立囚。伯州犁曰："所争，君子也，其何不知？"上其手⑤，曰："夫子为王子围，寡君之贵介弟也⑥。"下其手⑦，曰："此子为穿封戌，方城外之县尹也。谁获子？"囚曰："颉遇王子，弱焉⑧。"戌怒，抽戈逐王子围，弗及。楚人以皇颉归。

【注释】

①楚子：楚康王，名昭，共王之子。②雩（yú）娄：吴国地名，在今河南商城东。③城麇（jūn）：郑国地名。④正：评论是非。⑤上其手：高举他的手。⑥贵介：贵宠，尊贵。⑦下其手：放下手。⑧弱：战败。

【译文】

　　楚康王、秦国人联兵侵袭吴国，到达雩娄，听到吴国有了准备而退回，就乘机入侵郑国。五月，到达城麇。郑国的皇颉在城麇戍守，出城和楚军作战，战败。穿封戌俘虏了皇颉，公子围和他争功，要伯州犁主持公正。伯州犁说："请问一下俘虏。"于是就让俘虏站在前面。伯州犁说："所争夺的对象便是您，您是君子，有什么不明白的？"举起手，说："那一位是王子围，是寡君的尊贵的弟弟。"放下手，说："这个人是穿封戌，是方城山外边的县尹。谁俘虏您了？"俘虏说："颉碰上王子，抵抗不住，"穿封戌发怒，抽出戈追赶王子围，没有追上。楚国人带着皇颉回去。

【评析】

　　这篇文章的主人公是伯州犁。他原先是晋国人，父亲伯宗为晋国大夫，史传评价"伯宗贤，而好以直辩凌人"，是一个正直无私且讲话不给人留有余地的人，因此结怨不少，最终因为得罪了晋国权臣郤氏而被杀。伯宗的妻子是个有着远见卓识的女子，多次劝他不要那么锋芒毕露，伯宗就是不听。妻子没有办法，只好再劝他结交几个知心朋友，万一将来有什么不测可以将儿子伯州犁相托付，伯宗总算听了这一条，与大夫毕羊交好。后来伯宗被杀，毕羊将伯州犁送到了楚国，终于幸免于难。

　　伯州犁的为人处世风格跟伯宗相比的话简直有天壤之别。这个小故事便让我们目睹了他善于玩弄手法的阴险嘴脸。然而，最让人痛恨的还不是他的不公正，而是他表面上还要装出大公无私的样子，不给他人留下任何作弊的把柄，不仅要让人感叹其用心之深。像伯州犁这种人在日常生活中还为数不少，他们正如隐藏在阴暗角落里的敌人，危害性比公开拿枪站出来的敌人要大得多，也更要让人提高警惕。

蔡声子论晋用楚才 （襄公二十六年）

【题解】

自己的人才没有为自己效劳，却被敌手利用来挖自己的墙脚，危害自己，的确发人深省。这一篇专论"我才他用"的文字，显得十分独特，提出的问题值得我们好好思索。

【原文】

初，楚伍参与蔡太师子朝友，其子伍举与声子相善也。伍举娶于王子牟，王子牟为申公而亡，楚人曰："伍举实送之。"伍举奔郑，将遂奔晋。声子将如晋，遇之于郑郊，班荆相与食①，而言复故②。声子曰："子行也！吾必复子。"

【注释】

①班：铺垫。②复故：返回楚国的事。

【译文】

当初，楚国的伍参与蔡国太师子朝相友好，伍参的儿子伍举也与子朝的儿子声子相友善。伍举娶了王子牟的女儿做妻子，王子牟当申邑长官后获罪逃亡。楚国人说："伍举一定护送过他。"伍举逃亡到了郑国，打算再逃亡到晋国。声子要到晋国去，他在郑国都城的郊外碰到了伍举，两个人把荆草铺在地上坐着一起吃东西，谈到了伍举回楚国的事。声子说："您走吧，我一定要让您回楚国。"

【原文】

及宋向戌将平晋、楚①，声子通使于晋。还如楚，令尹子木与之语，问晋故焉，且曰："晋大夫与楚孰贤？"对曰："晋卿不如楚，其大夫则贤，皆卿材也。如杞、梓、皮革②，自楚往也。虽楚有材，晋实用之。"子木曰："夫独无族姻乎③？"对曰："虽有，而用楚材实多。归生闻之：'善为国者，赏不僭而刑不滥。'赏僭，则惧及淫人；刑滥，则惧及善人。若不幸而过，宁僭无滥④。与其失善，宁其利淫。无善人，则国从之。《诗》曰：'人之云亡，邦国殄瘁⑤。'无善人之谓也。

【注释】

①平：讲和。②杞、梓：楚国出产的两种优质木材。③族姻：同族子弟和有婚姻关系的人。④僭：越，过分。滥：过度，无节制。⑤这两句诗出自《诗·大雅·瞻卬》。殄瘁：艰危，困窘。

【译文】

到了宋国的向戌来调解晋国和楚国的关系时，声子到晋国去当使节，回国时到了楚国。楚国令尹子木同声子谈话，问起晋国的事，并且还问："晋国的大夫和楚国大夫比谁更贤明些？"声子回答说："晋国的卿比不上楚国，但是它的大夫却很贤明，都是做卿的人才。正像杞木、梓木和皮革，全是从楚国去的。虽然楚国有人才，实际上却是晋国在使用他们。"子木说："难道晋国没有同族和姻亲当大夫吗？"声子回答说："虽然有，但是使用楚国的人才的确很多。我听说过：善于治理国家的人，赏赐不过分，刑罚不滥用。赏赐太过分，就怕赏赐到坏人头上；滥用刑罚，则怕惩罚到了好人。如果不幸越过了限度，也宁愿赏赐过头，而不要滥用刑罚；与其失去了好人，还不如有利于坏人。没有好人，国家就会跟着遭殃。《诗·大雅·瞻卬》中说：'贤能的人没有了，国家就将遭受危难。'这话说的就是国家没有好人。

【原文】

"故《夏书》曰：'与其杀不幸，宁失不经①。'惧失善也。《商颂》有之曰：'不僭不滥，不敢怠皇，命于下国，封建厥福②。'此汤所以获天福也。古之治民者，劝赏而畏刑③，恤民不倦④。赏以春夏，刑以秋冬。是以将赏，为之加膳，加膳则饫赐⑤，此以知其劝赏也。将刑，为之不举⑥，不举则彻乐⑦，此以知其畏刑也。夙兴夜寐⑧，朝夕临政，此以知其恤民也。三者，礼之大节也。有礼无败。

【注释】

①不经：不守常法的人。②这四句诗出自《诗·商颂·殷武》。怠：懈怠。

九 襄公

皇：今《诗经》作逞，意思是闲暇，指偷闲。封：大。③劝：乐，喜欢。④恤民：忧民。⑤饫（yù）赐：饱餐之后把多余的酒菜赐给臣下。⑥不举：不举行盛宴。⑦彻：同撤。彻乐：撤去音乐。⑧夙兴夜寐：早起晚睡。

【译文】

"所以《夏书》上说：'与其杀害无辜的人，宁可放过犯罪的人。'这是担心失去了好人。《诗·商颂·殷武》中说：'不要过分不滥用，不可懈怠偷闲懒，上天命令我下国，大力建树福和禄。'这就是商汤获得上天赐福的原因。古代治理百姓的人，喜欢赏赐而惧怕刑罚，为百姓忧心而不知疲倦。赏赐在春天和夏天进行，刑罚在秋天和冬天进行。因此，在将要行赏时要为它加餐，加餐后把多余的酒菜赐给臣下，从这里可以知道他喜欢赏赐。将要用刑时则要减餐，减餐时要撤去进餐时的音乐，从这里可以知道他惧怕用刑。早起晚睡，早晚亲自上朝处理政事，从这里就可以知道他为百姓忧心。喜欢赏赐、惧怕刑罚、为百姓分忧这三件事，是礼的大节。有了礼，就不会失败。

【原文】

"今楚多淫刑，其大夫逃死于四方，而为之谋主①，以害楚国，不可救疗，所谓不能也②。子仪之乱，析公奔晋。晋人置诸戎车之殿③，以为谋主。绕角之役④，晋将遁矣，析公曰：'楚师轻窕，易震荡也。若多鼓钧声⑤，以夜军之⑥，楚师必遁。'晋人从之，楚师宵溃。

【注释】

①谋主：主要谋士。②不能：不能任用贤人。③戎车：指国君的战车。殿：后。④绕角：蔡国地名，在今河南鲁山县东。⑤钧声：相同的声音。⑥军：进攻。

【译文】

"现在楚国经常滥用刑罚，楚国大夫逃亡到四周的国家，成了那些国家的主要谋士，危害楚国，无法挽救和医治，这就是说楚国不能任用贤人。子丁的叛乱，使析公逃到了晋国。晋国人把他安排在国君的战车后面，让他做主谋。绕角战役，晋国准备逃跑，析公却说：'楚军心里轻浮急躁，容易被动摇。如果多处同时发出击鼓声，趁夜色发动进攻，楚军一定会逃走。'晋国人听从了析公的话,楚军在夜里败逃了。

【原文】

"晋遂侵蔡,袭沈①,获其君②;败申、息之师于桑隧③,获申丽而还。郑于是不敢南面④。楚失华夏,则析公之为也。雍子之父兄谮雍子⑤,君与大夫不善是也⑥。雍子奔晋。晋人与之鄐⑦,以为谋主。彭城之役⑧,晋、楚遇于靡角之谷⑨。晋将遁矣。雍子发命于军曰:'归老幼,反孤疾,二人役,归一人,简兵搜乘,秣马蓐食,师陈焚次⑩,明日将战。'行归者而逸楚囚,楚师宵溃。

【注释】

①沈:诸侯国名,在今安徽临泉县北。②君:指沈国国君沈子揖初。③桑隧:地名,在今河南确山县东。④不敢南面:不敢向南亲附楚国。⑤谮:中伤,诬陷。⑥不善是:不喜欢这个人。⑦鄐:晋国邑名。⑧彭城:在今江苏徐州。⑨靡角之谷:宋国地名,在彭城附近。⑩陈:列阵。次:营帐。归者:指应放还的老幼孤疾。逸:释放。

【译文】

"晋国接着侵袭蔡国,偷袭沈国,俘获了沈国国君,在桑隧击败了申、息两地的楚军,抓住了楚国大夫申丽后回国。郑国从此不敢向南亲近楚国。楚国失去了中原诸侯的亲附,这全是析公的主意。雍子的父亲和哥哥诬陷雍子,国君和大夫也不喜欢雍子,雍子就逃亡到了晋国。晋国人把鄐邑封给他,让他当主谋。彭城一仗,晋军和楚军在靡角之谷遭遇,晋军准备逃走,雍子却向军队发布命令说:'把年老的和年轻的人放回去,孤儿和有病的人回去,一家有两人参战的回去一个。精选兵士,检阅兵车,喂饱战马,饱餐一顿,摆开阵势,烧掉营帐,明天决战。'晋军让该回家的人走了,放走了楚军战俘,结果楚军夜里溃败了。

【原文】

"晋降彭城而归诸宋,以鱼石归①。楚失东夷②,子辛死之,则雍子之为也。子反与子灵争夏姬,而雍害其事③,子灵奔晋。晋人与之邢④,以为谋主。扞御北狄，通吴于晋，教吴判楚，教之乘车、射御、驱侵，使其子狐庸为吴行人焉⑤。吴于是伐巢、取驾、克棘、入州来⑥，楚罢于奔命⑦，至今为患，则子灵之为也。若敖之乱⑧，伯贲之子贲皇奔晋。

【注释】

①鱼石：逃到楚国的宋国大臣。②东夷：亲楚国的东方小国。③雍害：阻碍，破坏。④邢：晋国邑名，在今河南温县东北。⑤行人：外交使节。⑥巢：楚国的属国，在今安徽巢县东北。驾：楚国邑名，在今安徽无为境内。棘：楚国邑名，在今河南永城南。州来：楚国邑名，在今安徽境内。⑦罢：同疲。⑧若敖：指楚国令尹子文的氏族。

【译文】

"晋军降服了彭城，把它还给了宋国，带着俘获的鱼石回国。楚国失去了东方诸国的亲附，子辛也为此被杀，这都是雍子干出来的。子反和子灵争夺夏姬，子反破坏了子灵的婚事，子灵逃到了晋国。晋国人把邢邑封给他，让他当主谋，抵御北狄，使吴国和晋国通好，教吴国背叛楚国，教吴国人乘战车、射箭、驾车、驱车进攻，派他的儿子狐庸担任吴国的使者。吴国便在这时攻打巢地，夺取驾地，攻克棘地，侵入州来，楚国疲于奔命，到现在吴国还是楚国的祸患，这都是子灵干出来的。若敖氏叛乱，伯贲的儿子贲皇逃亡到晋国。

【原文】

"晋人与之苗①，以为谋主。鄢陵之役，楚晨压晋军而陈，晋将遁矣。苗贲皇曰：'楚师之良，在其中军王族而已。若塞井夷灶，成陈以当之，栾、范易行以诱之②，中行、二郤必克二穆③。吾乃四萃于其王族④，必大败之。'晋人从之，楚师大败，王夷师熠⑤，子反死之。

【注释】

①苗：晋国邑名，在今河南济源西。②栾、范：指栾书、士燮统率的中军。易行：指简易行阵，以诱惑楚军。③中行：指晋国上军佐。二郤：指晋国上军统帅郤锜和郤至。二穆：指楚国左军统帅子重和右军统帅子辛，两人都是楚穆王的后代。④四萃：从四面集中攻击。⑤夷：受伤。熠：火熄灭，这里比喻军队溃败。

【译文】

"晋国人把苗地封给他,让他当主谋。鄢陵之战,楚军早晨逼近晋军并摆出阵势,晋军打算逃走,苗贲皇说:'楚军的精锐部队只是中军的王室亲兵。如果填井平灶,摆开阵势抵抗他们,栾书、士燮两军减缩行阵以引诱楚军,中行和郤锜、郤至一定能战胜子重和子辛,我们再集中兵力从四面进攻他们的亲兵,必定会把他们打得大败。'晋国人听从了苗贲皇的话,楚军大败,楚王受伤,军队溃散,子反自杀。

【原文】

"郑叛吴兴,楚失诸侯,则苗贲皇之为也。"子木曰:"是皆然矣。"声子曰:"今又有甚于此。椒举娶于申公子牟①,子牟得戾而亡②,君大夫谓椒举③:'女实遣之!'惧而奔郑,引领南望曰:'庶几赦余!'亦弗图也。今在晋矣。晋人将与之县,以比叔向④。彼若谋害楚国,岂不为患?"子木惧,言诸王,益其禄爵而复之。声子使椒鸣逆之⑤。

【注释】

①椒举:伍举。②戾:罪。③君大夫:国君和大夫。④比叔向:使他的爵禄可与叔向相比。⑤椒鸣:伍举的儿子,伍奢的弟弟。逆:迎。

【译文】

郑国叛离,吴国兴起,楚国失去了诸侯的亲附,这都是苗贲皇干出来的。"子木说:"这些都说对了。"声子说:"现在还有比这些更厉害的。伍举娶了申公王子牟的女儿做妻子,子牟获罪而逃亡,国君和大夫们对伍举说:'确实是你让他走的。'伍举因为害怕逃到了郑国,他伸长脖子望着南面说:'但愿能赦免我!'但是楚国并不考虑。现在伍举在晋国,晋国人准备封给他县邑。使他的爵禄可以和叔向相比。如果他来策划危害楚国,难道不会成为祸患吗?"子木感到害怕,对楚王说了,楚王增加了伍举的爵禄并让他回到楚国。声子让椒鸣去迎接伍举。

【评析】

人才出逃的根本原因,在于统治集团内部的钩心斗角,尔虞我诈。作为一国之君，不能正确运用赏罚手段，不讲公平的原则，自然会造成自己内部的分化。这一重大责任要由自己来承担，自己种下的苦果最终要由自己来尝，怪不得别人。

话说回来，自己的人才在严酷无情的竞争中被敌人利用，所造成的后果是十分可怕的。自己人最了解自己家的事，自己的长处、短处，自己的家底，自己的致命之处，全都了如指掌。这样，就应了"知己知彼，百战不殆"这个古老的制胜原则。

敌手自己做不到的事，由自己人帮助他们做到了；敌人无法掌握的情况，轻而易举地被掌握了。处于这样的境地，哪有不败的道理？人们常说，堡垒最容易从内部攻破。自己人被他人、敌手利用，不也是一种从内部攻破堡垒的方式吗？

人才难得，优秀的人才更难得。自己的人才不要轻易放走，对手送上门来的人才一定要牢牢抓住。成功的统治者总是这样做的。

季札观乐

（襄公二十九年）

【题解】

在春秋时期，吴越之民断发文身，被中原诸侯视为野蛮人。季札出使中原诸侯国，以其对礼乐的精深造诣和巨大的人格魅力，引起了许多人的注意。

【原文】

吴公子札来聘，见叔孙穆子，说之。谓穆子曰："子其不得死[1]乎？好善而不能择人。吾闻'君子务在择人'。吾子为鲁宗卿，而任其大政，不慎举[2]，何以堪之？祸必及子！"

【注释】

[1]不得死：即不得好死。[2]不慎举：不慎重举拔人。

【译文】

吴国的公子札来鲁国聘问，见到叔孙穆子，很喜欢他。对穆子说："您恐怕不得善终吧。喜欢善良而不能够选择贤人，我听说君子应该致力于选择贤人。您做鲁国的宗卿而主持国政，不慎重举拔善人，怎么能受得了呢？祸患必然降临到您身上。

【原文】

请观于周乐①。使工为之歌《周南》《召南》②，曰："美哉！始基之矣③，犹未也。然勤而不怨矣④。"为之歌《邶》《鄘》《卫》，曰："美哉，渊乎！忧而不困者也。吾闻卫康叔、武公之德如是，是其《卫风》乎？"为之歌《王》，曰："美哉！思而不惧，其周之东乎？"为之歌《郑》，曰："美哉！其细已甚⑤，民弗堪也，是其先亡乎！"为之歌《齐》，曰："美哉！泱泱乎⑥！大风也哉！表东海者，其大公乎⑦！国未可量也。"为之歌《豳》，曰："美哉！荡乎⑧！乐而不淫，其周公之东乎⑨？"为之歌《秦》，曰："此之谓夏声。夫能夏则大，大之至也，其周之旧乎？"为之歌《魏》，曰："美哉！沨沨乎⑩！大而婉，险而易行⑪，以德辅此，则明主也。"为之歌《唐》，曰："思深哉！其有陶唐氏之遗民乎⑫？不然，何忧之远也？非令德之后⑬，谁能若是？"为之歌《陈》，曰："国无主，其能久乎？"自《郐》以下，无讥焉⑭。

【注释】

①周乐：周王室的音乐舞蹈。②工：乐工。《周南》《召南》：《诗经》十五国风开头的两种。以下提到的都是国风中各国的诗歌。③始基之：开始奠定了基础。④勤：劳，勤劳。怨：怨恨。⑤细：琐碎。这里用音乐象征政令。⑥泱泱：宏大的样子。⑦表东海：为东海诸侯国作表率。大公：太公，即姜太公。⑧荡：博大的样子。⑨周公之东：指周公东征。⑩沨沨（fēng）：轻飘浮动的样子。⑪险：不平，这里指曲的变化。⑫陶唐氏：指帝尧。晋国是陶唐氏旧地。⑬令德之后：美德者的后代，指陶唐氏的后代。⑭讥：批评。

【译文】

公子札请求观赏周朝的音乐和舞蹈。鲁国人让乐工为他歌唱《周南》和《召南》，季礼说："美好啊！教化开始奠基了，但还没有完成，然而百姓辛劳而不怨恨了。"乐工为他歌唱《邶风》《庸风》和《卫风》，季礼说："美好啊，多深厚啊！虽然有忧思，却不至于困窘。我听说卫国的康叔、武公的德行就像这个样子，这大概是《卫风》吧！"乐工为他歌唱《王风》，季札说："美好啊！有忧思却没有恐惧，这大概是周室东迁之后的乐歌吧！"乐工为他歌唱《郑风》，季札说："美好啊！但它烦琐得太过分了，百姓忍受不了。这大概会最先亡国吧。"乐工为他歌唱《风》，季礼说："美好啊，宏大而深远，这是大国的乐歌啊！可以成为东海诸国表率的，大概就是太公的国家吧？国运真是不可限量啊！"乐工为他歌唱《南风》，季札说："美好啊，博大坦荡！欢乐却不放纵，大概是周公东征时的乐歌吧！"乐工为他歌唱《秦风》，季礼说："这乐歌就叫作正声。能作正声自然宏大，宏大到了极点，大概是周室故地的乐歌吧！"乐工为他歌唱《魏风》，季礼说："美好啊，轻飘浮动！粗犷而又婉转，变化曲折却又易于流转，加上德行的辅助，就可以成为贤明的君主了。"乐工为他歌唱《唐风》，季礼说："思虑深远啊！大概有陶唐氏的遗民在吧！如果不是这样，忧思为什么会这样深远呢？如果不是有美德者的后代，谁能像这样呢？"乐工为他歌唱《陈风》，季札说："国家没有主人，难道能够长久吗？"再歌唱《郐风》以下的乐歌，季礼就不作评论了。

【原文】

为之歌《小雅》，曰："美哉！思而不贰，怨而不言，其周德之衰乎？犹有先王之遗民焉①。"为之歌《大雅》，曰："广哉！熙熙乎②！曲而有直体，其文王之德乎？"为之歌《颂》，曰："至矣哉！直而不倨③，曲而不屈；迩而不逼，远而不携④；迁而不淫，复而不厌；哀而不愁，乐而不荒⑤；用而不匮，广而不宣⑥；施而不费，取而不贪；处而不底⑦，行而不流。五声和⑧，八风平⑨，节有度⑩，守有序⑪，盛德之所同也。"

【注释】

①先王：指周代文、武、成、康等王。②熙熙：和美融洽的样子。③倨：傲慢。④携：游离。⑤荒：过度。⑥宣：显露。⑦底：停顿，停滞。⑧五声：指宫、商、角、徵、羽。和：和谐。⑨八风：指金、石、丝、竹、翰、土、革、木做成的八类乐器。⑩节：节拍。度：尺度。⑪守有序：乐器演奏有一定次序。

【译文】

乐工为季札歌唱《小雅》，季礼说："美好啊！有忧思而没有二心，有怨恨而不言说，这大概是周朝德政衰微时的乐歌吧？还是有先王的遗民在啊！"乐工为他歌唱《大雅》，季礼说："广阔啊！和美融洽，柔婉曲折而本体则刚劲有力，那该是表现文王的美德吧！"乐工为他歌唱《颂》，季札说："好到极点了！正直而不傲慢，委曲而不厌倦，哀伤而不忧愁，欢乐而不荒淫，利用而不匮乏，宽广而不张扬，施予而不耗损，收取而不贪求，安守而不停滞，流行而不泛滥。五声和谐，八音协调；节拍有法度，乐器先后有序。这都是拥有大德大行的人共有的品格啊！"

【原文】

见舞《象箾》《南籥》者①，曰："美哉！犹有憾。"见舞《大武》者②，曰："美哉！周之盛也，其若此乎！"见舞《韶濩》者③，曰："圣人之弘也，而犹有惭德④，圣人之难也。"见舞《大夏》者⑤，曰："美哉！勤而不德⑥，非禹其谁能修之⑦？"见舞《韶箾》者⑧，曰："德至矣哉！大矣！如天之无不帱也⑨，如地之无不载也，虽甚盛德，其蔑以加于此矣⑩。观止矣！若有他乐，吾不敢请已！"

【注释】

①《象箾(shuò)》：舞名，武舞。《南籥(yuè)》：舞名，文舞。②《大武》：周武王的乐舞。③《韶濩(hù)》：殷汤之乐。④惭德：遗憾，缺憾。⑤《大夏》：夏禹的乐舞。⑥不德：不自夸有功。⑦修：作。⑧《韶箾》：虞舜的乐舞。⑨帱(dào)：覆盖。⑩蔑：无，没有。观止：到达顶点了。

【译文】

季札看见跳《象箾》和《南籥》两种乐舞后说："美好啊，但还有美中不足！"看到跳《大武》时说："美好啊，周朝兴盛的时候，大概就是这样子吧。"看到跳《韶濩》时说："圣人如此伟大，仍然有不足之处，看来做圣人也不容易啊！"看到跳《大夏》时说："美好啊！勤于民事而不自以为有功。除了夏禹外，谁还能作这样的乐舞呢！"看到跳《韶箾》时说："德行达到顶点了！伟大啊，就像上天无不覆盖一样，像大地无不容纳一样！虽然有超过大德大行的，恐怕也超不过这个了。观赏达到止境了！如果还有其他乐舞，我也不敢再请求观赏了！"

【评析】

季札是周朝吴国人，因受封于延陵一带，又称"延陵季子"。后又封州来，称"延州来季子"。他的祖先是周朝的泰伯，曾经被孔子赞美为"至德"之人。泰伯本来是周朝王位的继承人，但父亲太王有意传位给幼子季历以及孙子昌。于是泰伯就主动把王位让了出来，自己则以采药为名，逃到荒芜的荆蛮之地，建立了吴国。

数代以后，吴王寿梦继承了王位。他的四个儿子当中，以最小的儿子季札最有德行，所以寿梦一直有意传位给他。季札的兄长也都特别疼爱他，认为季札的德行才干最足以继承王位，所以都争相拥戴他即位。但是季札不肯受位，坚持把王位让给哥哥。

哥哥诸樊觉得自己的德能远在季札之下，一心想把持国的重任托付给他，但被季札婉言谢绝了。季札的厚德感动了吴国人，他们如同众星捧月般，一心想要拥戴季札为王。不得已之下，季札退隐于山水之间，以表明他坚定的志节，这才彻底打消了吴人的念头。

本文描述的是吴国派遣季札出使鲁国。到了鲁国，季札听到了蔚为大观的周乐。季札以缜密的感受力和卓绝的见识，透析了礼乐之教的深远意蕴，以及周朝的盛衰之势，语惊四座。

子产坏晋馆垣 （襄公三十一年）

【题解】

子产在这里的言辞实际上指出，国不分大小，地不分南北，人不分多寡，财富不分贫富，大伙儿都应该一律平等，以礼相待，以诚相待。这应当是国与国交往的前提。这样的远见卓识，更让我们不得不对子产的所作所为另眼相看，肃然起敬，佩服他的勇气和骨气。

【原文】

公薨之月，子产相郑伯以如晋，晋侯以我丧故，未之见也。子产使尽坏其馆之垣而纳车马焉①。

【注释】

①馆：接待外宾的馆舍。

【译文】

鲁襄公死去的那个月，子产辅佐郑简公到晋国去，晋平公因为鲁国有丧事的缘故，没有接见他们。子产派人把宾馆的围墙全部拆毁，把自己的车马放进去。

【原文】

士文伯让之，曰："敝邑以政刑之不修，寇盗充斥，无若诸侯之属辱在寡君者何①？是以令吏人完客所馆②，高其閈闳③，厚其墙垣，以无忧客使。今吾子坏之，虽从者能戒④，其若异客何⑤？以敝邑之为盟主，缮完葺墙⑥，以待宾客，若皆毁之，其何以共命⑦？寡君使匄请命。"

【注释】

①诸侯之属：诸侯的臣属。②完：修缮。③閈闳：閈为大门，闳为里巷之门，此指馆舍的大门。④从者：指子产的随从。⑤异客：他国的宾客。⑥完：此与下墙对举，当为院字，指围墙。⑦共命：供应其他宾客的需要。共，同供。

【译文】

晋国大夫士文伯责备子产说："敝国由于政事和刑罚没有搞好，到处是盗贼，不知道对辱临敝国的诸侯属官怎么办，因此派了官员修缮来宾住的馆舍，馆门造得很高，围墙修得很厚，使宾客使者不会感到担心。现在您拆毁了围墙，虽然您的随从能够戒备，那么对别国的宾客怎么办呢？由于敝国是诸侯的盟主，修建馆会围墙，是用来接待宾客。如果把围墙都拆了，怎么能满足宾客的要求呢？我们国君派我来请问你们拆墙的理由。"

【原文】

对曰:"以敝邑褊小,介于大国,诛求无时①,是以不敢宁居,悉索敝赋②,以来会时事③。逢执之不间,而未得见,又不获闻命,未知见时,不敢输币④,亦不敢暴露。其输之,则君之府实也⑤,非荐陈之⑥,不敢输也。其暴露之,则恐燥湿之不时而朽蠹⑦,以重敝邑之罪。

【注释】

①诛求:责求。指责成郑国贡献礼物。②赋:指财物。③时事:朝见聘问。④输币:献纳礼物。币,财帛之类。⑤府实:府库中的物品。⑥荐陈:朝聘向主人献礼,必先陈列于庭,称荐陈。⑦朽蠹:朽烂,摧毁。

【译文】

子产回答说:"敝国国土狭小,处在大国的中间,大国责求我们交纳贡物没有一定时候,所以我们不敢安居度日,只有搜寻敝国的全部财物,以便随时前来朝见贵国。碰上您没有空,没能见到,又没有得到命令,不知道朝见的日期。我们不敢进献财物,又不敢把它们存放在露天。要是进献上,那就成了贵国君王府库中的财物,不经过进献的仪式,是不敢进献的。如果把礼物放在露天里,又怕日晒雨淋而腐烂生虫,加重敝国的罪过。

【原文】

侨闻文公之为盟主也,宫室卑庳①,无观台榭,以崇大诸侯之馆。馆如公寝,库厩缮修,司空以时平易道路②,圬人以时塓馆宫室③。诸侯宾至,甸设庭燎④,仆人巡宫⑤,车马有所,宾从有代⑥,巾车脂辖⑦,隶人牧圉⑧,各瞻其事⑨,百官之属,各展其物⑩。公不留宾,而亦无废事,忧乐同之,事则巡之,教其不知,而恤其不足。宾至如归,无宁灾患?不畏寇盗,而亦不患燥湿。

【注释】

①卑庳:卑小。②易:修治。③圬人:泥水匠。塓:粉刷墙壁。④甸:甸人,管薪火之官。庭燎:庭中设大烛照明。⑤巡:巡视,警卫。⑥有代:代仆役服劳役。⑦巾车:管车辆的官。脂辖:给车轴上涂油。⑧隶人:指司洒扫的人。牧圉:牧牛羊看马匹的人。⑨瞻:照顾,管理。⑩展:陈列。不留宾:谓随到随

见。留：耽搁。事：指意外。无宁：岂但没有。

【译文】

我听说文公从前做盟主时，宫室低小，没有门阙和台榭，却把接待宾客的馆舍修得十分高大，宾馆像国君的寝宫一样。仓库和马棚也修得很好，司空按时平整道路，泥水工匠按时粉刷馆舍房间；诸侯的宾客来到，甸人点起庭院中的火把，仆人巡视客舍，存放车马有地方，宾客的随从有代劳的人员，管理车辆的官员给车轴加油，打扫房间的，伺养牲口的，各自照看自己分内的事；各部门的属官要检查招待宾客的物品，文公从不让宾客们多等，也没有被延误了的事；与宾客同忧共乐，出了事随即巡查，有不懂的地方就指教，有所请求就加以接济。宾客到来就好像回到家里一样，哪里会有灾患啊；不怕有人抢劫偷盗，也不用担心干燥潮湿。

【原文】

今铜鞮之宫数里①，而诸侯舍于隶人②。门不容车，而不可逾越。盗贼公行，而天厉不戒③。宾见无时，命不可知。若又勿坏，是无所藏币，以重罪也。敢请执事，将何以命之？虽君之有鲁丧，亦敝邑之忧也。若获荐币，修垣而行，君之惠也，敢惮勤劳？"

【注释】

①铜鞮之宫：晋君别宫，在今山西沁县南。②舍于隶人：住在奴仆所住的地方。③天厉：天灾。

【译文】

现在晋侯的铜缇别宫方圆数里，却让诸侯宾客住在像奴仆住的房子里，车辆进不了大门，又不能翻墙而入；盗贼公然横行，天灾难防。接见宾客没有定时，召见命令也不知何时发布。如果还不拆毁围墙，就没有地方存放礼品，我们的罪过就要加重。斗胆请教您，您对我们有什么指示？虽然贵国遇上鲁国丧事，可这也是敝国的忧伤啊。如果能让我们早献上礼物，我们会把围墙修好了再走，这是贵君的恩惠，我们哪敢害怕辛劳？"

九 襄公

【原文】

文伯复命，赵文子曰："信！我实不德，而以隶人之垣以赢诸侯①，是吾罪也。"使士文伯谢不敏焉。

【注释】

①赢：受，这里指接待、容纳。

【译文】

士文伯回去报告了。赵文子说："的确是这样。我们实在不注重培养德行，用像奴仆住的房舍来招待诸侯，这是我们的过错啊。"于是，他派士文伯前去道歉，承认自己不明事理。

【原文】

晋侯见郑伯，有加礼，厚其宴好而归之①。乃筑诸侯之馆。叔向曰："辞之不可以已也如是夫②！子产有辞，诸侯赖之，若之何其释辞也③？《诗》曰：'辞之辑矣④，民之协矣。辞之绎矣，民之莫矣⑤。'其知之矣。"

【注释】

①厚其宴好：厚加燕礼，多送礼物。②辞：辞令，口才。不可以已：不可以废。③释辞：放弃辞令。④辑：和。⑤绎：喜悦。莫：安定。

【译文】

晋平公以隆重的礼节接见了郑简公，宴会和礼品也格外优厚，然后让郑简公回国。晋国接着建造了接待诸侯的宾馆。叔向说："辞令不可废弃就是这样的啊！子产善于辞令，诸侯靠他的辞令得到了好处，为什么要放弃辞令呢？《诗》中说：'言辞和顺，百姓融洽；言辞动听，百姓安宁。'子产大概懂得这个道理吧。"

【评析】

子产作为出使晋国的使者，私自把馆舍的院墙毁坏，是客人向主人发难。双方交谈开始阶段，子产处于不利地位。毁坏主人的馆舍太不近情理。子产虚与委蛇，很快把球踢给了晋国。子产讲述了自己毁坏馆舍的无奈。郑国在鲁侯丧期前来，是因为晋国对郑国"诛求无时"，郑国不敢怠慢，此第一难。到达晋国，晋国不接待，郑国处境尴尬，此第二难。所带贡赋不能长期在外暴露，又没有正常渠道送到晋国府库，此第三难。馆舍之门狭窄，不能把贡赋收藏在馆舍，此第四难。在这种情况下，只能采取毁坏馆舍，收藏贡赋以待晋侯的方法。这样一来，毁坏馆舍，就完全是晋国的责任了。

然而，子产的答辩并没有就此结束，而是继续追究晋国的责任。晋国以诸侯盟主的姿态来责问子产，子产就接过这个话题，追述昔日晋文公为盟主时，对诸侯使者关怀备至，使得"宾至如归"。现在晋国怠慢来使，不仅没有尽到盟主的责任，而且有违祖宗之制。晋国责问子产，特别强调馆舍安全问题。子产更是借题发挥，开始直接批评对方怠慢诸侯。晋国盗贼公行，诸侯使者的安全得不到保障；馆舍如仆人的住房，根本不符合礼制；"宾见无时"，让诸侯、使者滞留。经过这番陈述，子产不仅摆脱了被动局面，而且由被告变为原告。现在，晋国只有赔礼道歉、悔过自新了。

子产的一番陈词，不仅维护了郑国的尊严，还促使晋国改善招待诸侯使者的条件，受到很多人的称赞。

子产不毁乡校 （襄公三十一年）

【题解】

老百姓的评论，是统治者所作所为的无情的镜子。统治者可以用高压手段迫使百姓保持沉默，却无法使人们不在心里估价，无法左右人心的向背。所以，沉默并不意味着顺从；相反，沉默中蕴含着可怕的力量。

【原文】

郑人游于乡校①，以论执政②。然明谓子产曰："毁乡校，何如？"子产曰："何为？夫人朝夕退而游焉③，以议执政之善否。其所善者，吾则行之；其所恶者，吾则改之，是吾师也，若之何毁之？我闻忠善以损怨④，不闻作威以防怨⑤。岂不遽止⑥？然犹防川⑦：大决所犯，伤人必多，吾不克救也；不如小决使道⑧，不如吾闻而药之也⑨。"然明曰："蔑也，今而后知吾子之信可事也⑩。小人实不才⑪。若果行此，其郑国实赖之，岂唯二三臣⑫？"仲尼闻是语也⑬，曰："以是观之，人谓子产不仁，吾不信也。"

【注释】

①乡校：古时乡间的公共场所，既是学校，又是乡人聚会议事的地方。②执政：政事。③退：工作完毕后回来。④忠善：尽力做善事。损：减少。⑤作威：摆出威风。⑥遽（jù）：很快，迅速。⑦防：堵塞。川：河流。⑧道：同导，疏通，引导。⑨药之：以之为药，用它做治病的药。⑩信：确实，的确。可事：可以成事。⑪小人：自己的谦称。不才：没有才能。⑫二三：这些，这几位。⑬仲尼：孔子的字。（孔子当时只有十岁，这话是后来加上的。）

【译文】

郑国人在乡校里游玩聚会，议论国家政事。然明对子产说："毁了乡校怎么样？"子产说："为什么？人们早晚事情完了到那里游玩，来议论政事的好坏。他们认为好的，我就推行它；他们所讨厌的，我就改掉它。这是我的老师。为什么要毁掉它？我听说尽力做善事，能减少怨恨，没有听说用摆出权威能防止怨恨。靠权威难道不能很快制止议论？但是就像防止河水一样：大水来了，伤人必然很多，我不能挽救。不如把水稍稍放掉一点加以疏通，不如让我听到这些话而作为药石。"然明说："蔑从今以后知道您确实是可以成就大事的。小人实在没有才能。如果终于这样做下去，这确实有利于郑国，岂独有利于这些大臣？"孔子听到这些话，说："从这里来看，别人说子产不仁，我不相信。"

【评析】

春秋时的乡校，让我们联想到古代希腊和罗马的民主政治。在希腊、罗马，凡自由民，都有参与政治的权利。乡校自由地议论政治，与希腊、罗马的情形有些相似，但有一个重大差别：乡校的平民百姓虽然可以议政，却无权参政，没有选举权和被选举权。因此，二者有实质性的差别。

不过，考虑到中国传统等级制度之下的政治专制，能移开一个口子让老百姓无所顾忌、畅所欲言地议论统治者，真是要很大的气魄和开阔的胸襟。真的，能做到这一点，在几千年的传统社会中，即使不是绝无仅有，也算得上几十年、几百年才会见到一次。

完全可以设想到老百姓议政的内容，比如国家的繁荣昌盛，社会的风习，与百姓日常生活密切相关的问题，施政方针，一直到宫廷秘闻，某个官员乃至国君的私生活。不管是什么样的话题，平民百姓中横挑鼻子竖挑眼、鸡蛋里面挑骨头的人，毕竟是少数，而大多数人的心目中都有相对公平的衡量尺度，他们眼睛盯住的是统治者的施政实绩，而不是统治者的夸夸其谈。

十　昭公

子产却楚逆女以兵

（昭公元年）

【题解】

郑国与楚国交界，是中原诸侯的屏障。所以，楚公子围借到郑国访问、迎娶之机，想要带兵袭击郑国。没料到大国的"包藏祸心"被子产一眼识破，并义正辞严地批判其侵略行径，轻描淡写地化解了一场危机。

【原文】

元年春，楚公子围聘于郑，且娶于公孙段氏，伍举为介①。将入馆，郑人恶之②，使行人子羽与之言，乃馆于外。

【注释】

①介：副使。②恶之：知楚国人别有图谋，所以厌恶楚国人。

【译文】

元年春天，楚国的公子围到郑国访问，同时迎娶公孙段的女儿。伍举担任副使，他们正准备进入城中宾馆，郑国人怀疑他们有诈，派行人子羽跟他们说明此意，于是就住在城外的馆舍。

【原文】

既聘，将以众逆①。子产患之，使子羽辞，曰："以敝邑褊小，不足以容从者，请墠听命②！"令尹命大宰伯州犁对曰："君辱贶寡大夫围③，谓围：'将使丰氏抚有而室④。'围布几筵⑤，告于庄、共之庙而来。若野赐之，是委君贶于草莽也！是寡大夫不得列于诸卿也！不宁唯是，又使围蒙其先君，将不得为寡君老，其蔑以复矣⑥。唯大夫图之！"

【注释】

①逆：迎亲。②墠（shàn）：祭祀的场地。古迎亲，婿受女于女家祖庙，子产不想让楚国大队人马入城，所以在郊外辟墠代庙行亲迎之礼。③贶（kuàng）：赠送，赏赐。④室：结婚成家。⑤布几筵：陈设几筵，指布置祭品。⑥蔑：无。

【译文】

访问礼仪结束以后，公子围准备带领很多兵前去迎娶。子产为此事担心，派子羽推辞，说："由于敝国地方狭小，容纳不下随从的人，请容许我们在城外修整祭祀的场地，并且听取您的命令。"令尹公子围命令太宰伯州犁回答说："蒙贵君赏赐敝国大夫围，告诉围说'将让丰氏做你的妻室'。围摆设了祭筵，在庄王、共王的宗庙中祭告后前来娶妇。如果在野外赐给我，这是把贵君的赏赐抛在了草丛里，这就使敝国大夫围不能置身于卿大夫们的行列里了。不仅如此，又使围欺骗了自己的先君，将不再能做敝国国君的大臣，恐怕也无法回去复命了。希望大夫考虑这件事！"

【原文】

子羽曰："小国无罪，恃实其罪①。将恃大国之安靖己，而无乃包藏祸心以图之。小国失恃而惩诸侯，使莫不憾者，距违君命②，而有所壅塞不行是惧！不然，敝邑，馆人之属也，其敢爱丰氏之祧③？"伍举知其有备也，请垂櫜而入④。许之。

【注释】

①恃：依靠的意思。②距违：距，同拒，拒绝及违抗。③祧（tiāo）：神庙。④垂櫜（tuó）：倒悬弓袋。示无兵器。

【译文】

子羽说："小国没有罪过，依靠大国才真正是它的罪过。本来打算依靠大国安定自己，无奈大国却包藏祸心来图谋自己！敝国唯恐小国失去了依靠，而使诸侯引起戒心，而全部怨恨大国，抗拒违背国君的命令，使贵国国君的命令行不通。不然的话，敝国就等于贵国的宾馆，岂敢爱惜丰氏的神庙而不让人入内？"伍举知道郑国有了防备，就请求让军队倒悬弓袋子进入城内。郑国答应了。

【评析】

本文记叙了楚、郑两国围绕着入城和不允许入城的问题展开了一场针锋相对的外交斗争。作者首先叙述了楚公子围访问郑国并阴谋迎娶丰氏女，借机偷偷袭击郑国，谁料郑国早有防备，对楚国的包藏祸心深恶痛绝，于是让他们在城外居住。访问仪式结束，楚国又打着迎娶的旗号率军进城，郑国执政大臣派子羽揭露其阴谋，以"敝邑褊小"婉言推辞。作品先后用"郑人恶之"、"子产患之"两句话，表现了郑国上下的焦虑和惶恐。

事情进一步发展，两国代表太宰伯州犁、行人子羽之间斗智斗勇的正面交锋，伯州犁冠冕堂皇，打着郑国国君赐婚的幌子，委婉地批评郑国的无礼怠慢，认为公子围对婚事态度不端，用"唯大夫图之"来威胁郑国。双方的目的，楚、郑两国都心知肚明，在这种情况下，子羽直截了当地道出了楚国的祸心。郑国本想通过这桩婚姻加强两国关系，让楚国保护郑，但楚国却包藏祸心，想趁机偷袭郑国。事情的结果是双方均作出了让步。

这就警告了其他小诸侯国不要轻信大国，而应该据理力争，毫不示弱，才会赢得尊严和自主。

郑子产与子皙争聘 （昭公元年）

【题解】

这是春秋时期，郑国的朝廷官员为争夺一位美女而发生的矛盾冲突。子南、子皙是同族兄弟，又同在朝廷任职，这场冲突既是朝廷官员之间的纠葛，又是家族内部的纷争，同时也暴露出当时朝廷官员仗势欺人，以为身居高位就可以肆意妄为。

【原文】

郑徐吾犯之妹美，公孙楚聘之矣，公孙黑又使强委禽焉①。犯惧，告子产。子产曰："是国无政，非子之患也。唯所欲与。"犯请于二子，请使女择焉。皆许之，子晳盛饰入，布币而出②。子南戎服入。左右射，超乘而出。女自房观之，曰："子晳信美矣，抑子南夫也。夫夫妇妇，所谓顺也。"适子南氏。子晳怒，既而橐甲以见子南③，欲杀之而取其妻。子南知之，执戈逐之。及冲④，击之以戈。子晳伤而归，告大夫曰："我好见之，不知其有异志也，故伤。"

【注释】

①委禽：婚礼最先为纳采，纳采用雁，委禽即纳采。②布币：送上礼品，陈于堂上。③橐甲：即裹甲，把甲穿在衣服里面。④冲：大道四交处。

【译文】

郑国徐吾犯的妹妹长得非常漂亮，公孙楚已经和她订了婚，公孙黑又强行派人送去聘礼。徐吾犯为此害怕，就把这事告诉了子产。子产说："这是国家政事混乱，不是您所担忧的。她愿意嫁给谁就嫁给谁。"徐吾犯请来了这二位，让女子自己选择。他们都同意了。公孙黑穿着非常华美，进来后送上礼品，陈于堂上，然后就出去了。公孙楚穿着军服进来，左右开弓，一跃登车而去。女子在房间内看着他们，说："子晳的确很英俊，但是子南才算是真正的男子汉。丈夫要像丈夫，妻子要像妻子，这就是所谓的顺。"于是，徐女便嫁给了公孙楚家。公孙黑为此非常愤怒，过了不久，他把甲穿在衣服里面去见公孙楚，想要杀死他而占有他的妻子。公孙楚知道了他的企图后，拿着戈驱赶他，到了路口的交叉处，用戈敲击他。公孙黑受了伤回去，告诉大夫说："我好好地去见他，却不知他别有用心，所以才受了伤。"

【原文】

大夫皆谋之。子产曰："直钧①，幼贱有罪。罪在楚也。"乃执子南而数之，曰："国之大节有五，女皆奸之②。畏君之威，听其政，尊其贵，事其长，养其亲。五者所以为国也。今君在国，女用兵焉，不畏威也。奸国之纪，不听政也。子晳，上大夫，女，嬖大夫，而弗下之，不尊贵也。幼而不忌③，不事长也。兵其从兄，不养亲也。君曰：'余不女忍杀，宥女以远。'勉，速行乎，无重而罪！"

【注释】

①直钧：双方都有理。②奸：犯。③忌：这里是尊敬的意思。

【译文】

大夫们都在议论着这件事。子产说："双方都有理，年纪小、地位低的有罪，此罪在于公孙楚。"于是就抓住公孙楚，然后列举他的罪状，说："国家的大节有五条，你都触犯了。惧怕国君的威严，听从他的命令，尊重贵人，事奉长者，奉养亲属，这五条是用来治理国家的。如今国君在国都里，你擅自动用武器，这就是不惧怕威严。触犯了国家的法律，这就是不听从命令。子晳是上大夫，你是下大夫，而你又不肯居下，这就是不尊重贵人。年纪小而不尊敬，这就是不事奉长者。利用武器对付堂兄，这就是不奉养亲属。国君说：'我不忍心杀你，赦免你放逐到遥远的地方。'尽你所能，赶快逃走吧，不想再加重你的罪行！"

【原文】

五月庚辰，郑放游楚于吴，将行子南①，子产咨于大叔②。大叔曰："吉不能亢身，焉能亢宗？彼，国政也，非私难也。子图郑国，利则行之，又何疑焉？周公杀管叔而放蔡叔，夫岂不爱？王室故也。吉若获戾③，子将行之，何有于诸游？"

【注释】

①行：遣之上路。②大叔：游吉，为游氏宗主，所以子产征询他的意见。③获戾：获得罪行。

【译文】

五月初二，郑国便把公孙楚放逐到吴国。正准备送公孙楚上路，子产又向太叔征询意见。太叔说："吉不能保护自身，怎么能保护一族？他的事情属于国家政治，而不是个人的危难。您在为郑国做打算，有利于国家就实行，你又有什么疑惑呢？周公杀死管叔，而放逐了蔡叔，难道是因为不爱他们？这是在巩固王室。吉如果获得罪行，您也将执行惩罚，那又何必顾虑游氏诸人呢？"

【评析】

本文记叙了同族兄弟子南、子晢为争夺美女而引起的一场矛盾冲突。

文章开篇提及到子南已经与徐无犯之妹订婚之事，但子晢仗着自己权势庞大，强行要与徐女订婚，子产不敢贸然得罪子晢，于是提议让徐女自己选择夫婿。

接着子晢便以文质彬彬的姿态出现，穿着非常华美，送上礼品，陈于堂上随即退出，他虽然内心占有欲很强，但表面却装出一副恭谨之态，只为博取徐氏的芳心。恰恰相反的是，子南的举措却是身披戎装，不按照礼节从容登车，一跃而上。致使徐女最终还是选择了子南，他对子晢的评价只是"信美"，但更倾心的是子南的男子汉气概。她的选择也从一个方面反映出当时的审美取向，即崇拜男子的阳刚之气。同时文中已经透露，女子已和子南订婚，子晢这次献礼，明摆着是违礼逼婚，但他依然在展示自己的彬彬有礼，这就难免让人觉得有些荒诞了。

然而，子晢并未为此善罢甘休，不久就身怀甲衣，前往子南住处，想杀掉子南夺其妻。子南预先知道了这件事后执戈将其击伤。子产利用治国之道，将子南放逐到楚国。子产的审时度势和雷霆手段可见一斑。

晏婴叔向论晋季世

（昭公三年）

【题解】

当一个朝代达到鼎盛的时候，也就意味着不久它就会开始走下坡路。末世到来时，再聪明、再能干的人都只有眼睁睁看着它衰落下去。你可以把一切看得清楚，分析透彻，但就是无法使它依靠自身的力量来为自身提供必需的活力，只能等到全部能量消耗殆尽，这时就该寿终正寝了。忠臣也好，义士也好，直谏也好，都如螳臂当车，挽救不了颓势。

【原文】

齐侯使晏婴请继室于晋，曰："寡君使婴曰：'寡人愿事君，朝夕不倦，将奉质币①，以无失时，则国家多难，是以不获。不腆先君之適②，以备内官，焜耀寡人之望，则又无禄，早世殒命，寡人失望。君若不忘先君之好，惠顾齐国，辱收寡人，徼福于大公、丁公，照临敝邑，镇抚其社稷，则犹有先君之適及遗姑姊妹若而人③。君若不弃敝邑，而辱使董振择之，以备嫔嫱，寡人之望也。'"韩宣子使叔向对曰："寡君之愿也。寡君不能独任其社稷之事，未有伉俪。在缞绖之中④，是以未敢请。君有辱命，惠莫大焉。若惠顾敝邑，抚有晋国，赐之内主，岂唯寡君，举群臣实受其贶。其自唐叔以下，实宠嘉之⑤。"

【注释】

①质币：币帛礼物。②不腆：谦辞。犹言不丰厚，浅薄。③若而：若干。④缞绖：服丧。⑤宠嘉：荣耀华美。

【译文】

齐景公派晏婴请求继续送女子到晋国，说："寡君派遣婴的时候说：'寡人愿意为君王奉使，一天到晚都不会倦怠，正要奉献财礼的不失去安定，然而由于国家处于危难，因此没有前来。先君的嫡女有幸在君王的内宫充数，使寡人有了希望，但又没有福气，很早便死去了，寡人因此又失去了希望。君王如果不忘记先君的友好，而更加施恩顾念齐国，对寡人和睦，赐福于太公、丁公，光辉照耀敝国，安抚我们的国家，那么还有先君的嫡女和其余姑姐妹若干人。君王如果不抛弃敝国，而派遣使者慎重选择，作为姬妾，这就是寡人的希望。'"韩宣子派叔向回答说："这正是寡君的愿望。寡君不能单独承担国家大事，没有正式的配偶，由于在服丧期间，所以没敢提出请求。君王有这个意思，没有比这再大的恩惠了。如果加恩顾念敝国，安抚晋国，赐给晋国内主，不只是寡君，所有的臣下都会受到她的恩赐，从唐叔以下，人们都会尊崇赞许她。"

【原文】

既成昏①，晏子受礼。叔向从之宴，相与语。叔向曰："齐其何如？"晏子曰："此季世也②，吾弗知。齐其为陈氏矣③！公弃其民，而归于陈氏。齐旧四量，豆、区、釜、钟④。四升为豆，各自其四⑤，以登于釜。釜十则钟。陈氏三量，皆登一焉⑥，钟乃大矣⑦。以家量贷，而以公量收之。山木如市，弗加于山。鱼盐蜃蛤，弗加于海。民参其力⑧，二入于公，而衣食其一。公聚朽蠹⑨，而三老冻馁⑩。国之诸市，屦贱踊贵⑪。民人痛疾，而或燠休之⑫，其爱之如父母，而归之如流水，欲无获民，将焉辟之？箕伯、直柄、虞遂、伯戏，其相胡公、大姬，已在齐矣。"

【注释】

①成昏：定婚。②季世：末世，末代。③陈氏：指国人陈完的后代宗族。④豆、区（ōu）、釜、钟：齐国的四种量器。⑤各自其四：各用自身的四倍。⑥登一：加一，指由四进位增加为五进位。⑦钟乃大矣：指钟的增加不止一个旧量（一釜）。⑧参：分成三分。⑨聚：聚敛的财物。朽蠹：腐烂生虫。⑩三老：泛指老人。馁：饥饿。⑪踊：假腿。古时受过刖刑的人所穿。⑫燠（yù）休：安抚病痛的声音。

【译文】

订婚以后，晏子接受了晋国的宴宾之礼，叔向陪他一起参加宴饮，互相谈话起来。叔向说："齐国怎么样了？"晏子说："到了末世了，我不知道该怎么说，齐国恐怕已经属于陈氏了。国君不爱惜自己的百姓，让他们归附于陈氏。齐国原来有四种量器，豆、区、釜、钟。四升为一豆，各用自身的四倍，以升进一釜。十釜就是一钟。而陈氏的豆、区、釜三种量器，都加大了四分之一，钟的容量就更大了。他用私家的大量器贷出粮食，用公家的小量器收回粮食。山上的木料运到市场，价格不比山上高。鱼盐蜃蛤等海产品，价格也不比海边高。百姓劳动收入分成三份，两份归于公家，另外一份用来维持自己的衣食。国君聚敛的财物已腐烂生虫，而老年人们却挨冻受饥。国都的市场上，鞋子便宜而假足昂贵。百姓有了痛苦疾病，有人乘机去安抚，百姓拥戴陈氏如同父母一样，归附陈氏像流水一样迅速。想要陈氏得不到百姓的拥护，哪能避得开？箕伯、直柄、虞遂、伯戏，他们跟随胡公和大姬，恐怕已经在国接受祭祀了。"

【原文】

叔向曰："然。虽吾公室①，今亦季世也。戎马不驾，卿无军行，公乘无人，卒列无长。庶民罢敝②，而宫室滋侈。道殣③相望，而女富溢尤。民闻公命，如逃寇仇。栾、郤、胥、原、狐、续、庆、伯④，降在皂隶⑤。政在家门，民无所依，君日不悛⑥，以乐慆忧⑦。公室之卑，其何日之有？《谗鼎之铭》曰：'昧旦丕显⑧，后世犹怠。'况日不悛，其能久乎？"

【注释】

①公室：诸侯及其政权。②罢(pí)敝：疲病。③殣(jìn)：饿死的人。④栾：栾枝。郤：郤缺。胥：胥臣。原：原轸，先轸。狐：狐偃。这五人都是卿。续：续简伯。庆：庆郑。伯：伯宗。这三人都是大夫。⑤皂隶：官府中的差役。⑥悛：悔改，改过。⑦慆(tāo)：隐藏，掩盖。⑧昧旦：黎明。丕：大。显：明。

【译文】

叔向说："是呀。就是我们公室，现在也快到末世了。兵车没有战马和人驾驭，国卿不率领军队，国君的战车左右没有好人才，步兵队伍没有好长官。百姓困疲，但宫室更加奢侈。道路上饿死的人随处可见，而宠姬家里的财物多得装不下，百姓听到国君的命令，就像躲避仇敌一样。栾、郤、胥、原、狐、续、庆、伯八家的后人已经沦为低贱的吏役，政事由私家决定，百姓无依无靠。国君丝毫不知改悔，用行乐来掩盖忧愁。公室的衰微，还能有几天？谗鼎上的铭文说，'天不亮就起来致力于政绩显赫，子孙后代还是会懒散懈怠。'更何况国君毫不改悔，国家能够长久吗？"

【原文】

晏子曰："子将若何？"叔向曰："晋之公族尽矣①。肸闻之，公室将卑，其宗族枝叶先落②，则公从之。肸之宗十一族，唯羊舌氏在而已。肸又无子。公室无度，幸而得死，岂其获祀？"

【注释】

①公族：与国君同姓的子弟。尽：完。②无子：没有好儿子。

【译文】

晏子说:"您打算怎么办?"叔向说:"晋国的公族全完了。我听说,公室快要衰微时,它的宗族就像树叶一样首先落下来,然后公室就跟着衰亡了。我的一宗十一族,只有羊舌氏一支还存在。我又没有好儿子,公室又没有法度,能够得到善终就是万幸,难道还指望得到后代的祭祀吗?"

【评析】

人类既无法和天地抗争,无法同命运抗争,也无法和自己抗争。阴阳盛衰的交替的确不是人的意志可以扭转的。末世到来时,无论你是诸侯,还是贤臣,只能看着国家一天天衰竭,但就是没有回天之力,只有做国家的不义之臣。或许在这种情况下,麻木迟钝比敏感清醒要好得多。麻木了,就不用花时间去看,即使看了也没有什么反应;也不用费脑筋去想,因为脑子完全处在停滞状态,所以也就不会有忧愁与顾虑。然而最让人惧怕的就是由清醒敏感带来的痛苦,不仅要思索、要探寻究竟,还要仰问苍天,而最终还是一无所获。

改天换地的力量来自外部。制度本身是个巨大的漩涡,是一个具有无限引力的黑洞,一旦走进它,一切都将被无情地吞没。让人不可思议的是,一直被人们当作是近代产物的末世感,竟会出现在两千多年前的春秋时代。如果说末世感也具有"现代性"的话,那"现代性"就不应以时间远近来衡量。

晏婴辞更宅 (昭公三年)

【题解】

晏子以丞相的尊崇地位屈居"解困房",一直以来都被当作道德高尚的表率,其实更深一层的原因可能是吸取崔杼等人飞扬跋扈而灭亡的教训,刻意低调的世故之举。他屡次辞谢更宅,其用意也在于以实际事例提醒景公,酷刑对人民、对国家的伤害,告诫他作为一个"领民治民"的国君,一定要体恤民间的疾苦。

【原文】

初,景公欲更晏子之宅,曰:"子之宅近市,湫隘嚣尘[1],不可以居,请

十 昭公

更诸爽垲者②。"辞曰："君之先臣容焉，臣不足以嗣之，于臣侈矣。且小人近市，朝夕得所求，小人之利也。敢烦里旅③？"公笑曰："子近市，识贵贱乎？"对曰："既利之，敢不识乎？"公曰："何贵何贱？"于是景公繁于刑，有鬻踊者④。故对曰："踊贵屦贱。"既已告于君，故与叔向语而称之。景公为是省于刑。

【注释】

①湫隘：潮湿狭小。嚣尘：喧闹多尘。②爽垲：高畅明亮。③里旅：当地的群众。④鬻踊：出卖假脚。

【译文】

当初，齐景公想更换晏子的住宅，说："您的住宅靠近市场，潮湿狭小，喧闹多尘，不适合居住，请您换到一所爽亮干燥的房子里去住。"晏子辞谢说："君王的先臣曾经住在这里，下臣不足以继承先臣的业绩，住在里边已经很浪费了。况且小人靠近市场，早晚能得到自己所需要的东西，这是小人的便利，哪里敢麻烦邻里迁居为我建造新房子？"齐景公笑着说："您靠近市场，了解物品的贵贱吗？"晏子回答说："既然以它为利，哪能不知道呢？"景公说："什么贵？什么贱？"当时，齐景公滥用刑罚，有出卖假腿的，所以晏子回答说："假腿贵，鞋子贱。"晏子已经告诉了国君，所以跟叔向谈话的时候也谈到这个。齐景公为此便减省了刑罚。

【原文】

君子曰："仁人之言，其利博哉。晏子一言而齐侯省刑。《诗》曰：'君子如祉，乱庶遄已①。'其是之谓乎！"

【注释】

①遄：快速。已：阻止。

【译文】

君子说："仁义之人的话，它的利益广博啊！晏子一句话，齐侯就减省刑罚。《诗》说：'君子如行福佑，祸难差不多就可以快速阻止了。'说的就是这个吧！"

【原文】

及宴子如晋，公更其宅，反，则成矣。既拜，乃毁之，而为里室①，皆如其旧。则使宅人反之，曰："谚曰：'非宅是卜，唯邻是卜。'二三子先卜邻矣，违卜不祥。君子不犯非礼，小人不犯不祥，古之制也。吾敢违诸乎？"卒复其旧宅。公弗许，因陈桓子以请，乃许之。

【注释】

①里室：邻居的住宅。指为造新宅而拆毁的邻居的家。

【译文】

等到晏子去了晋国，齐景公便更换了他的住宅，晏子回来后，新房就已经建成。晏子拜谢以后，随即拆掉了新房而建造邻居的住宅，恢复到和原来的一样，让原来的住户回来，说："俗话说：'不是住宅需要占卜，而是邻居需要占卜。'这几位已经先占卜邻居了，违背占卜是不吉祥的。君子不去做不合礼的事情，小人不去做不祥的事情，这是古代的制度，我怎么敢违背它吗？"终于恢复了旧居。齐景公刚开始不答应，晏子委托桓子代为请求，齐景公才答应了。

【评析】

本文围绕齐景公想要为晏婴更换住宅的事情，描绘出晏子仁者见智、心胸坦荡、不贪图奢侈生活的形象。

开篇指出晏婴的住宅"湫隘嚣尘，不可以居"，齐景公第一次想为晏婴更换住宅，但他断然拒绝，原因有二：一是住宅乃是先辈居住过的地方，自己住在这里已经够奢侈了，因此丝毫不觉得狭小。二是住宅靠近市场，买东西什么的很方便，所以不在乎它的喧闹。齐景公又在晏婴去晋国之时，第二次更换住宅，为他翻修房屋。但晏婴回来后还是被恢复了原状。

晏婴两次拒绝更换住宅，是他尚俭美德的体现，是对平民百姓的仁慈，也是以实际行动把自己和横征暴敛者区别开来。晏婴拒绝更宅还有一个重要原因，他不想和齐景公走得太近，因为他们在国家衰世之时，只考虑自身安危，未曾考虑百姓的安危，同时这也是在警示我们不能只顾眼前的恩宠，要有长远眼光。

伍员奔吴　（昭公十九年、二十年）

【题解】

小人的心思很难用正常人的思维去衡量，他会打碎一件价值连城的瓷器，仅仅为了掉入里边的一枚硬币。所谓成事不足，败事有余，说的就是这种人。而且一个国家的兴旺盛衰，也往往会被一些谄佞小人搅得天翻地覆。这个故事中的费无极，因为疑心重重，一来怕被算计，二来又不断地去算计别人。几句谗言就把太子建逼到了宋国，把伍奢一家弄得家破人亡，使得国家和百姓不得安宁。

【原文】

楚子之在蔡也①，鄹阳封人之女奔之②，生大子建③。及即位，使伍奢为之师④，费无极为少师⑤，无宠焉，欲谮⑥诸王，曰："建可室矣。"王为之聘于秦。无极与逆⑦，劝王取之。正月，楚夫人嬴氏至自秦。

【注释】

①楚子：指楚平王。②鄹（jué）阳：蔡国地名，在今河南新蔡，封人：管理边境的官员。奔：不按礼而娶，即姘居。③大子建：太子建，即王子建，楚平王太子。④伍奢：伍举的儿子，楚国大夫，伍尚、伍员的父亲。⑤少师：教导和辅佐太子的官。⑥谮（zèn）：诬陷，诬告。⑦与逆：参加迎亲。

【译文】

楚平王在蔡国的时候，鄹阳封人的女儿私奔到他那里，生下太子建。等到楚平王即位时，便派伍奢做太子建的老师，费无极当少师。费无极得不到宠信，想要诬陷太子以求得宠信，说："太子建可以娶妻了。"楚平王从秦国为太子建聘得女子，费无极参加了迎亲，却劝说楚平王自己娶这个女子。正月，楚平王的夫人嬴氏从秦国来到了楚国。

【原文】

楚子为舟师以伐濮①。费无极言于楚子曰:"晋之伯也②,迩于诸夏;而楚辟陋,故弗能与争。若大城城父③,而置大子焉,以通北方,王收南方,是得天下也。"王说,从之。故大子建居于城父。

【注释】

①舟师:水军。濮:南方部落,在今湖北石首。②伯:同霸。③城父:楚国邑名,在今河南宝丰东四十里。

【译文】

楚平王组建了水军以攻打濮地。费无极对楚平王说:"晋国之所以能够称霸诸侯,是因为接近中原诸国,而楚国偏僻简陋,所以不能同晋国争雄,如果扩大城父的城墙,将太子安排在那里,以便和北方各国交往,君王收取南方,这样就可以攻得天下。"楚平王很高兴,听从了费无极的话,因此太子建就住在了城父。

【原文】

费无极言于楚子曰:"建与伍奢将以方城①之外叛。自以为犹宋、郑也,齐、晋又交辅之,将以害楚。其事集矣②。"王信之,问伍奢。伍奢对曰:"君一过多矣,何信于谗?"王执伍奢。使城父司马奋扬杀大子,未至,而使遣之。三月,大子建奔宋。王召奋扬,奋扬使城父人执己以至。王曰:"言出于余口,入于尔耳,谁告建也?"对曰:"臣告之。君王命臣曰:'事建如事余。'臣不佞,不能苟贰③。奉初以还④,不忍后命,故遣之。既而悔之,亦无及已。"王曰:"而敢来,何也?"对曰:"使而失命,召而不来,是再奸也⑤。逃无所入。"王曰:"归。"从政如他日。

【注释】

①方城:地名,在楚国北部边境。②集:成。③苟贰:随便怀有二心。④奉初以还:接受头一次命令。还:周旋。⑤奸:犯。

【译文】

费无极对楚平王说："太子建和伍奢准备率领方城以外的人反叛，自以为像宋国、郑国一样，齐国、晋国会一起帮助他们，将会用他来危害楚国，这事情快成功了。"楚平王相信了这些话，便责问伍奢。伍奢回答说："君王有一次过错已经够严重了，为什么还要听信别人的谗言？"楚平王便把伍奢抓了起来，派城父司马奋扬去杀太子建。奋扬还没有到达城父，就先派人去通知太子建逃走。三月，太子建逃到了宋国。楚平王召回奋扬，奋扬让城父大夫把自己抓起来送回郢都。楚平王说："话出自我的口中，进到你的耳朵，是谁告诉了太子建？"奋扬回答说："是臣下告诉他的。君王曾经命令臣下说：'侍奉太子建要像侍奉我一样。'臣下不才，不能随便怀有二心。臣下遵照当初的命令去对待太子，就不忍心遵照您后来的命令来执行，所以才放太子建逃走了。不久臣下又后悔这样做，但已经来不及了。"楚平王说："你还敢回来见我，这是为什么？"奋扬回答说："接受命令而没有完成使命，再召见我又不回来，这是第二次犯错误了，臣下即使逃走也没有地方可去。"楚平王说："回城父去吧！"奋扬还像过去一样处理政事。

【原文】

无极曰："奢之子材，若在吴，必忧楚国，盍以免其父召之。彼仁，必来。不然，将为患。"王使召之，曰："来，吾免而父。"棠君尚谓其弟员曰[①]："尔适吴，我将归死。吾知不逮[②]，我能死，尔能报。闻免父之命，不可以莫之奔也；亲戚为戮，不可以莫之报也。奔死免父，孝也；度功而行，仁也；择任而往，知也；知死不辟，勇也。父不可弃，名不可废，尔其勉之，相从为愈[③]。"伍尚归。奢闻员不来，曰："楚君、大夫其旰食乎[④]！"楚人皆杀之。

【注释】

①棠：楚国邑名，在今河南遂平西北。尚：伍尚，当时任棠邑大夫。员：伍员。②知：同智。不逮：不及。③愈：胜过。④旰（gàn）食：晚食，不能按时吃饭。

【译文】

费无极说："伍奢的儿子非常有才能，如果他们到了吴国，必然会使楚国陷入担忧，为什么不以赦免他们父亲的名义召他们回来呢？他们很仁义，一定会回来。要不然，他们将成为楚国的祸患。"于是，楚平王派人召回他们，说："只要你们回来，我就赦免你们的父亲。"棠邑大夫伍尚对他的弟弟伍员说："你到吴国去，我准备回去送死。我的才智不比不上你，我能够为父亲死，你能够为父亲报仇。听到可以使父亲赦免的命令，我不能不赶快回去。亲人被杀戮，不能没有人报仇。回去使父亲赦免，这是孝顺。估计成功的可能性小但还是要去，这是仁义。选择任务而前去，这是明智。明知必死而不躲避，这是勇气。父亲不可以丢弃，名誉不可以抛弃，你还是尽力而为吧！这样总比两个人在一起好。"伍尚便自己回去了。伍奢听说伍员没有回来，说："楚国国君和大夫恐怕不能准时吃饭了。"楚国王把伍奢、伍尚都杀了。

【原文】

员如吴，言伐楚之利于州于①。公子光曰："是宗为戮而欲反其仇，不可从也。"员曰："彼将有他志。余姑为之求士，而鄙以待之②。"乃见鱄设诸焉③，而耕于鄙。

【注释】

①州于：吴王僚。②鄙：乡野。③见：引见。鱄设诸：吴国勇士。

【译文】

伍员到了吴国，向州于说明进攻楚国的好处。公子光说："这是他的家族被杀戮而想要报私仇，不能听信他的话。"伍员说："他是别有用意，我姑且为他寻求勇士，在乡间住下等待机会。"于是就把鱄设诸推荐给了公子光，而自己在边境上种地。

【评析】

本文记叙了春秋末年楚国佞臣费无极，为了争宠，想尽一切办法诬陷太子建，于是便提议楚平王替太子建娶妻，平王派费无极到秦国去迎接秦女孟嬴来和太子成婚。孟嬴容貌漂亮，费无极便趁机劝平王自己纳娶，平王好色便强纳了儿媳，费无极也转为侍奉楚平王。但是他一直担心太子建会对自己不利，于是不断离间平王和太子建。后来费无极又找机会陷害太子建，说他和伍奢有反叛之心，楚平王听信谗言，下令要杀死太子建。太子建最终被迫逃亡宋国，伍奢被迫害而死，儿子伍员逃走，后投奔到吴国。

伍奢被拘禁，伍尚、伍员面临归与逃，生与死，留名与建功的抉择。在这生死攸关的时刻，作为兄长的伍尚果断地作出决定，兄弟二人分工：自己尽孝赴死，伍员则逃亡建功，为父报仇。作为子女，必须尽孝，这是最起码的道德准则，伍尚所做的决定，把兄弟二人都置于尽孝的行列。自己归死尽孝，伍员则是复仇尽孝。伍尚所持的基本理念是"父不可弃，名不可废"。他根据自己与伍员的条件，明确分工，两个方面都得以实现。

费无极确实是小人，他的想法也很简单，以为抓住了伍奢，就能诱捕其二子。无论如何，他也理解不了大丈夫的大悲苦，看不到大丈夫胸中的丘壑。伍尚的决断，让费无极的如意算盘落空。知子莫若父，伍奢之死预示着楚国灾难的到来。

综上所述，我们千万不能小看了奸佞小人。因为凡是有人群的地方，就有他们的身影；凡是有利可图的时候，就有他们使不完的诡计、想不到的算计；甚至有好多与他们毫不相干的，他们也会用他们"超人的智慧"，让你无处可逃。奸佞小人的能力绝对不可低估。他们能言会辩，不仅会搞伪装、下毒手，还会借刀杀人，让人防不胜防。他们为了追求名利、荣华富贵，有时纯粹只是为了发泄不满和妒忌。所以我们还是要用自己的聪明才智去跟这些奸佞小人对抗到底。

子革对灵王

（昭公十二年）

【题解】

我国历史上从来都不乏直言敢谏的忠臣，他们将个人的利益抛到一边，以国家社稷为重，即使被杀也在所不惜。文中的子革并没有直接谴责楚灵王，而是采用迂回的方式，以此达到进谏的目的。但灵王缺乏容人的雅量和任贤的决断，最终还是落得自缢身亡的下场。

【原文】

楚子狩于州来，次于颍尾①，使荡侯、潘子、司马督、嚣尹午、陵尹喜帅师围徐以惧吴。楚子次于乾溪，以为之援。雨雪，王皮冠，秦复陶②，翠被③，豹舄④，执鞭以出，仆析父从。

【注释】

①次：驻扎。②复陶：羽绒衣。③翠被：被，同披，翠鸟羽毛做的披风。④舄（xì）：木底鞋。

【译文】

楚灵王在州来打猎，在颍尾驻扎后，便派遣荡侯、潘子、司马督、嚣尹午、陵尹喜率领军队将徐国包围，以使吴国畏惧。楚灵王自己驻扎在乾谿，作为楚国大军的后援。天下着雪，楚灵王头戴皮帽，身穿秦国产的复陶羽衣，披着翠鸟羽做的披风，脚穿豹皮靴，手持着鞭子走了出来。仆析父在他身后跟着。

【原文】

右尹子革夕①，王见之，去冠、被，舍鞭，与之语曰："昔我先王熊绎，与吕级、王孙牟、燮父、禽父，并事康王，四国皆有分②，我独无有。今吾使人于周，求鼎以为分，王其与我乎？"对曰："与君王哉！昔我先王熊绎，辟在荆山，筚路蓝缕，以处草莽。跋涉山林，以事天子。唯是桃弧、棘矢，以共御王事③。齐，王舅也。晋及鲁、卫，王母弟也。楚是以无分，而彼皆有。今周与四国服事君王，将唯命是从，岂其爱鼎？"

【注释】

①夕：傍晚来见。②四国：齐、晋、鲁、卫。③共御：侍奉的意思。

【译文】

右尹子革傍晚去朝见，楚灵王接见他，脱去帽子、披风，放下鞭子，同他说话："往昔我们先王熊绎，和吕级、王孙牟、燮父、禽父一起侍奉周康王，四国都分赐了珍宝，唯独我国没有。如今我派人去周朝，请求把宝鼎赏赐给我，周王会答应吗？"子革回答说："当然会答应君王的！从前我们先王熊绎，住在偏僻的荆山，乘柴车穿破衣，以开辟荒芜的土地，又跋山涉水穿越森林来侍奉天子，只能把桃木弓、枣木箭作为奉献给天子的礼物。齐国，是天子的舅父。晋国及鲁国、卫国的祖先，是天子的同胞兄弟。楚国没有得到赏赐，而他们却有，如今周朝和四国诸侯顺服君王，他们将会唯命是从，怎么敢吝惜一鼎？"

【原文】

王曰："昔我皇祖伯父昆吾，旧许是宅①。今郑人贪赖其田②，而不我与。我若求之，其与我乎？"对曰："与君王哉！周不爱鼎，郑敢爱田？"王曰："昔诸侯远我而畏晋，今我大城陈、蔡、不羹，赋皆千乘，子与有劳焉。诸侯其畏我乎？"对曰："畏君王哉！是四国者，专足畏也，又加之以楚，敢不畏君王哉！"

【注释】

①旧许：即许国。宅：居住。②赖：利。

【译文】

楚灵王说："往昔我们的皇祖伯父昆吾，居住在许国故土，如今郑国人贪图那片土地，而不肯给我们。假如我要求他们归还，他们会给我吗？"子革回答说："会给君王的！周朝都不敢怜惜宝鼎，郑国还敢怜惜土地？"楚灵王说："先前诸侯疏远我国而追随晋国，如今我们大规模修筑陈国、蔡国、不羹的城墙，这些地方的战车多达一千辆，这其中您是有功劳的，诸侯会害怕我们吗？"子革回答说："当然害怕君王啊！就这四座大城邑，就足够使诸侯害怕了，再加上楚国，他们哪里敢不害怕君王呢？"

【原文】

工尹路请曰："君王命剥圭以为鏚柲①，敢请命。"王入视之。析父谓子革："吾子，楚国之望也！今与王言如响②，国其若之何？"子革曰："摩厉以须③，王出，吾刃将斩矣。"

【注释】

①鏚柲（qī bì）：斧柄。②如响：如回声，言皆顺着灵王意思回答。③摩厉：同磨砺。以须：等着。

【译文】

工尹路向楚灵王请示说:"君王下令剖开圭玉用来装饰斧柄,谨请命令做成什么式样。"楚灵王随他进去察看。析父对子革说:"您在楚国德高望重。但是如今你和君王说话一味顺应,国家将怎么办?"子革说:"我磨快了刀刃等着,等到君王一出来,我就要斩断他的邪念了。"

【原文】

王出,复语。左史倚相趋过。王曰:"是良史也,子善视之。是能读《三坟》《五典》《八索》《九丘》。"对曰:"臣尝问焉。昔穆王欲肆其心,周行天下,将皆必有车辙马迹焉。祭公谋父作《祈招》之诗,以止王心,王是以获没于祗宫①。臣问其诗而不知也。若问远焉,其焉能知之?"王曰:"子能乎?"对曰:"能。其诗曰:'祈招之愔愔②,式昭德音③。思我王度,式如玉④,式如金。形民之力⑤,而无醉饱之心。'"王揖而入,馈不食,寝不寐,数日,不能自克,以及于难。

【注释】

①没:同殁,死。②愔(yīn)愔:和悦,安闲。③式:语首助词。④式如:如同。⑤形:刑,犹成。

【译文】

楚灵王出来,子革又和他说话。左史倚相快步走过,楚灵王说:"这个人是好史官,您要好好地对待他,他能够读懂《三坟》《五典》《八索》《九丘》。"子革回答说:"臣曾经问过他。往昔周穆王想要放纵他的欲望,周游天下,打算到处留有他的车辙马迹。祭公谋父写下《祈招》这首诗,用来劝阻周穆王的欲望,穆王因此得以在祗宫终老。臣问他这首诗,他却不知道。如果问他更久远的事情,他怎么会知道?"楚灵王说:"您知道那首诗吗?"子革回答说:"当然知道。那首诗说:'祈求得到安闲和悦,显示周王的德音宏大。想起我们君王的风度,如同玉般温润,金般强坚。按照百姓的力量来使用他们,而自己却没有醉饱的心愿。'"楚灵王向子革拱拱手就进去了,送饭吃不下,睡觉睡不着,这样持续了好几天,但他最终不能克制自己,因而遭遇了祸难。

【原文】

仲尼曰："古也有志①：'克己复礼，仁也'。信善哉②！楚灵王若能如是，岂其辱于乾溪？"

【注释】

①志：记载。②信：诚，确实。

【译文】

孔子说："古时候有记载：'克制自己回到礼仪上，这就是仁。'说得真好啊！楚灵王如果能这样做，怎么会在乾豀受到羞辱呢？"

【评析】

本文记叙了楚大夫子革劝谏楚灵王体恤民力，不要骄奢自满、肆意妄为、贪得无厌，反映了忠臣的一片苦心，描绘了作为一个博学多识，善于寻找机会的老臣形象。

文中你问我答的三次对话，说出了楚灵王的三个愿望：一是追述先王当年侍奉周康王，却没有得到赏赐，如今想索要宝鼎以平息旧日的怨气。体现出灵王没有自知之明，狂妄自大，因而子革故意顺从灵王。

二是灵王提出当年先祖曾居住在郑国故土，如今想要讨回这片土地。进一步体现出灵王贪婪无知，而子革再次表现出顺从，作出了肯定的回答。

三是灵王又提到先前诸侯疏远他而亲近晋国，如今他想要各诸侯归附于他，以报当年受欺凌之仇，更加体现出灵王的蛮横霸气。

对于楚灵王所袒露的上述野心，子革采取欲擒故纵的劝谏方式。楚灵王指责周王朝对楚国不公，子革便对周朝偏袒其他国而加以说明。楚灵王问周王朝、郑国、诸侯是否畏惧自己，子革就顺水推舟，大肆渲染楚国的威势、各诸侯国的畏惧，采用了层层推进的表达方式。子革的回答令楚王很是满意，给他制造假象。随后子革才提出《祈招》这首诗，故意讥讽嘲笑楚王欣赏的史官孤陋寡闻，居然不知这首诗。听了子革的劝谏，灵王"馈不食，寝不寐，数日，不能自克，以及于难"。可见子革委婉的劝谏起到了作用，但可悲的是，灵王最终未能用理性战胜自己的欲望和野心，终于自取灭亡。

晏婴论和与同 （昭公二十年）

【题解】

"和而不同"的理论体系，建立了一个齐景公与晏婴和而不同的朝代。即君臣"和"则国兴，君臣"同"则国衰的真谛。晏婴在这里所发的议论，是抽象的哲理。因为世无完人，虽贵为国君，他认为"可"的言行中，也必有"否"的成分，所以做臣子的要肯定国君的"可"，勇敢提出国君的"否"。

【原文】

齐侯至自田①，晏子侍于遄台②，子犹驰而造焉③。公曰："唯据与我和夫！"晏子对曰："据亦同也，焉得为和？"公曰："和与同异乎？"对曰："异。和如羹焉，水火醯醢盐梅以烹鱼肉④，燀之以薪⑤。宰夫和之，齐之以味⑥，济其不及⑦，以泄其过⑧。君子食之，以平其心。君臣亦然。君所谓可而有否焉，臣献其否以成其可。君所谓否而有可焉，臣献其可以去其否。是以政平而不干⑨，民无争心。

【注释】

①田：打猎。这里指打猎处。②遄（chuán）台：地名，在今山东临淄附近。③造：到，往。④羹：调和五味（醋、酱、盐、梅、菜）做成的带汁的肉。不加五味的叫大羹。醯（xī）：醋。醢（hǎi）：用肉、鱼等做成的酱。梅：梅子。⑤燀（chǎn）：烧煮。⑥齐：调配使味道适中。⑦济：增加，添加。⑧泄：减少。过：过重。⑨干：犯，违背。

【译文】

齐景公从打猎处归来，晏子便侍候在遄台，梁丘据也驱车赶来了。齐景公说："只有梁丘据与我和谐啊！"晏子回答说："梁丘据也不过是与君主相同罢了，哪里能说是和谐呢？"齐景公说："和谐跟相同有什么差别吗？"晏子回答说："有差别。和谐如同做羹汤一样，用水、火、醋、酱、盐、梅来烹调鱼和肉，用柴火烧煮，厨工调配使味道恰到好处，味道太淡就添加调料，味道太重就加水冲淡一下。君子喝了这种肉羹，内心平静。君臣之间的关系也是这样。国君认为可以的而其中也有不可以的，臣下指出它不可以的而使可以的部分更加完备。国君认为不可以的而其中有可以的，臣下指出它可以的部分而去掉它不可以的部分。因此政事平和而不违背礼仪，百姓没有争夺之心。

【原文】

"故《诗》曰：'亦有和羹，既戒既平。鬷嘏无言，时靡有争①。'先王之济五味②，和五声也③，以平其心，成其政也。声亦如味，一气④，二体⑤，三类⑥，四物⑦，五声，六律⑧，七音⑨，八风，九歌⑩，以相成也。清浊，小大，短长，疾徐，哀乐，刚柔，迟速，高下，出入，周疏，以相济也。君子听之，以平其心。心平，德和。故《诗》曰：'德音不瑕⑪。'今据不然。君所谓可，据亦曰可；君所谓否，据亦曰否。若以水济水，谁能食之？若琴瑟之专一，谁能听之？同之不可也如是。"

【注释】

①这四句诗出自《诗·商颂·烈祖》。戒：具备，意思是指五味全。平：和，指味道适中。鬷（zōng）：通奏，进献。嘏（gǔ）：福，指神灵来到。无言：指肃敬。②济：这里的意思是相辅相成。五味：指酸、甜、苦、辣、咸五种味道。③五声：指宫、商、角、徵、羽五个音阶。④一气：空气，指声音要用气来发动。⑤二体：指舞蹈的文舞和武舞。⑥三类：指《诗》中的风、雅、颂三部分。⑦四物：四方之物，指乐器用四方之物做成。⑧六律：指用来确定声音高低清浊的六个阳声，即黄钟、太簇、姑洗（xiǎn）、蕤（ruí）宾、夷则、无射（yì）。⑨七音：指宫、商、角、徵、羽、变宫、变徵七种音阶。⑩九歌：可以歌唱的九功之德，即水、火、木、金、土、谷、正德、利用、厚生。⑪这句诗出自《诗·豳风·狼跋》。德音：本指美德，这里借指美好的音乐。瑕：玉上的斑点，这里指缺陷。

【译文】

"所以《诗》中说：'有调和好的羹汤，已经告诫厨工把味道调配得适中。神灵来享而挑不出什么毛病，百姓和睦没有争夺。'先王使五种味道相互调匀、五个音阶和谐动听，用来平静内心，完成政事。音乐的道理也像味道一样，是由一气、二体、三类、四物、五声、六律、七音、八风、九歌相配合而成的，是由清浊、大小、短长、缓急、哀乐、刚柔、快慢、高低、出入、疏密相调节而成的。君子听了这样的音乐，可以平静他的内心。内心平静，德行就和谐。所以《诗》中说'美好的音乐没有缺陷'。现在梁丘据不是这样。国君认为可以的，他也说可以。国君认为不可以的，他也说不可以。如果用清水去调剂清水，谁能吃它呢？如果用琴瑟老弹一个音调，谁愿意去听它呢？不应该一味相同的道理就是这样。"

【评析】

本文围绕齐景公与晏子的一段对话，进而阐述和谐与相同之差别。所谓"和"，就如同厨师调和酸、甜、苦、辣、咸五味为美味的羹，喝羹汤可以平静内心，以此表现出君臣之间的关系。乐师调和宫、商、角、徵、羽五声，说明音乐的道理也同味道一样，听美好的音乐也可以平静内心，有德行便是和谐。所谓"同"，就如同用水调剂水，是不能调剂出好喝的汤，用一根弦演奏音乐，是不可能奏出好听的音乐来的。

在这次"和同之辩"中，晏子阐述了他的君臣要和而不同的理论，主张建立君臣和而不同的政治体制。和而不同的君臣关系，实现了国君兼听纳谏，知错改错；大臣不隐君过，能直言直说的政治局面。近谗佞，远贤良，走的就是君臣"和而不同"的道路。

子产论政之宽猛

（昭公二十年）

【题解】

治理国家是一门高深的学问，政令的宽与猛都有它的优点和劣处。子产病危之际，用火与水作比喻，形象地阐述了它们的辩证关系。孔子从中总结经验教训，认为"宽以济猛，猛以济宽，政是以和"，并称赞子产是"古之遗爱"。

【原文】

郑子产有疾，谓子大叔曰："我死，子必为政。唯有德者能以宽服民，其次莫如猛。夫火烈，民望而畏之，故鲜死焉。水懦弱，民狎而玩之[①]，则多死焉。故宽难。"疾数月而卒。大叔为政，不忍猛而宽。郑国多盗，取人于萑苻之泽②。大叔悔之，曰："吾早从夫子，不及此。"兴徒兵以攻萑苻之盗③，尽杀之，盗少止。

【注释】

①狎（xiá）：轻慢，轻视。②萑苻（huán fú）：泽名，郑盗贼聚集处。③徒兵：步兵。

【译文】

郑子产患病的时候，他对子太叔说："我死以后，您一定会担任执政。只有有德行的人，才能够用宽大的政策来使百姓服从，其次就是用严厉的政策了。火势猛烈，百姓一看见就害怕，所以很少有人死在火中。水性柔弱，百姓轻慢地玩弄它，所以有很多人就死在水中。因此，施行宽大的政策很有难度。"子产病了几个月后去世。子太叔执政，因不忍心用严厉的政策，于是就施行了宽大的政策，导致郑国的盗贼很多，他们大都聚集在叫作萑苻的沼泽里。太叔非常后悔，说："如果我早点听从他老人家的话，就不会发展到这种地步了。"于是，他发动步兵去攻打萑苻的盗贼，并将他们全部杀死，盗贼才稍稍平息。

【原文】

仲尼曰："善哉！政宽则民慢①，慢则纠之以猛。猛则民残，残则施之以宽。宽以济猛，猛以济宽，政是以和。《诗》曰：'民亦劳止，汔可小康②。惠此中国，以绥四方。'施之以宽也。'毋从诡随③，以谨无良④。式遏寇虐⑤，惨不畏明。'纠之以猛也。'柔远能迩，以定我王。'平之以和也。又曰：'不竞不絿⑥，不刚不柔。布政优优，百禄是遒⑦。'和之至也。"

【注释】

①慢：怠慢。②汔（qì）：接近，差不多。小康：稍微安康。③从：放纵。诡随：欺诈虚伪，见风使舵。④谨：约束，管束。⑤式：应当。⑥絿：急。⑦遒：聚集。

【译文】

孔子说:"好啊!施行宽大的政策百姓就怠慢,百姓怠慢就用严厉的政策加以纠正。政策严厉了百姓就会受到伤害,受到伤害了就应该再施行宽大的政策。用宽大调剂严厉,用严厉调剂宽大,政事因此而和谐。《诗》中说,'百姓辛苦勤劳,可以稍稍得到安康。赐恩给中原各国,以此安定四方',这是在施行宽大的政策。'不要放纵欺诈的人,以约束不良之人。应当制止残暴的人,他们从不惧怕法度',这是在用严厉的政策加以纠正。'安抚远方和近邻,以此安定我们的君王',这是用宽大和严厉互相调剂来安定国家。又说,'既不争竞也不急躁,既不刚强也不柔弱。施政政令多宽大,各种福禄都聚集',这是和谐到了顶点。"

【原文】

及子产卒,仲尼闻之,出涕曰:"古之遗爱也。"

【译文】

等到子产去世,孔子听到这消息后,流着眼泪,说:"他具有古人仁爱的遗风啊。"

【评析】

文章先写郑国执政子产临终时向后继者子太叔传授为政之要诀,又引用孔子语,进而论证宽猛相济之理,赞赏子产的仁政。

本篇运用了夹叙夹议的手法,从子产病危起笔,忧心国政,安排后事,分析了宽政、猛政的实施效果和施行原因:过分的宽大仁慈容易被视为软弱,从而得寸进尺,变本加厉;过分的威猛严厉容易导致残暴,以致引起强烈反抗,法纪大乱。所以,宽和与严厉应该相互补充调节,可以避免走极端,造成不良后果。施行爱民之道,让人们心服口服地遵纪守法。

然而,子太叔在施政实践中,不忍实行猛政,结果郑国盗贼四起,社会动荡,只好派强兵再行猛政,诛杀群盗,立竿见影,社会得以安定。这直接地应征了子产的话。

本文最后引用了孔子的话来表达自己的观点,行宽政民怠慢、行猛政则民受残害，分析了施政宽与猛的利弊得失，这是相当高明之处。

齐鲁炊鼻之战 （昭公二十六年）

【题解】

鲁昭公二十五年，昭公被三桓驱逐奔齐。次年齐景公又想借送昭公返鲁国，以此称霸天下，进而引起齐鲁间的炊鼻之战。

【原文】

夏，齐侯将纳公，命无受鲁货。申丰从女贾，以币锦二两，缚一如瑱①，适齐师。谓子犹之人高龁："能货子犹②，为高氏后，粟五千庾。"高龁以锦示子犹，子犹欲之。能货子犹，为高氏后，粟五千庾③。高龁以锦示子犹，子犹欲之。龁曰："鲁人买之，百两一布④，以道之不通，先入币财。"子犹受之，言于齐侯曰："群臣不尽力于鲁君者，非不能事君也。然据有异焉。宋元公为鲁君如晋，卒于曲棘。叔孙昭子求纳其君，无疾而死。不知天之弃鲁耶，抑鲁君有罪于鬼神，故及此也？君若待于曲棘，使群臣从鲁君以卜焉。若可，师有济也⑤。君而继之，兹无敌矣⑥。若其无成，君无辱焉。"齐侯从之，使公子鉏帅师从公。成大夫公孙朝谓平子曰："有都以卫国也，请我受师⑦。"许之。请纳质，弗许，曰："信女，足矣。"告于齐师曰："孟氏，鲁之敝室也。用成已甚，弗能忍也，请息肩于齐。"齐师围成。成人伐齐师之饮马于淄者，曰："将以厌众⑧。"鲁成备而后告曰："不胜众⑨。"师及齐师战于炊鼻。齐子渊捷从泄声子，射之，中楯瓦⑩。繇朐汰辀⑪，匕入者三寸。声子射其马，斩鞅，殪。改驾，人以为鬷戾也而助之。子车曰："齐人也。"将击子车，子车射之，殪。其御曰："又之。"子车曰："众可惧也，而不可怒也。"

【注释】

①缚一如瑱：捆扎成瑱的形状。瑱，瑱圭，即玉瑱。②货：收买。③庾：二斗四升。④一布：一堆。⑤济：成功。⑥兹：则，因此。⑦受师：抵御敌军。⑧厌众：平服众人。⑨不胜众：无法说服众人。⑩楯瓦：盾中间高起之脊。⑪繇：由。朐：轸下曲木。汰：激。辀：辕端曲目。

【译文】

　　夏天，齐景公打算将昭公送回国都，并且下令不许接受鲁国的财礼。申丰跟随着女贾，用锦缎两匹作为财礼，捆扎成瑱圭的形状，到齐军中去，告诉子犹的家臣高龁说："如果你能收买子犹，你将会成为高氏的继承人，再给你五千庾粮食。"高龁拿着锦缎让子犹看，子犹很想要。高龁说："鲁国有很多人买，一百匹一堆，因为道路不畅通，所以先送这点财礼过来。"子犹接受了财礼，对齐景公说："臣下们不肯效力于鲁国国君，不是不能奉行君命，然而据却为此事感到奇怪。宋元公为了鲁国国君去了晋国，却死在了曲棘。叔孙昭子请求让他的国君复位，然而却无病而死。不知道这是上天在抛弃鲁国，还是鲁国国君得罪了鬼神，所以才发展到这种地步呢？君王如果留在曲棘，派臣下们跟从鲁国国君试探向鲁作战能否成功。如果可以，军事有了成功，君王就继续前去，因此就不会有抵抗的人了。如果没有成功，就无需麻烦君王了。"齐景公听从了他的话，派公子鉏率军跟从昭公。成大夫公孙朝对平子说："城市，是用来保卫国家的，请让我们来抵御敌军。"平子允许了。公孙朝请求送上人质，平子不答应，说："相信你，这已经够了。"公孙朝告诉齐军说："孟氏，是鲁国的破落户。他们过分地使用成地，我们忍受不了了，请求降服于齐国以便休息。"齐军就把成地包围了。成地的军队进攻在淄水饮马的齐军，说："这是在做给众人看的。"鲁国准备好以后，然后告诉齐国人说："我们无法说服众人。"鲁军和齐军在炊鼻作战，齐国的子渊捷追赶泄声子，拿箭射泄声子，射中盾脊，箭从横木穿过车辕，箭头射进盾脊有三寸之深。泄声子又拿箭射子渊捷的马，把马颈上的皮带射断了，马倒地死去。子渊捷又改乘别的战车，鲁国人以为他是覆厎，便前去帮助他，子渊捷说："我是齐国人。"鲁国人将要攻击子渊捷，子渊捷一箭射去，射死了鲁国人。子渊捷的赶车人说："再射。"子渊捷说："众多人马可以让他们害怕，但不可以激怒他们。"

【原文】

　　子囊带从野泄，叱之。泄曰："军无私怒，报乃私也，将亢子①。"又叱之，亦叱之。冉竖射陈武子，中手，失弓而骂。以告平子，曰："有君子白皙，鬓须眉②，甚口③。"平子曰："必子强也，无乃亢诸？"对曰："谓之君子，何敢亢之？"

【注释】

①亢:同抗,敌。②冀:黑而密。③甚口:很会骂人。

【译文】

子囊带追赶泄声子,叱骂他。声子说:"战场上没有个人的恩怨,我回骂你便成了私人恩怨了,我将要抵挡你一阵子。"子渊捷还是叱骂声子,声子也就回骂他。冉竖拿箭射陈武子,射中了手,弓落到地上而大骂。冉竖把这事告诉了平子,说:"有一个君子皮肤白皙,络腮胡须黑又密,伶牙俐齿很会骂人。"平子说:"一定是子强,不是抵挡了他吧?"冉竖回答说:"既然称他为君子,哪敢去抵挡他呢?"

【原文】

林雍羞为颜鸣右,下。苑何忌取其耳①,颜鸣去之。苑子之御曰:"视下顾②。"苑子刜林雍③,断其足。鬈④而乘于他车以归,颜鸣三入齐师,呼曰:"林雍乘!"

【注释】

①取:割下。②视下顾:当心下面。③刜:击,斫。④鬈(qīng):一足行。

【译文】

林雍不乐意做颜鸣的车右,于是下了车,接着苑何忌就把他的耳朵割了下来,颜鸣执意要把他带走。苑何忌的赶车人说:"当心下面!"就看着林雍的脚。苑何忌砍斫林雍,把他的一只脚砍断了,林雍又用另一只脚跳上别的战车逃了回来,颜鸣三次冲进齐军,大喊说:"林雍来坐车!"

【评析】

本文讲述了鲁昭公被三桓驱逐逃奔到齐国。次年夏,齐景公又打算送昭公回鲁国,并命令不许接受鲁国财礼之事,这是开篇之言。接着描述了鲁军和齐军发起的炊鼻作战的激烈场面:齐国子渊捷用箭射鲁国的泄声子,泄声子又将子渊捷的马射死。子渊捷随即改乘别的战车,进一步又引起陈武子的破口大骂。齐军虽胜,但却无意大败季氏。战斗中,鲁人皆尽力于季氏。

齐军此战不是为了征服鲁国，所以，尽管在战场上一直占上风，但攻势也只是点到为止，追求以众震慑对方而不愿见到杀伤的效果，后来竟然出现"君子动口不动手"，以谩骂代替厮杀的滑稽场面。

晋国内乱不停，楚国让吴国搞得鸡犬不宁，两个老牌霸主都没有实力再干预中原事务，于是各诸侯国又回到春秋初期的状态，各自结成帮派，互相攻伐，捞取实地。而齐国的国君齐景公，也一心想趁此机会振兴东方老霸主的昔日的威望。恰好鲁昭公被把持朝政的"三桓"驱逐、逼迫，流亡到齐国。于是齐景公发兵攻鲁，护送鲁昭公回国复位，以此来树立霸主的形象。

鱄设诸刺吴王　　（昭公二十七年）

【题解】

这里描绘了一个惊心动魄的弑君情节。由公子光产生弑君念头，到刺杀成功，一切都发展得那么快，出人意料，干净利落。文中用栩栩如生的刺杀场面衬托出刺客鱄设诸的勇猛。这也许是中国历史上最早的"自杀式袭击"，其难度之大绝不是常人能想到的。

【原文】

吴子欲因楚丧而伐之，使公子掩余、公子烛庸帅师围潜。使延州来季子聘于上国①，遂聘于晋，以观诸侯。楚莠尹然、工尹麇帅师救潜②。左司马沈尹戌帅都君子与王马之属以济师③，与吴师遇于穷④。令尹子常以舟师及沙汭而还⑤。左尹郤宛、工尹寿帅师至于潜，吴师不能退。

【注释】

①上国：中原各国。②工尹：或当作王尹，否则与下工尹寿重。③王马之属：王室的管马官及其部属。济师：增援。④穷：在今安徽霍邱县南。⑤沙汭：沙水边，在今安徽怀远县东北。

【译文】

吴王想乘着楚国有丧事的机会去攻打楚国，于是派公子掩余、公子烛庸率兵包围潜地，又派延州来季子去访问中原各国。接着季子又去访问晋国，以观察各个诸侯的态度。楚国的莠尹然、工尹麇率兵去救援潜地，左司马沈尹戌率领都邑亲兵和王马的部属增援军队，和吴军在穷地相遇。下令让尹子常带领水军到了沙汭后又返回来，左尹郤宛、工尹寿领兵到达潜地，隔断了吴军的退路。

【原文】

吴公子光曰："此时也，弗可失也。"告鱄设诸曰："上国有言曰：'不索何获？'我，王嗣也，吾欲求之。事若克，季子虽至，不吾废也。"鱄设诸曰："王可弑也。母老子弱，是无若我何①。"光曰："我，尔身也②。"

【注释】

①是无若我何：意为我死了他们怎么办。②我，尔身也：我就是你。这是公子光对鱄设诸的誓词。

【译文】

吴国的公子光说："这正是个好时机，一定不要错过。"他告诉鱄设诸说："中原的国家说过这样一句话：'不去索取，怎么能够得到王位。'我，是王位的继承人，我就要索取王位。如果事情成功了，即便是季子来了，也不能废除我。"鱄设诸说："君王是可以杀掉的。然而我母亲老了，儿子还小，我死了以后他们怎么办？"公子光说："我就是你。"

【原文】

夏四月，光伏甲于堀室而享王①。王使甲坐于道，及其门。门阶户席②，皆王亲也，夹之以铍③。羞者献体改服于门外④，执羞者坐行而入⑤，执铍者夹承之，及体以相授也。光伪足疾，入于堀室。鱄设诸置剑于鱼中以进，抽剑刺王，铍交于胸⑥，遂弑王。阖庐以其子为卿。

【注释】

①堀室：同窟室，地下室。②门阶户席：大门、台阶、内室门、酒席边。③铍（pī）：剑类，形如刀而两边有刃。④羞者：进食的人。献体改服：脱光衣服换上别人的衣服。⑤坐行：膝行。⑥铍交于胸：剑从两旁交叉刺进胸部。

【译文】

夏季四月，公子光在地下室埋伏下武士，同时宴请吴王。吴王让武士坐在道路两旁，一直到大门口。大门、台阶、内室门、酒席边，都是吴王的亲兵，他们手持短剑护卫在吴王两旁，进献食物的人在门外脱光衣服换上别人的衣服，再跪着膝行而入，持剑的人用剑夹着进献食物的人，剑尖几乎碰到他们的身上，然后才递给上菜的人。公子光假装有病，进入了地下室，鱄设诸把剑放在鱼肚子里端了进来，当靠近吴王时抽出剑来刺杀吴王，道路两旁吴王的亲兵的短剑同时交叉刺进了鱄设诸的胸膛，就这样杀死了吴王。阖庐于是就封鱄设诸的儿子做了卿。

【评析】

本文讲述的是春秋时代，因吴王继承了王位，引起长兄公子光的极为不满与妒忌，于是他处心积虑，借尝鱼鲜，上演了一场鸿门宴，刺杀了吴王。

文章首先描述了吴王为预防意外而做的戒备工作：从道路两旁—大门—台阶—内室门—酒席边，都安排了自己的亲兵，连进献食物的人都被短剑威胁着，但最终还是难逃一劫。写到公子光，以尝鲜鱼为名，宴请吴王，预示着一场惊人的刺杀行动。接着，这位身体彪悍的鱄设诸先生在吴王的护卫用矛头抵住自己的胸口的情况下，突然抽出藏在鱼腹的短剑，猛地扑向吴王。短剑刺进吴王身体的同时，矛头也穿透了鱄设诸的胸膛。这种场面是那么的让人撕心裂肺，鱄设诸的勇猛，不禁让世人黯然失色。

在那个时代，弑君是弥天大罪，鱄设诸的这种举动，真可谓是胆大包天。同时也揭露出在宫廷内部的皇亲国戚、文武大臣，为了争权夺利，根本没有什么王法、规矩、礼节等等，宫廷之外的平民百姓把宫廷内的一切都看得那么神圣和神秘，其实不过如此。

暗杀政敌本身是一种冒险，一场赌博，其中也充满了偶然性，决定胜负往往在一刹那，在一些小小的细节之上。倘若动作慢一点，公子光将是另一种下场；但他胜了，胜者为王，命运由此出现了转折。

十一　定公

申包胥乞师

（定公四年）

【题解】

本文写伍子胥力促吴王伐楚以报家仇，而申包胥在国家危难之际，毅然到秦国乞师，最终以"长哭"感动了秦王，求得援兵，打败了吴军，收回了国土，从而刻画出了申包胥的爱国形象。

【原文】

冬，蔡侯、吴子、唐侯伐楚。舍舟于淮汭，自豫章与楚夹汉。左司马戌谓子常曰："子沿汉而与之上下，我悉方城外以毁其舟，还塞大隧、直辕、冥厄，子济汉而伐之，我自后击之，必大败之。"既谋而行。武城黑谓子常曰："吴用木也，我用革也，不可久也。不如速战。"史皇谓子常："楚人恶而好司马，若司马毁吴舟于淮，塞城口而入，是独克吴也。子必速战，不然不免。"乃济汉而陈，自小别至于大别。三战，子常知不可，欲奔。史皇曰："安求其事①，难而逃之，将何所入②？子必死之，初罪必尽说③。"

【注释】

①安求其事：国家平安时谋求执掌政权。②何所入：逃到哪里去。③初罪：过去犯的罪。说：同脱。

【译文】

冬天，蔡昭侯、吴王阖闾、唐成公联合率兵攻打楚国。他们把船停靠在淮河边上，从豫章出发，与楚军在汉水两岸对峙着。楚国司马沈尹戌对子常说："您沿着汉水同他们在这里周旋，我带领方城山之外的所有人马去毁坏他们的船只，返回时再堵塞大隧、直辕、冥阨。您渡过汉水时再对他们进行攻击，我再从后面夹击，他们必定会大败。"谋划完之后就开始行动。楚国武城黑对子常说："吴国人用的是木制战车，而我们用的是皮革战车，所以不能持久作战，最好还是速战速决。"史皇对子常说："楚国人讨厌您而喜欢司马。如果沈司马在淮河边上毁掉了吴国的船只，堵塞了城口再返回来，这便是他独自打败吴国的功劳。您一定要速战速决。如果不这样做，就不能免于祸难。"于是就渡过汉水摆好了作战的阵势，从小别山出发到大别山。同吴军打了三仗，子常看情况不妙，准备逃走。史皇说："国家平安时你谋求执掌政权，如今国家有了祸难你就逃避，你能逃到哪里去？您必须要拼死打这一仗，那样才可以把你过去犯的罪过全部脱除。"

【原文】

十一月庚午，二师陈于柏举。阖闾之弟夫槩王，晨请于阖闾曰："楚瓦不仁，其臣莫有死志，先伐之，其卒必奔。而后大师继之，必克。"弗许。夫槩王曰："所谓'臣义而行，不待命'者，其此之谓也。今日我死①，楚可入也。"以其属五千，先击子常之卒。子常之卒奔，楚师乱，吴师大败之。子常奔郑。史皇以其乘广死②。

【注释】

①死：拼死。②乘广：楚王或主帅所率领的战车。

【译文】

十一月十八日，吴、楚两军在柏举摆好了阵势。吴王阖庐的弟弟夫槩王一大清早就来请示阖闾，说："楚国的令尹囊瓦不仁爱，他的手下没有决一死战的决心。我们抢先攻打他们，他们的士兵肯定会逃跑，然后我们的大部队再追赶上去，肯定能打败他们。"阖闾不同意。夫槩王说："所谓'臣下合于道义就去行动，不必等待命令'，说的就是这个吧！今天我拼死作战，必定能攻下郢都。"于是，夫槩王率领他的部下五千人，抢先攻打子常的队伍，子常的士兵奔逃，楚军大乱，吴军战胜了楚军。子常投奔到郑国。史皇带着子常的兵车战死。

【原文】

吴从楚师，及清发，将击之。夫王曰："困兽犹斗，况人乎？若知不免而致死①，必败我。若使先济者知免，后者慕之，蔑有斗心矣②。半济而后可击也。"从之。又败之。楚人为食③，吴人及之，奔。食而从之，败诸雍澨五战及郢。

【注释】

①致死：拼死作战。②蔑有：没有。③为食：做饭。

【译文】

吴军追赶楚军，到了清发，正准备进行攻击。夫槩王说："被围困的野兽还会争斗一番，何况是人呢？如果明知必有一死还同我们拼死作战，就一定会打败我们。如果让已经渡过河的楚军知道渡河以后便可以逃脱，那后边渡过河的人会羡慕已经渡河的人，楚军就没有争斗的心志了。渡河一半后才可以攻击。"他听从了。又一次打败了楚军。楚军做饭，吴军又赶到了，楚军又奔逃。吴军吃完饭又接着追击楚军，再次在雍澨战胜了楚军。经过五次战斗，吴军到达了楚国的郢都。

【原文】

己卯，楚子取其妹季芈畀我以出，涉睢。针尹固与王同舟，王使执燧象以奔吴师①。庚辰，吴入郢，以班处宫②。子山处令尹之宫，夫槩王欲攻之，惧而去之，夫槩王入之。

【注释】

①燧：火把。②班：爵位，班次。

【译文】

十一月二十八日，楚王带着他妹妹季芈畀我从郢都逃奔，徒步涉水渡过了睢水。鍼尹固和楚王同坐一只船，楚昭王让鍼尹固追使尾巴上点火的大象冲入吴军。二十九日，吴军进入郢都，按照爵位班次住在了楚国宫室。吴王阖庐就让他的儿子子山住进了令尹府，夫槩王想要攻打他，子山因为惧怕而离开了，夫槩王就住进了令尹府。

【原文】

左司马戌及息而还，败吴师于雍澨，伤。初，司马臣阖庐，故耻为禽焉①。谓其臣曰："谁能免吾首？"吴句卑曰："臣贱可乎？"司马曰："我实失子，可哉！"三战皆伤，曰："吾不用也已。"句卑布裳②，到而裹之，藏其身而以其首免③。

【注释】

①禽：同擒。②布：铺。③免：逃走。

【译文】

左司马沈尹戌到达息地后就撤兵，在雍澨打败了吴军，自己也负了伤。当初，左司马曾经是阖庐的臣下，所以觉得被吴军擒住是一件羞耻的事情，并告诉他的部下说："有谁能够不让我的脑袋被吴国人得到？"吴国人句卑说："下臣卑贱，可以担当这任务吗？"司马说："我过去没能重用你，当然可以啊！"司马在三次战斗中都负了伤，说："我已经不中用了。"句卑铺开衣裳，割下沈司马的脑袋包裹起来，藏好了尸体带着沈尹戌的头逃走了。

【原文】

楚子涉雎，济江，入于云中①。王寝，盗攻之，以戈击王。王孙由于以背受之，中肩。王奔郧，钟建负季芈以从，由于徐苏而从②。郧公辛之弟怀将弑王，曰："平王杀吾父，我杀其子，不亦可乎？"辛曰："君讨臣，谁敢仇之？君命，天也，若死天命，将谁仇？《诗》曰：'柔亦不茹③，刚亦不吐，不侮矜寡④，不畏强御。'唯仁者能之。违强陵弱⑤，非勇也。乘人之约，非仁也。灭宗废祀，非孝也。动无令名，非知也。必犯是，余将杀女。"

【注释】

①云中：云梦泽中。②徐苏：慢慢苏醒。③茹：吞吃。④矜寡：鳏寡。⑤违：逃避。

【译文】

楚昭王渡过睢水，渡过长江，然后进入云梦泽中。楚昭王睡得正香，强盗用戈刺击楚昭王，王孙用背去挡，却击中了肩膀。楚昭王逃到郧地，钟建背着季芈跟随着。王孙慢慢苏醒过来以后，也跟着前去。郧公辛的弟弟怀准备杀死楚昭王，说："平王杀了我父亲，我杀他的儿子，难道不可以吗？"辛说："国君讨伐臣下，谁敢跟他记仇？国君的命令，就是上天的意志，若是死于天意，您还要跟谁记仇？《诗》中说，'柔软的不吞噬，强硬的不吐掉。不欺辱鳏寡，不畏惧强暴'，只有仁爱之人才会这么做。逃避强暴，欺凌弱小，这不是勇；乘人之危，这不是仁；灭亡宗族，废弃祭祀，这不是孝；行动却没有正当的名义，这不是明智。如果你非要这样做，我就先杀死你。"

【原文】

斗辛与其弟巢以王奔随。吴人从之，谓随人曰："周之子孙在汉川者，楚实尽①之。天诱其衷，致罚于楚，而君又窜②之。周室何罪？君若顾报周室，施及寡人③，以奖天衷④，君之惠也。汉阳之田，君实有之。"楚子在公宫之北，吴人在其南。子期似王⑤，逃王，而己为王，曰："以我与之，王必免。"随人卜与之，不吉。乃辞吴曰："以随之辟小而密迩于楚，楚实存之，世有盟誓，至于今未改。若难而弃之，何以事君？执事之患，不唯一人。若鸠楚竟⑤，敢不听命。"吴人乃退。

【注释】

①尽：灭亡。②窜：藏匿。③施：推及。④奖：成。⑤鸠：安定。

【译文】

斗辛和他弟弟巢跟随楚昭王逃到了随国。吴国人追赶楚昭王，并派人告诉随国国君说："封在汉水一带的周朝子孙，楚国都把他们灭亡了。上天的意志，把罪降于楚国，而您又把楚君藏匿起来。周室又有什么罪可言？您如果顾虑报答周室的恩惠，惠及寡人，来完成上天的意志，这是您的恩惠。你就可以拥有汉水阳面的天地。"楚王住在随国宫殿的北面，吴军在随国宫殿的南面。子期与楚昭王长得相似，他逃到楚昭王那里，穿上楚昭王的衣服，说："把我交给吴军,君王一定可以脱险。"随国人占卜吉凶,说不吉利,就辞谢吴国说:"随国偏僻狭小,又紧靠着楚国,是楚国保全了我们。我们随、楚世代都有盟誓,至今没有改变。如果一遇到困难就抛弃他们,又怎么能够侍奉君王?给执事带来忧患的并不是昭王一个人,如果是为了安定楚国境内,我哪里敢不听从您的命令?"于是,吴军就撤退了。

【原文】

鑢金初官于子期氏,实与随人要言①。王使见,辞,曰:"不敢以约为利。"王割子期之心②,以与随人盟。

【注释】

①要:约。②割心:割破胸口皮肤使流血。

【译文】

鑢金曾经是子期氏里的家臣,曾经和随国有过不把楚昭王交给吴国的盟誓。楚昭王请求与随君订盟,他推辞说:"不敢用订约谋求私利。"楚昭王割破子期的胸口,和随国人订了盟誓。

【原文】

初,伍员与申包胥①友。其亡也,谓申包胥曰:"我必复楚国②。"申包胥曰:"勉之!子能复之,我必能兴之。"及昭王在随,申包胥如秦乞师,曰:"吴为封豕、长蛇,以荐食上国③,虐始于楚。寡君失守社稷,越在草莽。使下臣告急,曰:'夷德无厌,若邻于君,疆埸之患也。逮吴之未定,君其取分焉。若楚之遂亡,君之土也。若以君灵抚之,世以事君。'"秦伯使辞焉,曰:"寡人闻命矣。子姑就馆,将图而告。"对曰:"寡君越在草莽,未获所伏④。下臣何敢即安?"立,依于庭墙而哭,日夜不绝声,勺饮不入口七日。秦哀公为之赋《无衣》,九顿首而坐,秦师乃出。

【注释】

①申包胥:楚国大夫,包胥是字,申是他的食邑。②复:同覆,倾覆,灭亡。③荐:数,多次的意思。④伏:居处。

【译文】

早年，伍员和申包胥是好朋友。伍员出逃吴国的时候，对申包胥说："我一定要灭亡楚国。"申包胥说："尽力而为吧！如果您能灭亡楚国，我就一定能复兴楚国。"等到楚昭王在随国避难的时候，申包胥就赶到秦国请求秦哀公出兵，说："吴国是贪婪的野猪、长蛇，它一再侵害中原国家，最先受到伤害的是楚国。寡君失去了国家，流落在杂草丛林之中，派遣下臣报告急难，说：'像吴国这样的蛮夷之国，本性贪得无厌，假如灭掉楚国，让吴国成为您的邻国，这就是边境的祸患。乘着吴国还没有平定楚国，君王可以与吴国共同分割楚国的土地。假如楚国就此灭亡，另一部分就是君王的土地了。如果凭借君王的威福派兵镇抚楚国，楚国将世世代代侍奉君王。'"秦哀公辞谢，说："我知道您的意见了，您暂时到宾馆休息，我们考虑好后再答复您。"申包胥回答说："寡君还流落在杂草丛林之中，还没有可以安身的地方，下臣怎么可以休息呢？"申包胥倚靠着院墙站立而哭，白天黑夜哭声不断，七天没喝一口水。秦哀公被他的行为所感动，便赋了《无衣》这首诗。申包胥叩了九个头，然后才坐下。于是秦军就出征了。

【评析】

文章按时间顺序叙述了吴、楚两国之间的战争。申包胥乞师，采用的是晓之以理、诱之以利、动之以情的方式，并最终获得了成功。

文中已经提及申包胥和伍员是好朋友，但是在意见方面却很不相同。伍员发誓要灭亡楚国，而申包胥要竭力复兴楚国，两人各有所志。申包胥把吴国比作"长蛇"，认为吴国贪得无厌，而称楚国为"上国"，这是在向秦国晓之以理，意谓吴国代表野蛮落后，楚国代表的是文明开化，秦国应该向楚国伸出援助之手。

接着申包胥列举了秦国面临的两种选择。第一是按兵不动，听任吴国灭亡楚国，最终使秦国成为吴国下一个吞并的对象，显然这对秦国是有害无利。第二是选择出兵，有三种可能：或是与吴国瓜分楚国，或是秦国独占楚国，或是保留楚国使楚对秦俯首称臣。无论存在哪种结果，都对秦国有利。这是对秦国诱之以利，进而让秦哀公有些心动。

在此情形下，申包胥又开始动之以情。先是以言语表达自己对楚王流亡在外的惶恐不安之情，不肯到馆舍休息。接着是以哭声不断、不肯进食表现乞师必成之情，他超人的毅力最终还是打动了秦哀公，出动了秦军。同时也鲜明地展现出申包胥思想性格中的爱国意识和赤诚之心。申包胥"软硬兼施"、以柔克刚，最终实现了复兴楚国的梦想。

鲁国侵齐　　（定公八年）

【题解】

本文通过对这次战役的描写，向读者展现的既不是战争的正义性，也不是战争的恢弘与壮大，而是浓墨重彩地刻画了战场上不同人物的表现。他们各具特色的百态，给残酷无情的战场带来了让人忍俊不禁的妙趣。

【原文】

八年春，王正月，公侵齐，门于阳州。士皆坐列，曰："颜高之弓六钧①。"皆取而传观之。阳州人出，颜高夺人弱弓，籍丘子鉏击之②，与一人俱毙③。偃，且射子鉏，中颊，殪。颜息射人中眉，退曰："我无勇，吾志其目也。"师退，冉猛伪伤足而先。其兄会乃呼曰："猛也，殿④！"

【注释】

①六钧：谓拉满要六钧之力。一钧为三十斤。②籍丘子鉏：齐国人。③毙：倒地。④殿：断后。

【译文】

鲁定公八年春天，周王朝历法的正月，鲁定公率军攻打齐国，袭击阳州的城门。士兵们排队坐着，说："颜高的硬弓有一百八十斤重呢！"大家都在互相传递着观看。阳州人出战，颜高抢夺别人的软弓准备射箭，籍丘子鉏射击颜高，颜高和另一人都被击倒在地。颜高趴在地上，射了子鉏一箭，射中了他的脸颊，当场死亡。颜息射人射中眉毛，于是退下来说："我没有本事，我本来是想射他的眼睛。"军队撤退，冉猛假装脚受伤而走在队列最前面，他哥哥冉会大喊道："猛啊，到后面去吧！"

十一　定公

·267·

【原文】

二月己丑，单子伐谷城，刘子伐仪栗。辛卯，单子伐简城，刘子伐盂，以定王室。

【译文】

三月二十六日，单武公出兵讨伐谷城，刘桓公出兵讨伐仪栗，三月二十八日，单武公出兵讨伐简城，刘桓公出兵讨伐盂地，以使王室安定。

【原文】

赵鞅言于晋侯曰："诸侯唯宋事晋，好逆其使，犹惧不至。今又执之，是绝诸侯也。"将归乐祁。士鞅曰："三年止之，无故而归之，宋必叛晋。"献子私谓子梁曰："寡君惧不得事宋君，是以止子。子姑使溷代子。"子梁以告陈寅，陈寅曰："宋将叛晋是弃溷也，不如侍之。"乐祁归，卒于大行①。士鞅曰："宋必叛，不如止其尸以求成焉。"乃止诸州②。

【注释】

①大行：太行山。②州：在今河南沁阳市东南。

【译文】

赵鞅向晋定公进谏道："诸侯各国只有宋国依附晋国，想好好接待他们的使者，还害怕他们不来，如今却抓住了他们的使者，这就是在断绝与诸侯的关系。"晋定公正准备放乐祁回去，士鞅说："已经扣留他三年了，又无缘无故放他回去，宋国必定会背叛晋国。"士鞅私地里告诉乐祁说："寡君害怕不能事奉宋君，所以才把你扣留，暂时让溷来代替您。"乐祁把这些话告诉了陈寅。陈寅说："宋国背叛晋国这是在抛弃溷，乐祁不如稍安勿躁。"乐祁动身回去，后来就死在了太行山上。士鞅说："宋国一定会背叛晋国，不如把他的尸体留下来以求和。"于是就把尸体留在州地。

【原文】

公侵齐，攻廪丘之郛。主人焚冲①，或濡马褐以救之②，遂毁之。主人出，师奔。阳虎伪不见冉猛者，曰："猛在此，必败。"猛逐之，顾而无继，伪颠。虎曰："尽客气也③。"苫越生子，将待事而名之。阳州之役获焉，名之曰阳州。

【注释】

①冲：攻城的冲车。②马褐：粗麻布所制的短衣。③尽：完全。客气：谓虚情假意。

【译文】

鲁定公侵掠齐国，攻打廪丘外城。廪丘守将放火焚烧攻城的战车，有人还拿着沾湿了的麻布短衣来灭火，就这样攻破了外城。守将一出战，鲁军就逃跑。阳虎装着没有看见冉猛，说："如果冉猛在这里，必定能打败他们。"冉猛追逐廪丘人，看到后面没有跟着人，就又假装从车上摔了下来。阳虎说："都是虚情假意。"苫越生了个儿子，准备等到发生了大事再为其取名。阳州一役俘虏了敌人，于是就给儿子取名叫阳州。

【评析】

这篇文章描写了鲁国为报复齐国往年的入侵而发动的战争。在这样军事意义不大的战斗中，左丘明却发掘出战场上滑稽的一面。颜高的善射，颜息的自夸，冉猛兄弟的狡猾，鲁军的缺乏军纪，统统用轻松的笔调表现出来了。大场面调度得心应手，小花絮编排妙趣横生。

齐鲁夹谷之会 （定公十年）

【题解】

"夹谷之会"是齐、鲁两国国君一次重要的双边会谈。孔子临危受命，担任鲁国的傧相，他精通礼法，有勇有谋，面对强大的齐国，不仅保全了鲁国的名誉，而且让其归还了鲁国的汶阳之田，展现了孔子杰出的政治才华。

【原文】

十年春，及齐平。

【译文】

鲁定公十年春天，鲁国同齐国讲和。

【原文】

夏，公会齐侯于祝其，实夹谷①。孔丘相。犁弥言于齐侯曰："孔丘知礼而无勇，若使莱人以兵劫鲁侯②，必得志焉。"齐侯从之。孔丘以公退，曰："士，兵之③！两君合好，而裔夷之俘以兵乱之④，非齐君所以命诸侯也。裔不谋夏，夷不乱华，俘不干盟，兵不逼好。于神为不祥，于德为愆义，于人为失礼，君必不然。"齐侯闻之，遽辟之⑤。

【注释】

①实：止。②莱人：齐国所灭的莱夷。夹谷为莱人流落之地。③兵之：用武器打他们。④裔夷：华夏以外地区的人。裔指地，夷指人。⑤辟：撤走。

【译文】

夏天，鲁定公和齐景公在祝其见面，祝其实际上就是夹谷。孔丘担任傧相。犁弥对齐景公说："孔丘懂得礼仪，但是缺乏勇气，如果派莱地人用武器劫持鲁侯，一定可以如我所愿。"齐景公听从了犁弥。孔丘带领着鲁定公往后退，说："战士们，用武器攻打他们！两国国君友好相聚，而边远的东夷俘虏却使用武力来扰乱，这不是齐国国君命令诸侯会面的本意。外族不能图谋中原，东夷不能搅乱华人，俘虏不能侵犯盟会，武力不能逼迫友好，这对神明来说是很不吉祥的，对德行来说是损害道义，对人们来说是有损礼仪的，国君肯定不会这样。"齐景公听了这些话，急忙让莱地人撤走。

【原文】

将盟，齐人加于载书曰："齐师出竟，而不以甲车三百乘从我者，有如此盟。"孔丘使兹无还揖对曰①："而不反我汶阳之田，吾以共命者，亦如之。"齐侯将享公，孔丘谓梁丘据曰："齐、鲁之故，吾子何不闻焉？事既成矣，而又享之，是勤执事也。且牺、象不出门[2]，嘉乐不野合[3]。飨而既具，是弃礼也。若其不具，用秕稗也[4]。用秕稗，君辱，弃礼，名恶，子盍图之？夫享，所以昭德也。不昭，不如其已也[5]。"乃不果享。

【注释】

①兹无还：鲁大夫。②牺、象：酒器，形如牛及象的尊。③嘉乐：钟、磬。野合：在野外合奏之意。④秕稗：言礼草率，犹如秕谷、稗草。⑤已：止。

【译文】

在进行盟誓之际，齐国人在盟书上添加上了这样一句："如果齐军出境作战，而鲁国不派三百辆甲车跟随我们，我们就按盟约惩罚！"孔丘让兹无还拱手回答说："如果你们不把汶阳的土地归还于我们，反而让我们供应齐国的所需，我们也要按盟约惩罚！"齐景公准备设享礼招待定公。孔丘对梁丘据说："按齐国和鲁国从前的典章制度，您难道没听说过吗？盟约之事已经作结，而又准备设享礼招待。这就是让办事人勤劳辛苦。况且牺尊、象尊不可以出国门，美好的音乐也不可以在野外合奏。如果设享礼而全部具备这些东西，这是不符合礼仪的。如果这些东西不具备，那就犹如用秕谷、稗草来招待。用秕谷、稗草来招待，这便是君王的耻辱。不符合礼仪，名声也会不好，您为什么不仔细考虑呢！享礼，是用来昭示德行的。如果不能昭示，还不如不举行。"于是齐景公没有举行享礼。

【原文】

齐人来归郓、谨、龟阴之田。

【译文】

齐国人归还了鲁国的郓邑、谨邑和龟阴等地。

【评析】

文章首先叙述齐国大臣犁弥征得国君同意后，怂恿莱人在盟会一开始就用武力劫持鲁君，孔子竭力护卫鲁公，并指出齐国的失礼与不义之举，使得齐

十一 定公

国君臣无奈又理亏，进而挫败了莱人的这一阴谋。接着齐臣犁弥等人又发难，盟誓要鲁国派三百辆兵车随征，否则受罚，但孔子毫不示弱，毅然提出要归还鲁国的汶阳之田，否则也受惩罚，再一次使得齐君无法拒绝。最后盟会提出要举行享礼以待鲁君，孔子怕再生变故，以不合礼法为由谢绝这一宴请。

　　这个故事中，体现出了仁者之勇和匹夫之勇，把孔子大义凛然，与妄自尊大、恃强凌弱的齐国君臣针锋相对的场面描写得淋漓尽致。孔子不仅提出了仁、义、礼、智、信的学说，而且自己躬行实践，为子子孙孙树立了典范。维护鲁国的利益，孔子"知礼而有勇"，让人肃然起敬。

十二　哀公

伍员谏许越平　　　（哀公元年）

【题解】

伍子胥是清醒的政治家、军事家，具有理性的精神和现实主义态度。他料事如神，识破了越国在兵临城下之时媾和来保存实力的意图。越王勾践卧薪尝胆，十年生聚，十年教训，应了伍子胥的预言，二十年后报了仇。

【原文】

吴王夫差败越于夫椒①，报檇李也②。遂入越。越子以甲楯五千③，保于会稽。使大夫种因吴大宰嚭以行成，吴子将许之。伍员曰："不可。臣闻之树德莫如滋④，去疾莫如尽⑤。昔有过浇杀斟灌以伐斟鄩⑥，灭夏后相⑦。后缗方娠⑧，逃出自窦⑨，归于有仍⑩，生少康焉，为仍牧正⑪。惎浇，能戒之⑫。浇使椒求之，逃奔有虞⑬，为之庖正⑭，以除其害。虞思于是妻之以二姚⑮，而邑诸纶⑯。有田一成，有众一旅，能布其德，而兆⑰其谋，以收夏众，抚其官职。使女艾⑱谍浇，使季杼诱豷⑲，遂灭过、戈，复禹之绩。祀夏配天，不失旧物⑳。

【注释】

①夫椒：越国地名，在今浙江绍兴北。②檇（zuì）李：越国地名，在今浙江绍兴北。吴王阖闾在这里被越国打败，受伤而死。③楯：同盾。甲楯：指全副武装的士兵。④滋：长，多。⑤尽：彻底。⑥有过：古代的国名，在今山东掖县北。浇：有过国的国君。斟灌、斟鄩：夏的同姓诸侯。⑦夏后相：夏朝的国君，夏朝第五代君主。⑧后缗：相的妻子。娠：怀孕。⑨窦：洞，孔。⑩有仍：古代诸侯国名，后缗的娘家，在今山东的济宁。⑪牧正：管理畜牧的官。⑫惎：忌恨。戒：提防。⑬有虞：古代诸侯国名，姓姚，在今山西永济。⑭庖正：管理膳食的官。⑮二

姚：指有虞国君虞思的两个女儿，虞是姚姓国，所以称二姚。⑯邑诸纶：把纶邑封给他。纶在今河南虞城东南。⑰兆：开始。⑱女艾：少康的儿子。⑲豷（yì）：浇的弟弟，戈国国君。⑳旧物：指夏代原来的典章制度。

【译文】

吴王夫差在夫椒战胜了越军，以报在樵李被越国打败之仇。随后，吴军就乘势攻打越国。越王带着五千士兵，披甲持盾，据守在会稽山，还派大夫种通过吴国太宰嚭去跟吴国求和。吴王正要答应越国的请求。伍员说："不可以。下臣听说：'树立德行越多越好，驱除邪恶就要彻底。'曾经有过国的国君浇杀了斟灌而又去攻打斟鄩，消灭了夏后相，相的妻子正怀着孕，她从城墙的小洞里逃了出去，回到娘家有仍国，生下了少康。少康长大后在有仍国做了管理畜牧的官，他忌恨浇而又时刻提防着浇的迫害。浇派椒去找寻少康，少康又逃奔到了有虞国，在那里当了掌管庖厨的长官，才躲避了浇的追杀，有虞的国君虞思还把两个女儿嫁给了少康，并把纶邑封给了他，他拥有方圆十里的土田，拥有五百人的兵力，能广施恩德，并开始实施他的复国计谋。他收集夏朝的移民，安抚他的官员，派遣他的儿子女艾到浇那里当间谍，派季杼去引诱浇的弟弟豷。就这样灭亡了过国、戈国，复兴了禹的事业。少康奉祀夏朝的祖先同时祭祀天帝，恢复了夏代原来的典章制度。

【原文】

"今吴不如过，而越大于少康，或将丰①之，不亦难乎？句践能亲而务施，施不失人，亲不弃劳。与我同壤而世为仇雠，于是乎克而弗取，将又存之，违天而长寇仇，后虽悔之，不可食②已。姬③之衰也，日可俟也。介在夷蛮④，而长寇仇，以是求伯⑤，必不行矣。"弗听。退而告人曰："越十年生聚⑥，而十年教训⑦，二十年之外，吴其为沼乎⑧！"三月，越及吴平。

【注释】

①丰：壮大。②食：消除。③姬：指吴国。吴国为姬姓国家。④夷蛮：指楚国和越国。⑤伯：同霸。⑥生聚：养育人民和积聚财富。⑦教训：教育和训练。⑧为沼：变为湖沼，意思是国家灭亡。

【译文】

"现在吴国不能和有过国相比,而越国又比少康强大,也许上天会让越国更加壮大,到时再想对付的话不是更难了吗?勾践能够亲近别人而广施恩惠,施舍皆各得其人。对有功之人也从不抛弃。越国和我国相邻,而且是世代仇家。在这种情况下,如果我们打败越国而不消灭它,却准备把它保存下来,这是违背了天意而又助长了仇敌,以后如果懊悔,也已经来不及消除祸患了。吴国的衰败也指日可待了。我国处在蛮夷国之间,而又去助长仇敌,这样来谋求霸业,肯定是不可取的。"吴王夫差没有听从。伍员退下去告诉别人说:"越国用十年时间养育人民和积聚财富,用十年时间教育和训练,二十年以后,吴国的宫殿就会变成湖沼了。"三月,越国和吴国讲和。

【评析】

文章首先提及到夫椒之战,吴王夫差日夜练兵,虽然一举获胜,但许越议和,没有乘胜一举灭越,为以后越国的发展及继而攻灭吴国埋下了隐患。

君子报仇,十年不晚。勾践大概是牢记住了这一点,并且再退一步,加上十年,用两倍的时间来为复仇做准备。而越王勾践不愧为识时务者,在即将亡国灭种的关键时刻,甘拜下风,屈居人下,以屈求伸,保住了复仇的种子。战败之后,勾践便开始发奋图强,历经屈辱辛酸,在长期的艰难困苦之中,发挥出超人的毅力,终于战胜了吴国。

历史的经验告诉我们:历史发展虽然不是重复循环的,但常常有惊人的相似之处,不认真总结经验,吸取教训,一定会栽大跟头。

楚昭王不禜 （哀公六年）

【题解】

拿反常的天象做生死征兆,这是当时略有迷信观念的社会风气,占卜之人总拿黄河之神说事。楚昭王不肯祭祀黄河,他并非不相信河神的存在,而是认为自己不在黄河之神的管辖范围之内。他宁愿服从上天的安排,也不愿把自己的生命归附于无辜人身上。

【原文】

是岁也，有云如众赤鸟，夹日以飞，三日。楚子使问诸周大史。周大史曰："其当王身乎！若禜之①，可移于令尹、司马。"王曰："除腹心之疾，而置诸股肱，何益？不穀不有大过，天其夭诸②？有罪受罚，又焉移之？"遂弗禜。

【注释】

①禜：禳祭。②夭：昭王幼年即位，在位二十七年，时三十几岁，故云夭折。

【译文】

这一年，有的云彩就像一群赤红色的鸟一样，在太阳两边连续飞翔了三天。楚昭王派人询问成周的太史。成周的太史说："征兆要应到君王身上吧！如果禳祭的话，就可以移到令尹、司马身上。"楚昭王说："驱除腹心的疾病，而放在大腿胳臂上，有什么好处呢？我没有犯过大错，上天怎么能让我夭折呢？犯了罪受到处罚，又能移到哪里去呢？"于是楚昭王就不去禳祭。

【原文】

初，昭王有疾。卜曰："河为祟。"王弗祭。大夫请祭诸郊，王曰："三代命祀，祭不越望①。江、汉、雎、章，楚之望也。祸福之至，不是过也。不穀虽不德，河非所获罪也。"遂弗祭。孔子曰："楚昭王知大道矣！其不失国也，宜哉！《夏书》曰：'惟彼陶唐，帅彼天常②，有此冀方③。今失其行，乱其纪纲，乃灭而亡。'又曰：'允出兹在兹④。'由己率常可矣。"

【注释】

①望：望祭，指祭祀本国山川，遥望而祭，故名。②帅：同率，遵循。天常：上天给予人的常道。③冀方：中原。④允出兹在兹：拿到了什么就得到什么。

【译文】

当初，楚昭王偶患疾病，占卜的人说："是黄河之神在作怪。"但楚昭王就是不去祭祀。大夫们一致请求去郊外祭祀。楚昭王说："三代制定的祭祀制度，祭祀不超越本国山川。长江、汉水、睢水、漳水，是楚国的大川。祸福的到来，也不会超过这些地方。即使我没有德行，黄河之神也不会归罪于我。"于是楚昭王还是不去祭祀。孔子说："楚昭王明白大道理了。他之所以不失去国家，实在是应该的啊！《夏书》中说：'那位古代的君王陶唐，遵循上天给予人的常道，拥有了中原这个地方。如今走上邪恶之道，搅乱了治国的大纲，于是就被灭亡。'又说：'拿到了什么，就会得到什么。'自己服从天道就可以了。"

【评析】

楚昭王生前曾经出现过反常的自然现象，他看到"云如众赤鸟，夹日以飞"的天象，于是派人询问周太史是何原因，得到的答复是楚王即将面临死亡。周太史就是依据当时社会普遍秉持君主为日的观念，才得以作出这样的论断。这种反常天象出现在楚地，征兆就应在楚王身上。而众多的赤鸟夹日而飞，是太阳被遮蔽、受损之象，这也是周太史做出预言的依据。

但是，楚昭王固执的个性，自始至终也不肯通过禳祭的方式，把灾难转嫁给令尹、司马，他没有否定占卜之人所说是黄河之神在作怪，又把三代的祭祀制度搬了出来，无非就是想说明他无罪于神、无罪于天。他把自己比作楚国的心腹，而把令尹、司马比作股肱。他的比喻很形象，意谓君臣一体，不可分割。楚昭王的比喻不仅渗透了君臣之义，而且饱含着兄弟之情。他对自己的年寿抱着听天由命的态度，顺从上天的安排，从不抗拒死亡，不剥夺别人的生命来延续自己的寿命。

最后引用孔子的话，提到属于自己的别人永远拿不走，强拿别人的也未必是好的，服从天道才是明智之举。

齐鲁清之战 （哀公十一年）

【题解】

吴国一直想在各诸侯国称霸，齐国是比较有分量的对手。鲁国夹在它们中间如同当年的郑国，两头受压，于是就发生了齐鲁之战，最终侥幸获胜。但是空无虚有的鲁国到底能不能长久称霸依旧是个谜。

【原文】

十一年春，齐为鄎故，国书、高无丕帅师伐我，及清①。季孙谓其宰冉求曰："齐师在清，必鲁故也。若之何？"求曰："一子守，二子从公御诸竟②。"季孙曰："不能。"求曰："居封疆之间。"季孙告二子，二子不可。求曰："若不可，则君无出。一子帅师，背城而战。不属者，非鲁人也。鲁之群室③，众于齐之兵车。一室敌车④，优矣。子何患焉？二子之不欲战也宜，政在季氏。当子之身，齐人伐鲁而不能战，子之耻也。大不列于诸侯矣。"季孙使从于朝，俟于党氏之沟⑤。武叔呼而问战焉，对曰："君子有远虑，小人何知？"懿子强问之⑥，对曰："小人虑材而言，量力而共者也。"武叔曰："是谓我不成丈夫也。"退而蒐乘。

【注释】

①清：在今山东长清县东。②一子、二子：指季孙、孟孙、叔孙三人。③群室：指都邑中居民，即士大夫之家。④一室：指季氏。敌车：战车与齐军比。⑤党氏之沟：靠近鲁公宫的地方。⑥懿子：孟孙何忌。

【译文】

鲁哀公十一年春，齐国因为鄎地之战，派遣国书、高无邳率兵抵达清地进攻我国。季孙对他的宰相冉求说："齐国军队驻扎在清地，一定是因为鲁国，我们该怎么做？"冉求说："你们三位中的一位留守，另外两位跟着国君在边境抵御。"季孙说："不可以这么做。"冉求说："那就在境内近郊抵御。"季孙告诉了叔孙、孟孙，他们都不同意。冉求说："如果不同意，那么国君就不用出动。您一人带领军队，背城作战，不参加战斗就不是鲁国人。鲁国的士大夫之家人数比齐国的战车多，您家的战车也多于齐军，您还有什么可担忧的呢？他们两位不想作战是可以理解的，因为他们的政权掌握在季氏手里。而国政承担在您的肩上，齐国人攻打鲁国而你又不能作战，这就是您的耻辱。这就完全不能归入诸侯之列了。"季孙氏让冉求跟随他去上朝，在党氏之沟等候，叔孙叫冉求过来并向他请教作战战略。冉求回答说："君子有着深远的谋略，小人懂什么？"孟孙强行质问他，他回答说："小人考虑了才干才说话的，估计了力量才行动的。"叔孙说："你在说我成不了大丈夫啊。"退回去以后就开始检阅军队。

【原文】

孟孺子泄帅右师，颜羽御，邴泄为右。冉求帅左师，管周父御，樊迟为右。季孙曰："须也弱。"有子曰："就用命焉①。"季氏之甲七千，冉有以武城人三百为己徒卒。老幼守宫，次于雩门之外②。五日，右师从之。公叔务人见保者而泣③，曰："事充政重④，上不能谋，士不能死，何以治民？吾既言之矣，敢不勉乎！"

【注释】

①就用命：他能胜任使命。②雩门：鲁都南门。③保者：守城人。④事充：谓徭役繁重。政重：赋税众多。

【译文】

孟孺子泄率领右军，颜羽为他驾御战车，邴泄任车右。冉求率领左军，管周父为他驾御战车，樊迟任车右。季孙说："樊迟年龄太小了。"冉求说："尽管他年轻但他却能胜任使命。"季氏带着七千甲士，冉求带领三百武城人作自己的亲兵，年老年少的都留守在宫里，驻扎在雩门外边。五天以后，右军才追赶上来。公叔务人一见到守城的人就哭着说："徭役繁重、赋税众多，居上位的没有谋划，士兵又不会拼死作战，拿什么来治理百姓？我既然已经说出口了，哪里敢不努力呢！"

【原文】

师及齐师战于郊，齐师自稷曲①，师不逾沟。樊迟曰："非不能也，不信子也。请三刻而逾之②。"如之，众从之。师入齐军，右师奔，齐人从之，陈瓘、陈庄涉泗。孟之侧后入以为殿，抽矢策其马，曰："马不进也。"林不狃之伍曰③："走乎？"不狃曰："谁不如？"曰："然则止乎？"不狃曰："恶贤④？"徐步而死。师获甲首八十⑤，齐人不能师。宵，谍曰："齐人遁。"冉有请从之三，季孙弗许。

【注释】

①稷曲：鲁郊外地名。②三刻：谓约束、申令三次。③伍：同伍的兵士。④恶贤：意为我们比谁贤明。⑤甲首：甲士的首级。

【译文】

鲁军和齐军在郊外作战。齐军从稷曲攻击鲁军，鲁军不敢过沟迎战。樊迟说："不是不敢，是信不过您，请您申令三次，然后带头过沟。"冉求听从了他的话，众人就跟随他一起过沟。鲁军攻入齐军。鲁国右军奔逃，齐国追赶。陈瓘、陈庄徒步渡过泗水。孟之侧从后面攻入最后回到殿上，他抽出箭来驱赶他的马，说："马不肯随我往前走。"林不狃的同伍兵士说："逃跑吗？"不狃说："我不如谁？"兵士说："停下来抵抗吗？"不狃说："停下来抵抗就贤明吗？"缓步前进，最终被杀死。鲁军夺取了八十个甲士的脑袋，齐国人不能整顿军队。傍晚，侦探报告说："齐国人逃跑了。"冉有三次请求追击齐国人，季孙都不答应。

【原文】

孟孺子语人曰："我不如颜羽，而贤于邴泄。子羽锐敏，我不欲战而能默。泄曰：'驱之。'"公为与其嬖僮汪锜乘，皆死，皆殡。孔子曰："能执干戈以卫社稷，可无殇也①。"冉有用矛于齐师，故能入其军。孔子曰："义也。"

【注释】

①殇：夭折。

【译文】

孟孺子对别人说："我比不上颜羽，但是却比邴泄贤明。颜羽敏锐善战，尽管我不想作战，但也只能保持沉静，邴泄却说：'赶着马逃走'。"公为和他宠爱的小僮汪锜同坐一辆战车战死，都加以殡敛。孔子说："能够拿起干戈保卫国家的，可以不用以未成年人之礼下葬。"冉有使用矛攻杀齐军，所以能攻破齐军。孔子说："这是合于道义的。"

【评析】

在这场齐鲁战争中，鲁军最终战胜了齐国，居功至伟的是冉求，他当时是执政季孙家的"大管家"。在战乱之前，他先是用激将法，迫使另外两个大家族孟孙氏和叔孙氏同意一起出兵；然后观察对手齐军的特点，把长矛作为主战武器，率领左军长驱直入敌阵攻击了齐军。

而此时的鲁国军队早已被季孙、孟孙、叔孙这"三桓"瓜分，鲁君已经完全被架空，所以参战士兵都是权臣们的私人武装。"三桓"战前不愿出兵，战时又想临阵脱逃，他们只顾家族利益，而把国家利益抛于脑后。这样的胜利只是增加了他们专政的筹码，对于振兴国家没有什么益处。

本文提到冉求这个中心人物，他是孔子的得意门生，在孔子的教导下逐渐向仁德靠拢，其性情也因此而逐渐完善。

楚国白公之乱 （哀公十六年）

【题解】

本文描写了一场宫廷叛乱从开始到平息的全过程，也揭露出一些王公贵族们纷争和彼此残杀的内幕。白公胜的叛乱只是因为复仇计划未能如他所愿，于是便闹得国无安宁，最终自己也被逼自杀。

【原文】

楚大子建之遇谗也，自城父奔宋。又辟①华氏之乱于郑，郑人甚善之。又适晋，与晋人谋袭郑，乃求复焉。郑人复之如初。晋人使谍于子木②，请行而期焉。子木暴虐于其私邑，邑人诉之。郑人省③之，得晋谍焉。遂杀子木。

【注释】

①辟：同避。躲避。②子木：即太子建。③省：调查。

【译文】

楚国太子建遭人陷害，从城父逃奔到宋国，又为躲避宋国华氏之乱去了郑国。郑国人非常友善地待他。后来他又去了晋国，和晋国人谋划袭击郑国，为此他请求再回到郑国去。郑国人待他还像以前一样。晋国人派间谍和太子建联系，事情完了准备回晋国，同时约定袭击郑国的时间。太子建在他的封邑里大肆暴虐，封邑的人告发他。郑国人前来调查，擒获了晋国间谍。随后就杀死了太子建。

【原文】

其子曰胜，在吴。子西欲召之，叶公①曰："吾闻胜也诈而乱，无乃害乎？"子西曰："吾闻胜也信而勇，不为不利，舍诸边竟，使卫藩②焉。"叶公曰："周③仁之谓信，率④义之谓勇。吾闻胜也好复言⑤，而求死士，殆有私乎？复言，非信也。期死，非勇也。子必悔之。"弗从。召之使处吴竟，为白公。

【注释】

①叶公：沈诸梁，字子高。②卫藩：保卫边疆。③周：符合。④率：遵循。⑤复言：实行诺言。

【译文】

太子建的儿子名胜，在吴国居住，子西想召他回国。叶公说："我听说胜这个人狡诈而好作乱，让他回来怕是有危险吧？"子西说："我听说胜这个人诚实而勇敢，不做无利的事情。把他安排在边境上，让他保卫边疆。"叶公说："符合仁爱叫作诚信，遵循道义叫作勇敢。我听说胜这个人务求实行诺言，并且是个不怕死之人，应该很有野心吧？不管什么话都要实行，这不叫诚信，不管什么事情都不怕死，这不叫勇敢。您一定会后悔的。"子西不听从。于是就把胜召回来，让他住在跟吴国接壤的边境处，称之为白公。

【原文】

请伐郑，子西曰："楚未节也①。不然，吾不忘也。"他日，又请，许之。未起师，晋人伐郑，楚救之，与之盟。胜怒，曰："郑人在此，仇不远矣。"

【注释】

①节：这里是指纳入轨道。

【译文】

　　胜请求讨伐郑国，子西说："楚国政事还没正式纳入轨道。要不是这样，我也不会忘记这件事的。"又过了几天，胜又请求讨伐郑国，子西答应了。还没有出兵，晋国就去讨伐郑国，楚国援救了郑国，并和郑国结成联盟。白公胜非常生气，说："郑国人在这里，仇人就离我不远了。"

【原文】

　　胜自厉①剑，子期之子平见之，曰："王孙何自厉也？"曰："胜以直闻，不告女，庸为直乎？将以杀尔父。"平以告子西。子西曰："胜如卵，余翼而长之。楚国第②，我死，令尹、司马，非胜而谁？"胜闻之，曰："令尹之狂也！得死③，乃非我。"子西不悛④。

【注释】

　　①厉：磨。②第：用士的次序。③得死：能够善终。④悛：察觉。

【译文】

　　白公胜亲自磨剑，子期的儿子平看见了，说："您为什么亲自磨剑呢？"他说："胜是以爽直著称，不把这事告诉你，怎么可以称得上直爽呢？我将会用这把剑杀死你父亲。"平把这些话告诉了子西。子西说："胜就如同鸟蛋一样，我用翅膀保护着他成长。在楚国，只要我死了，任令尹、司马的人，不是胜还会是谁呢？"胜听了子西的话，说："令尹真狂妄啊！他要能够善终，我就不是胜。"子西仍没有觉察。

【原文】

　　胜谓石乞①曰："王与二卿士②，皆五百人当之，则可矣。"乞曰："不可得也。"曰："市南有熊宜僚者，若得之，可以当五百人矣。"乃从白公而见之，与之言，说。告之故，辞。承之以剑，不动。胜曰："不为利谄，不为威惕，不泄人言以求媚者。"去之。

【注释】

①石乞：胜之徒。②二卿士：子西、子期。

【译文】

胜对他的徒弟石乞说："楚王和两位卿士，有五百个人对付就可以了。"石乞说："这五百个人很难找到啊。"又说："市场南边有个叫熊宜僚的人，如果能得到他，就抵得上五百个人。"于是石乞跟随白公胜去见宜僚，跟他谈得很高兴。石乞把来的意图告诉了宜僚，宜僚拒绝了。胜把剑架到宜僚脖子上，他一动不动。白公胜说："这是不为利诱、不怕威胁、不泄露别人的话去讨好别人的人。"说完就离开了。

【原文】

吴人伐慎①，白公败之。请以战备献②，许之。遂作乱。秋七月，杀子西、子期于朝，而劫惠王。子西以袂掩面而死。子期曰："昔者吾以力事君，不可以弗终。"抉豫章③以杀人而后死。石乞曰："焚库弑王，不然不济。"白公曰："不可。弑王，不祥，焚库，无聚④，将何以守矣？"乞曰："有楚国而治其民，以敬事神，可以得祥，且有聚矣，何患？"弗从。

【注释】

①慎：在今安徽颍上县北。②战备：缴获的武器、盔甲等。③抉：拔起。豫章：樟木。④聚：物资，财富。

【译文】

吴国人讨伐楚国慎地，白公胜战胜了他们。白公胜请求把武器装备送到郢都献纳，楚惠王同意了，白公胜就趁机发动叛乱。秋天七月，在朝廷上杀了子西、子期，并劫持了楚惠王。子西用袖子挡着脸死去。子期说："往昔我凭借勇力事奉君王，但不能善始善终。"他拔起一株樟树打死了敌人后死去。石乞说："焚烧府库，杀死惠王。不这样做事情就不能成功。"白公胜说："不行，杀死君王不吉祥，烧掉府库没有了物资，拿什么来防守楚国呢？"石乞说："有了楚国而治理百姓，用恭敬来事奉神灵，就可以得到吉祥，而且还有物资，这有什么可忧患的呢？"白公胜没有听从。

【原文】

叶公在蔡，方城之外皆曰："可以入矣。"子高曰："吾闻之，以险侥幸者，其求无餍，偏重必离①。"闻其杀齐管修②也而后入。

【注释】

①偏重：不公平。离：人民叛离。②齐管修：齐管仲之后，楚贤大夫。

【译文】

叶公住在蔡地，方城山外边的人都说："可以攻入国都了。"叶公说："我听说，凭借冒险而侥幸成功的人，他的贪求不会有满足的时候，处事不公平，必定会使百姓叛离。"听到白公胜已经杀了齐国的管修，叶公才进入郢都。

【原文】

白公欲以子闾为王，子闾不可，遂劫以兵。子闾曰："王孙若安靖①楚国，匡正王室，而后庇焉，启之愿也，敢不听从。若将专利以倾王室，不顾楚国，有死不能。"遂杀之，而以王如高府，石乞尹门，圉公阳穴宫，负王以如昭夫人之宫。

【注释】

①安靖：安定的意思。

【译文】

白公胜想立子闾为王，子闾不同意，胜就用武器威逼他。子闾说："您如果能安定楚国，扶正王室，然后对百姓加以庇护，这就是我的愿望，哪里敢不服从呢？如果你只谋私利而颠覆王室，置国家于不顾，那我宁死也不从。"于是白公胜就杀了子闾，带着惠王去了高府。石乞看守大门，圉公阳在宫墙上打开一个洞，背着惠王到了昭夫人的宫中。

【原文】

　　叶公亦至，及北门，或遇之，曰："君胡不胄？国人望君如望慈父母焉。盗贼之矢若伤君，是绝民望也。若之何不胄？"乃胄而进。又遇一人曰："君胡胄？国人望君如望岁焉，日日以几①。若见君面，是得艾也②。民知不死，其亦夫有奋心，犹将旌君以徇于国③，而反掩面以绝民望，不亦甚乎？"乃免胄而进。遇箴尹固，帅其属将与白公。子高曰："微④二子者，楚不国矣。弃德从贼，其可保乎？"乃从叶公。使与国人以攻白公。白公奔山而缢，其徒微之。生拘石乞而问白公之死⑤焉，对曰："余知其死所，而长者⑥使余勿言。"曰："不言将烹。"乞曰："此事克则为卿，不克则烹，固其所也，何害？"乃烹石乞。王孙燕奔頯黄氏⑦。

【注释】

　　①几：同冀。②艾：安心的意思。③旌：表。④微：藏匿。⑤死：尸体。⑥长者：指白公。⑦頯（kuí）黄氏：吴地，或谓在今安徽宣州市。

【译文】

　　叶公这时候也到了，走到北门，他遇到一个人，那人说："您为什么不戴上头盔？国内的百姓盼望您如同盼望自己慈爱的父母，盗贼的箭如果射伤您，这就断绝了百姓的盼望。你为什么不戴上头盔呢？"于是叶公就戴上头盔进去。他又遇到一个人，说："您为什么戴上头盔？国内的百姓盼望您如同盼望丰收一样，天天盼望您来，如果见到您的面容，就可以安心了。百姓知道不再有生命危险，人人都有了奋战之心，还要把您的名字写在旗帜上在都城里巡行，但是您又把脸挡起来，断绝了百姓的盼望，这不是过分了吗？"于是叶公就脱下头盔往前走。遇到箴尹固率领他的部下，准备前去帮助白公胜。叶公说："如果没有子西、子期他们两位，楚国早就不成国家了，背弃有德行的人而去追随叛贼，这样难道可以自保吗？"于是箴尹固跟随了叶公。叶公派他和国内的百姓去攻打白公胜。白公胜逃到山上然后自杀了，他的部下把他的尸体藏了起来。叶公活捉了石乞，让他说出白公胜的尸体所在地。石乞回答说："我知道尸体的所藏之处，但是白公不让我说。"叶公说："不说就把你煮了。"石乞说："这种事成功了就做卿，失败了就得被煮，这本来就是应得的，有什么关系？"于是就煮了石乞。王孙燕逃奔到颓黄氏。

【原文】

诸梁兼二事①，国宁，乃使宁为令尹②，使宽为司马③，而老于叶。

【注释】

①二事：指令尹、司马。②宁：子西之子子国。③宽：子期之子。

【译文】

叶公身兼令尹、司马两个职务，国家安定以后，他就让宁做令尹，让宽做司马，自己在叶地安度晚年。

【评析】

本文是一篇历史散文，讲述了一场宫廷叛乱的过程。

首先写楚国太子建遭人陷害，在逃难期间得到郑国人的友好款待。后来却又恩将仇报，做了晋国的间谍，企图偷袭郑国，最终落得个被处死的下场。

接着写太子建之子白公，原本居住在吴国，后经子西的推荐回到了楚国。

他本想借楚国的力量，去讨伐郑国以报杀父之仇。然而白公两次请求子西进攻郑国，都未能如愿，郑国反而被楚国所救，这更加激起了他心中的愤慨，从磨刀霍霍到放话要亲自杀死子西，暴露出了他的暴躁乖戾。后又借献战利品为名，带兵入郢，发动宫廷政变，劫走惠王。随后被叶公子高率军打败，最后自缢而死。

白公之乱是典型的由私怨引发的国难，结果自缢。文中还提及到一个叫石乞的人物，他对白公忠心耿耿，鞍前马后，敢于充当马前卒，并且能临危不惧，视死如归，宁可被煮，也不说出白公的尸首下落。文章把太子建父子的忠孝、好记仇，叶公的仁义，石乞的勇敢、诚信都表现得淋漓尽致。如果稍抱一点同情之心来看待，白公父子都属于被命运折磨得有点变态的人物，权力欲和仇恨遮蔽了他们辨别敌我的理智。

卫庄公之死 （哀公十七年）

【题解】

以"梦"开篇，阐述卫庄公被杀的直接导火索：一是毁戎州之城，二是驱逐国卿石圃，三是工匠超期服役，四是强行剪断己氏妻之发髻。他的种种暴行为他落入戎州人之手最后被杀的原因。

【原文】

卫侯梦于北宫，见人登昆吾之观，被发北面而噪曰："登此昆吾之虚，绵绵①生之瓜。余为浑良夫，叫天无辜。"公亲筮之，胥弥赦占之，曰："不害。"与之邑，置之，而逃奔宋。卫侯贞卜②，其繇曰："如鱼赪尾③，衡流而方羊④。裔焉大国⑤，灭之将亡。阖门塞窦，乃自后逾。"

【注释】

①绵绵：连绵不断。②贞卜：卜问。③赪：浅赤色。④衡：同横。方羊：同彷徉，不安状。⑤裔：边沿。此指贴近、靠近的意思。

【译文】

卫庄公在北宫做了一个梦，梦见一个人登上了昆吾之观，披头散发，脸朝着北面大声地说道："登上这昆吾之墟，有连绵不断生长的大小瓜。我是浑良夫，向上天诉说无辜。"卫庄公亲自去测吉凶，胥弥赦占卜说："这没什么不好。"卫庄公便把赦城邑封给胥弥，他拒绝了，然后逃亡到宋国。卫庄公又卜问，繇辞说："像一条浅赤色的红尾鱼，穿过急流而徜徉不安。靠近大国，消灭它，或者使其快要灭亡。关门塞洞，就从后墙越过。"

【原文】

冬十月，晋复伐卫，入其郛。将入城，简子曰："止。叔向有言曰：'怙乱灭国者无后①。'"卫人出庄公而晋平，晋立襄公之孙般师而还。十一月，卫侯自鄄入，般师出。

【注释】

①怙：凭借。

【译文】

冬天十月，晋国再一次讨伐卫国，进入外城。快要进入内城的时候，赵简子说："停止！叔向说过：'凭借动乱而灭亡其他国的没有后嗣。'"卫国人赶走了庄公而向晋国求和。晋国人立了卫襄公的孙子般师为君，然后回朝了。十一月，卫庄公从鄄地回国，般师出走。

【原文】

初，公登城以望，见戎州。问之，以告。公曰："我姬姓也，何戎之有焉？"翦之①。公使匠久②。公欲逐石圃，未及而难作。辛巳，石圃因匠氏攻公，公阖门而请，弗许。逾于北方而队③，折股。戎州人攻之，大子疾、公子青逾从公，戎州人杀之。公入于戎州己氏。初，公自城上见己氏之妻发美，使髡之，以为吕姜髢④。既入焉，而示之璧，曰："活我，吾与女璧。"己氏曰："杀女，璧其焉往？"遂杀之而取其璧。卫人复公孙般师而立之。十二月，齐人伐卫，卫人请平。立公子起，执般师以归，舍诸潞⑤。

【注释】

①翦：灭。此指毁其弟。②久：不让休息。③逾于北方：爬过北面的墙。队：同坠。④髢（tì）：假发。⑤潞：或云在齐都郊外。

【译文】

起初，卫庄公登上城墙远眺，看见了戎州。于是就问是怎么回事，有人告诉他那是戎人的所居之邑。卫庄公说："我是姬姓，怎么会有戎人？"于是就派人平定了戎州。卫庄公使用匠人的时候，他们很长时间都不能休息。他又想驱逐国卿石圃，还没有来得及，祸难就发生了。十二日，石圃联合匠人攻打卫庄公。卫庄公关上门请求讲和，石圃不答应。于是卫庄公就想爬过北墙逃出去，结果却从墙上坠落，折断了大腿骨。戎州人攻打卫庄公，太子疾、公子青越墙跟随卫庄公，戎州人便把他们杀死了。卫庄公逃到了戎州己氏。以前，卫庄公从城上看到己氏的妻子发髻很漂亮，派人让她剪下来，给自己夫人吕姜做假发。这时庄公到了己氏家里，把玉璧给己氏看，说："请你救救我吧，我把这块玉璧作为报酬送给你。"己氏说："杀了你，玉璧难道还能跑到哪里去吗？"于是就杀死了卫庄公，夺取了他的玉璧。卫国人让公孙般师回国并立他为君。十二月，齐国人讨伐卫国，卫国人请求讲和。齐国人立了公子起为卫君，把般师抓了回去，让他居住在潞地。

【评析】

文章开篇就以卫庄公的一个奇怪的梦展开论述，为卫国即将灭亡开了先兆。

首先追述了卫庄公因为觉得有戎人兵临城下是不祥之兆，便实施了暴行，下令平定、毁灭了戎州人的居住区，与这部分居民结下了怨。又追述了卫庄公使匠、驱逐石圃的恶行，最终导致内乱，死在了戎州人手里。

作品两次采用追述的方式，介绍了卫庄公对戎州人的迫害。作品第三次追述：他见戎州人己氏妻的发髻漂亮，就派人强行剪下，给自己的夫人做假发。此时的卫庄公落入仇人手里，但他的表现很愚蠢，想用玉璧来换取自己的性命。己氏说得很明白，你卫庄公的性命都在我手里，杀死你，玉还能跑吗？

卫庄公的死，真可谓是死有余辜。因为他暴虐无道、狂妄自大，以致众叛亲离，命丧戎州。他视戎州人为不祥之兆，致使戎人流离失所，不管他们的去留；他让工匠超期服役，日夜不休，不珍惜他们的生命；他喜欢戎人之妻的秀发，就肆意妄为，派人强行剪下送给自己妻子做假发。

文中把"善有善报，恶有恶报"表现得淋漓尽致，进而告诫世人做人之道。

勾践灭吴

（哀公十三年、十七年、十九年、二十年、二十二年）

【题解】

吴国与越国，是春秋后期我国东南部（长江下游）的两个比较强大的国家。尽管两国土地相邻，但却是世代仇家，互相攻伐。公元前496年，吴王阖闾之子吴王夫差为报杀父之仇，练兵三年，把越兵逼到近乎死亡的境地。越王勾践率领五千残兵退守会稽山后，十年生聚、十年教训，富国强兵，同仇敌忾，最后一举灭掉了吴国。

【原文】

越王勾践栖于会稽之上①，乃号令于三军曰："凡我父兄昆弟及国子姓②，有能助寡人谋而退吴者，吾与之共知越国之政③。"大夫种进对曰④："臣闻之：贾人夏则资皮，冬则资絺⑤，旱则资舟，水则资车，以待乏也。夫虽无四方之忧⑥，然谋臣与爪牙之士⑦，不可不养而择也。譬如蓑笠，时雨既至，必求之。今君王既栖于会稽之上，然后乃求谋臣，无乃后乎⑦？"勾践曰："苟得闻子大夫之言⑧，何后之有？"执其手而与之谋。

【注释】

①栖：本指居住，此指退守。会稽：山名，在今浙江绍兴市东南。②昆弟：即兄弟。国子姓：国君的同姓，即百姓。③知：主持、过问、参与。④种：即文种，字子禽，楚国郢人，入越后，与范蠡同助勾践，终灭吴。功成，种为勾践所忌，赐剑自杀。⑤絺（chī）：细葛布。⑥爪牙之士：指武士，勇猛的将士。⑦无乃：恐怕。后：迟。⑧子大夫：对大夫（文种）的尊称。

【译文】

越王勾践退守到会稽山后，就向全军发布号令说："凡是我的父辈、兄弟以及和国君同姓的人，有谁能够献计帮助我击退吴国，我就同他一起主持越国的政事。"于是大夫文种毛遂自荐，对越王说："微臣听说，一到夏天，商人就开始积蓄皮货，到了冬天就开始积蓄夏天用的布料，行走旱路就提前把船只准备，行走水路就提前把车辆准备好，以备用时之需。就算一个国家没有外患的忧虑，但是，有远见谋略的大臣和勇猛的将士不能不事先培养和选择。就如同蓑衣斗笠这种雨具，到下雨的时候一定会用上它的。如今大王您退守到会稽山之后，才来寻求有谋略的大臣，恐怕有点太晚了吧？"勾践回答说："能听到大夫您的这番话，也不算太晚吧？"说罢，就握着大夫文种的手，同他共商灭吴的计谋。

【原文】

遂使之行成于吴①，曰："寡君勾践乏无所使②，使其下臣种，不敢彻声闻于大王③,私于下执事曰:寡君之师徒④不足以辱君矣;愿以金玉、子女赂君之辱。请勾践女女于王,大夫女女于大夫,士女女于士;越国之宝器毕从⑤!寡君帅越国之众以从君之师徒。唯君左右之⑥,若以越国之罪为不可赦也,将焚宗庙,系妻孥⑦,沈金玉于江;有带甲五千人,将以致死,乃必有偶⑧,是以带甲万人事君也,无乃即伤君王之所爱乎?与其杀是人也,宁其得此国也,其孰利乎?"

【注释】

①行成:求和的意思。②乏:此指缺乏人才。③彻:通,达。大王:指吴王,特别尊重的称呼。④师徒:指军队士兵。⑤从:带来。⑥左右:作动词,处置、调遣的意思。⑦孥(nú):子女。⑧偶:一个抵两个。

【译文】

越王就派遣文种去向吴国求和。文种对吴王说:"我国君主勾践派不出有本领的人,就派了我这样无能的臣子,我不敢直接告诉大王您,我私下里对您手下的臣子说:我们越王的军队,不值得屈辱大王您亲自来讨伐了,越王愿意把金宝、子女奉献给大王,以慰劳大王的辱临。并请求大王允许把越王的女儿做您的婢妾,大夫的女儿作吴国大夫的婢妾,士的女儿作吴国士的婢妾,把越国的珠宝也全部带来。越王将率领全国的人,跟随大王的军队,并且听从大王的调遣。如果大王认为越王的罪过不可宽恕,那么我们将焚烧宗庙,把妻子儿女捆绑起来,同金银财宝一起投入江中,然后再带领仅有的五千人同吴国决一死战,那时一人就必定能抵两人用,这就是拿一万人的军队来对付大王您了,结果必定会使越国百姓和财物都遭到损失,岂不影响到大王加爱于越国的恻隐之心了吗?您是宁愿杀了越国所有的人,还是不花力气得到越国,请大王衡量一下哪种有利呢?"

【原文】

夫差将欲听,与之成。子胥谏曰:"不可!夫吴之与越也,仇雠敌战之国也;三江环之①,民无所移。有吴则无越,有越则无吴。将不可改于是矣!员闻之:陆人居陆,水人居水,夫上党之国②,我攻而胜之,吾不能居其地,不能乘其车;夫越国,吾攻而胜之,吾能居其地,吾能乘其舟。此其利也,不可失也已。君必灭之！失此利也，虽悔之，必无及已。"

【注释】

①三江：指钱塘江、吴江、浦阳江（浙江省中部）。②上党之国：此指中原各国。

【译文】

吴王夫差将要接受文种的意见，与越国订立盟约。吴王的大夫伍子胥劝谏说："不可以！吴国跟越国是世代仇家，三条江河环绕着两国的国土，两国的国民都不愿迁移到其他地方去，所以有吴国就不可能有越国，有越国就不可能有吴国。这种势不两立的局面是不可以改变的。臣还听说，居住在旱地的人习惯了旱地的生活，居住在水乡的人习惯了水乡的生活，那些中原的国家，即使我们进攻战胜了他们，我国百姓也不习惯在那里居住，不习惯使用他们的车辆；那么越国，如果我们战胜了他们，我国百姓既习惯在那里居住，也习惯使用他们的船只，这个好的时机不能错过啊！希望君王一定要灭掉越国；如果放弃了这个好时机，即使后悔也来不及了。"

【原文】

越人饰美女八人，纳之太宰嚭①，曰："子苟赦越国之罪，又有美于此者将进之。"太宰嚭谏曰："嚭闻古之伐国者，服之而已②；今已服矣，又何求焉？"夫差与之成而去之。

【注释】

①太宰嚭（pǐ）：太宰，官名。嚭，人名，夫差的亲信。②服之：使之降服，屈服。

【译文】

越国把八个美女打扮好送给了吴国的太宰嚭，并对他说："您若是能宽恕越国的罪过，答应求和，还有更漂亮的美人送给您。"于是太宰嚭向吴王进谏说："臣听说古时讨伐一个国家，使对方降服了就算了；如今越国已经向我们屈服了，那你还有什么要求呢？"吴王夫差采纳了太宰嚭的意见，与越国订

· 293 ·

立了盟约,让文种回越国去了。

【原文】

勾践说于国人曰:"寡人不知其力之不足也,而又与大国执仇,以暴露百姓之骨于中原①,此则寡人之罪也。寡人请更。"于是葬死者,问伤者,养生者;吊有忧,贺有喜;送往者,迎来者;去民之所恶,补民之不足。然后卑事夫差,宦士三百人于吴,其身亲为夫差前马②。

【注释】

①中原:此指原野。②前马:仪仗队中乘马开道的人。

【译文】

越王勾践向百姓解释说:"我没有估计到自己力量的不足,竟与力量强大的吴国结仇,以致我国广大百姓战死在原野上,这是我的罪过,请允许我改正!"然后埋葬好战死在原野的士兵的尸体,又去慰劳负伤的士兵;越王还亲自前去吊唁有丧事的人家,又亲自前去祝贺有喜事的人家;亲自欢送要远出的,亲自迎接回家的;凡是百姓所憎恶的事就清除它,凡是百姓急需的事就按时办好它。然后越王勾践又自居于卑位,去侍奉夫差,并派了三百名士人去吴国做臣仆。勾践还亲自给吴王充当马前卒。

【原文】

勾践之地,南至于句无,北至于御儿,东至于鄞,西至于姑蔑,广运百里。乃致其父母昆弟而誓之,曰:"寡人闻,古之贤君,四方之民归之,若水之归下也。今寡人不能,将帅二三子夫妇以蕃①。"令壮者无取老妇②,令老者无取壮妻;女子十七不嫁,其父母有罪;丈夫二十不取,其父母有罪。将免者以告③,公令医守之。生丈夫,二壶酒,一犬;生女子,二壶酒,一豚④;生三人,公与之母;生二子,公与之饩⑤。当室者死⑥,三年释其政⑦;支子死,三月释其政;必哭泣葬埋之如其子。令孤子、寡妇、疾疹、贫病者,纳宦其子⑧。其达士,洁其居,美其服,饱其食,而摩厉之于义⑨。四方之士来者,必庙礼之⑩。勾践载稻与脂于舟以行。国之孺子之游者,无不哺也,无不哺也;必问其名。非其身之所种则不食,非其夫人之所织则不衣。十年不收于国，民俱有三年之食。

【注释】

①二三子：你们，指百姓。蕃：繁殖人口。②取：同娶。③免：同娩，指生育，临产。④豚（tún）：小猪，也泛指猪。⑤饩（xì）：口粮。⑥当室者：负担家务的长子，即嫡子。⑦政：征，赋役。⑧纳：收容。⑨摩厉：同磨砺，这里有激励的意思。⑩庙礼之：在宗庙里接见，以示尊重。

【译文】

越国的地盘，南面到句无，北面到御儿，东面到鄞，西面到姑蔑，面积总共百里见方。于是越王勾践召集父老兄弟宣誓说："我听说，古代的贤明君主，从四面八方赶来的百姓来归附他，如同水往低处流那样迅速。如今我没有能力，只能带领你们百姓繁衍人口。"然后就下令年轻力壮的男子不许娶老年妇女为妻，老年男子不能娶年轻的女子为妻；姑娘到了十七岁还不出嫁，她的父母就有罪，男子到了二十岁不娶妻生子，他的父母也有罪。快要分娩时就要向官府报告，官府就会派医生去守护。要是生男孩就赏两壶酒，一条狗；要是生女孩，就赏两壶酒，一头猪；要是生三胞胎，就由官家派给乳母；要是双胞胎，由官家供给口粮。嫡子为国事而死，减免他家三年的赋役；庶子死了，减免他家三个月的徭役，埋葬的时候一定要哭泣，并且要像埋葬嫡子那样埋葬他。那些死了妻子的人，还有寡妇、患疾病的、贫困无依靠的人家，官府就收容他们的孩子。还有那些知名之士，官家就把干净整洁的房屋分给他们，把漂亮的衣服分给他们，以此激励他们为国效忠。对于来到越国的各方有名人士，一定在宗庙里接见，以示尊重。勾践亲自用船载稻谷和油脂，遇到那些漂流在外的年轻人，就供给他们饮食，还要询问他们的姓名。勾践本人也亲自参加劳动，绝不吃不是自己种出来的东西，绝不穿不是自己妻子织的布。十年不向百姓征收赋税，百姓中每家都存有三年的口粮。

【原文】

国之父兄请曰："昔者夫差耻吾君于诸侯之国，今越国亦节矣，请报之。"勾践辞曰："昔者之战也，非二三子之罪也，寡人之罪也。如寡人者，安与知耻？请姑无庸战。"父兄又请曰："越四封之内①，亲吾君也，犹父母也。子而思报父母之仇，臣而思报君之仇，其有敢不尽力者乎？请复战！"勾践既许之，乃致其众而誓之，曰："寡人闻古之贤君，不患其众之不足也，而患其志行之少耻也。今夫差衣水犀之甲者亿有三千②，不患其志行之少耻也，而患其众之不足也。今寡人将助天灭之。吾不欲匹夫之勇也，欲其旅进旅退③。进则思赏，退则思刑；如此，则有常赏④。进不用命，退则无耻；如此，则有常刑。"果行，国人皆劝⑤。父勉其子，兄勉其弟，妇勉其夫，曰："孰是君也，而可无死乎？"是故败吴于囿⑥，又败之于没⑦，又郊败之。

【注释】

①封：疆界。②衣：动词，穿。水犀之甲：用水犀皮做的铠甲。亿有三千：言吴兵有十万三千人。③旅：俱。指军队有纪律地同进退。④常赏：合于常规的赏赐，下文"常刑"指合于常规的刑罚。⑤劝：勉励。⑥囿（yòu）：即笠泽，吴地名，今太湖一带。⑦没：吴地名。

【译文】

越国的父老兄弟都向越王勾践请求说："往昔吴王夫差让我们的国君在诸侯之中失去了颜面，如今我们越国也已经上了轨道，就请允许我们为您报仇吧！"勾践辞谢说："过去我们败给吴国，不是百姓的过错，而是我的过错，像我这样的人，哪里还知道什么是耻辱呢？请大家暂时不要同吴国作战吧！"（过了几年）父老兄弟又向越王勾践请求说："越国境内的人，都亲近我们越王，就像亲近自己的父母一样。儿子想着为父母报仇，大臣想着为君王报仇，难道还有敢不竭尽全力的吗？请允许我们再同吴国打一仗吧！"越王勾践答应了，于是召集大家宣誓道："我听说古代贤明的国君，不担心军队人数的不足，却担心军队士兵缺少羞耻之心。现在吴王夫差有穿着用水犀皮做成的铠甲的士兵十万三千人，可是夫差不担心他的士兵缺少羞耻之心，只担心军队人数的不足。现在我将会协助上天灭掉吴国。我不希望我的士兵只是匹夫之勇，而希望我的士兵能够做到有规律地共进退。前进时想到会得到奖赏，后退时想到会受到惩罚，这样就有了合乎常规的赏赐。前进时不服从命令，后退时不顾及羞耻之心，这样就有了合乎常规的刑罚。"于是越国就果断地行动起来，越国百姓也都互相勉励。父亲勉励他的儿子，兄长勉励他的弟弟，妻子勉励她的丈夫。他们说："有像这样体恤百姓的国君，我们哪能不愿为他效死呢？"因此在囿地就使吴国吃了败仗，接着又使他们在没地受挫，最后在吴国郊外又使吴军大败。

【原文】

夫差行成，曰："寡人之师徒不足以辱君矣！请以金玉子女，赂君之辱！"勾践对曰："昔天以越予吴，而吴不受命；今天以吴予越，越可以无听天命而听君之令乎？吾请达王甬、句东①，吾与君为二君乎！"夫差对曰："寡人礼先壹饭矣②。君若不忘周室而为弊邑寰宇③，亦寡人之愿也。君若曰：'吾将残汝社稷，灭汝宗庙'，寡人请死！余何面目以视于天下乎④？越君其次也⑤！"遂灭吴。

【注释】

①达：遣送。甬、句东：甬江和勾章以东。指今浙江省舟山县。句，同勾。②壹饭：小小的恩惠。指曾有恩于越（指曾同意与越议和）。③不忘周室：吴是周的同姓，故曰。寰宇：指屋檐下，也泛指房屋住处。④视：视息，犹言生存。⑤次：这里是进驻的意思。

【译文】

吴王夫差派人向越求和，说："我的军队不值得越王亲自来讨伐，请允许我用财宝子女慰劳越王的辱临！"勾践回答说："从前上天把越国送给吴国，吴国却不接受天命，如今上天把吴国送给越国，越国哪里敢不听从天命而听从您呢？我要把您送到甬江、勾章以东的地方去，我同您像两个国君一样，您意下如何？"夫差回答说："从礼节上讲，我对越王已经有过小小的恩惠，如果越王看在吴与周是同姓的情分上，给吴一点庇护，那就是我的愿望啊！如果越王说：'我将摧毁吴国的国土，灭掉吴国的宗庙'，那还不如让我去死呢！我有何脸面去见天下百姓呢？越军可以进驻吴国了！"然后越国就灭掉了吴国。

【评析】

这是一篇以勾践为中心人物的文章，着重记叙了勾践为消灭吴国所做的准备工作，刻画了他败而不馁、能屈能伸的坚忍性格。

在被围困之际，越王勾践还与文种定计，向吴求和，表现出他的临危不乱的政治家形象。接着写勾践体恤百姓，卧薪尝胆，励精图治，以期报仇雪耻。

　　接下来文章又非常详尽地记叙勾践承认自己在治国上的错误，并勇于改正的具体事实。父老二次请战，突出表现了勾践作为一国之君善于以退为进的政治才能。

　　这也告诫我们"得民心者得天下"，谁能够得到人民的倾心支持，谁就能够成就一番大事业。

中华传统文化核心读本书目

【处世经典】

《论语全集》
享有"半部《论语》治天下"美誉的儒家圣典
传世悠久的中国人修身养性安身立命的智慧箴言

《大学全集》
阐述诚意正心修身的儒家道德名篇
构建齐家治国平天下体系的重要典籍

《中庸全集》
倡导诚敬忠恕之道修养心性的平民哲学
讲求至仁至善经世致用的儒家经典

《孟子全集》
论理雄辩气势充沛的语录体哲学巨著
深刻影响中华民族精神与性格的儒家经典

《礼记精粹》
首倡中庸之道与修齐治平的儒家经典
研究中国古代社会情况、典章制度的必读之书

《道德经全集》
中国历史上最伟大的哲学名著,被誉为"万经之王"
影响中国思想文化史数千年的道家经典

中华传统文化核心读本书目

《菜根谭全集》
旷古稀世的中国人修身养性的奇珍宝训
集儒释道三家智慧安顿身心的处世哲学

《曾国藩家书精粹》
风靡华夏近两百年的教子圣典
影响数代国人身心的处世之道

《挺经全集》
曾国藩生前的一部"压案之作"
总结为人为官成功秘诀的处世哲学

《孝经全集》
倡导以"孝"立身治国的伦理名篇
世人奉为准则的中华孝文化经典

【成功谋略】

《孙子兵法全集》
中国现存最早的兵书，享有"兵学圣典"之誉
浓缩大战略、大智慧，是全球公认的成功宝典

《三十六计全集》
历代军事家政治家企业家潜心研读之作
中华智圣的谋略经典，风靡全球的制胜宝鉴

中华传统文化核心读本书目

《鬼谷子全集》
风靡华夏两千多年的谋略学巨著
成大事谋大略者必读的旷世奇书

《韩非子精粹》
法术势相结合的先秦法家集大成之作
蕴涵君主道德修养与政治策略的帝王宝典

《管子精粹》
融合先秦时期诸家思想的恢弘之作
解密政治家齐家治国平天下的大经大法

《贞观政要全集》
彰显大唐盛世政通人和的政论性史书
阐述治国安民知人善任的管理学经典

《尚书全集》
中国现存最早的政治文献汇编类史书
帝王将相视为经时济世的哲学经典

《周易全集》
八八六十四卦,上测天下测地中测人事
睥睨三千余年,被后世尊为"群经之首"

中华传统文化核心读本书目

《素书全集》
阐发修身处世治国统军之法的神秘谋略奇书
以道家为宗集儒法兵思想于一体的智慧圣典

《智囊精粹》
比通鉴有生活，比通鉴有血肉，堪称平民版通鉴
修身可借鉴，齐家可借鉴，古今智慧尽收此囊中

【文史精华】

《左传全集》
中国现存的第一部叙事详细的编年体史书
在"春秋三传"中影响最大，被誉为"文史双巨著"

《史记·本纪精粹》
中国第一部贯通古今、网罗百代的纪传体通史
享有"史家之绝唱，无韵之离骚"赞誉的史学典范

《庄子全集》
道家圣典，兼具思想性与启发性的哲学宝库
汪洋恣肆的传世奇书，中国寓言文学的鼻祖

《容斋随笔精粹》
宋代最具学术价值的三大笔记体著作之一
历史学家公认的研究宋代历史必读之书

中华传统文化核心读本书目

《世说新语精粹》
记言则玄远冷隽，记行则高简瑰奇
名士的教科书，志人小说的代表作

《古文观止精粹》
囊括古文精华，代表我国古代散文的最高水准
与《唐诗三百首》并称中国传统文学通俗读物之双璧

《诗经全集》
中国第一部具有浓郁现实主义风格的诗歌总集
被称为"纯文学之祖"，开启中国数千年来文学之先河

《山海经全集》
内容怪诞包罗万象，位列上古三大奇书之首
山怪水怪物怪，实为先秦神话地理开山之作

《黄帝内经精粹》
中国现存最早、地位最高的中医理论巨著
讲求天人合一、辨证论治的"医之始祖"

《百喻经全集》
古印度原生民间故事之中国本土化版本
大乘法中少数平民化大众化的佛教经典